Prüfe dein Wissen
Rechtsfälle in Frage und Antwort

Dr. Thomas Sauerland
Beamtenrecht

Beamtenrecht

von

Dr. Thomas Sauerland, Dipl.-Kfm.

Professor an der Hochschule des Bundes für öffentliche Verwaltung, Brühl

2022

C.H.BECK

Zitiervorschlag: Sauerland, BeamtenR

www.beck.de

ISBN 978 3 406 79406 3

Wilhelmstraße 9, 80801 München
Satz, Druck und Bindung: Druckerei C. H. Beck Nördlingen (Adresse wie Verlag)

Umschlaggestaltung: Martina Busch, Grafikdesign, Homburg Saar

chbeck.de/nachhaltig

Gedruckt auf säurefreiem, alterungsbeständigem Papier
(hergestellt aus chlorfrei gebleichtem Zellstoff)

Vorwort

Das Beamtenrecht gilt gemeinhin als „konservatives Recht“ (Battis, NJW 1981, 957). Und in der Tat hält sich die Aktivität des Gesetzgebers im Beamtenrecht – im Vergleich zu anderen Rechtsgebieten wie etwa dem Steuerrecht oder dem Sozialrecht – zumeist in einem eher überschaubaren Rahmen. Ein Grund hierfür liegt sicher in der verfassungsrechtlichen Verpflichtung der Legislative aus Art. 33 Abs. 5 GG, das Recht des öffentlichen Dienstes „unter Berücksichtigung der hergebrachten Grundsätze des Berufsbeamtentums“ zu regeln und fortzuentwickeln. Dennoch ist die praktische Bedeutung dieses Teilgebiets des öffentlichen Rechts kaum zu unterschätzen. Immerhin arbeiten in Deutschland mehr als 1,7 Mio. Beamte in Bund, Ländern, Kommunen und Sozialversicherungen (Statistisches Bundesamt, Fachserie 14, Reihe 6, Tabelle 2.1 [Stand: 30.6.2020]).

Nicht ohne Grund ist das Beamtenrecht in nahezu allen Bundesländern Gegenstand der zweiten juristischen Staatsprüfung sowie der universitären Schwerpunktbereichsprüfung im öffentlichen Recht. In zahlreichen verwaltungswissenschaftlichen Studiengängen an Verwaltungs und Polizeihochschulen gehört das Recht der Beamten ohnehin zum Kernbestandteil von Studium und Laufbahnprüfung.

Dieses Lehrbuch trägt dem Rechnung. Es richtet sich an Rechtsreferendare und an Studierende der Rechtswissenschaften an Universitäten. Außerdem ist es sowohl für Studienanfänger als auch fortgeschrittene Studierende an Verwaltungs- und Polizeihochschulen zur Einarbeitung, Wiederholung oder gezielten Prüfungsvorbereitung von Nutzen.

Dabei folgt die Darstellung im Wesentlichen dem Recht der Bundesbeamten, ohne die für Landes- und Kommunalbeamte relevanten Parallelvorschriften des Beamtenstatusgesetzes aus den Augen zu verlieren. Nach einer grundlegenden Einführung werden das Beamtenverhältnis als solches sowie seine Begründung, Änderung und Beendigung näher erläutert. Ausführliche Abschnitte über die Pflichten und die Rechte von Beamten bereiten den Boden für ein Kapitel über die Besonderheiten des beamtenrechtlichen Rechtsschutzes. Abgerundet wird das Lehrbuch mit einem kurzen Überblick über die Mitbestimmung im öffentlichen Dienst.

Entsprechend dem bewährten didaktischen Konzept der Reihe wird der Lernstoff in Gestalt von Fragen und kleineren Fällen dargeboten. Erleichtert wird dadurch nicht nur das Verständnis für die Systematik des Beamtenrechts an den Schnittstellen zwischen dem Allgemeinem und dem Besonderem Verwaltungsrecht sowie dem Verwaltungsprozessrecht. Der Aufbau des Buches dient zugleich der Konzentration auf das Wesentliche und der Lernzielkontrolle. Damit einher geht eine didaktische Reduktion: Da namentlich das Besoldungs- und Versorgungsrecht der Beamten allenfalls am Rande gelehrt und geprüft werden, wurde auf ihre Darstellung verzichtet. Das Disziplinarrecht findet sich ebenfalls nur kursorisch wieder.

Mein Dank gebührt dem Lektoratsleiter des Verlages C. H. Beck, Herrn Dr. Johannes Wasmuth, für seine freundliche Unterstützung und Geduld. Anregungen und Verbesserungsvorschläge sind mir jederzeit willkommen; sie erreichen mich elektronisch unter meiner E-Mail-Adresse Thomas.Sauerland@hsbund.de.

Brühl, im Mai 2022 *Thomas Sauerland*

Inhaltsverzeichnis

Abkürzungsverzeichnis

a. A.	anderer Ansicht
Abs.	Absatz
AbgG	Abgeordnetengesetz
abw.	abweichend
AEUV	Vertrag über die Arbeitsweise der Europäischen Union
a. F.	alte Fassung
AG	Aktiengesellschaft
Anh.	Anhang
AO	Abgabenordnung
AO-StB	AO-Steuerberater (Zeitschrift)
a p f	ausbildung – prüfung – fachpraxis (Zeitschrift)
Art.	Artikel
Aufl.	Auflage
AZV	Arbeitszeitverordnung
BAG	Bundesarbeitsgericht
Bay	Bayern
BayBG	Bayerisches Beamtengesetz
BayVGH	Bayerischer Verwaltungsgerichtshof
BBesG	Bundesbesoldungsgesetz
BBesO	Bundesbesoldungsordnung
Bbg	Brandenburg
BBG	Bundesbeamtengesetz
BDHE	Sammlung von Entscheidungen des Bundesdisziplinarhofes
BBhV	Bundesbeihilfeverordnung
BBiG	Berufsbildungsgesetz
BDiszG	Bundesdisziplinargesetz
BeamtStG	Beamtenstatusgesetz
BeamtVG	Beamtenversorgungsgesetz
Bearb.	Bearbeiter
BeckOK	Beck'scher Online-Kommentar
ber.	berichtigt
Beschl.	Beschluss
BesGr.	Besoldungsgruppe
BetrVG	Betriebsverfassungsgesetz
BGB	Bürgerliches Gesetzbuch
BGBl.	Bundesgesetzblatt
BGH	Bundesgerichtshof
BGHZ	Sammlung von Entscheidungen des Bundesgerichtshofs in Zivilsachen
BGleiG	Bundesgleichstellungsgesetz
BHO	Bundeshaushaltsordnung
BKM	Die Beauftragte der Bundesregierung für Kultur und Medien

Bln .... Berlin
BLV .... Bundeslaufbahnverordnung
BMF .... Bundesministerium der Finanzen
BMI .... Bundesministerium des Innern und für Heimat
BND .... Bundesnachrichtendienst
BPersVG .... Bundespersonalvertretungsgesetz
Brem .... Bremen
BremBG .... Bremisches Beamtengesetz
BRKG .... Bundesreisekostengesetz
BRRG .... Beamtenrechtsrahmengesetz
BT-Drucks. .... Bundestagsdrucksache
Buchst. .... Buchstabe
BVerfG .... Bundesverfassungsgericht
BVerfGE .... Sammlung von Entscheidungen des Bundesverfassungsgerichts
BVerfGG .... Bundesverfassungsgerichtsgesetz
BVerfSchG .... Bundesverfassungsschutzgesetz
BVerwG .... Bundesverwaltungsgericht
BVerwGE .... Sammlung von Entscheidungen des Bundesverwaltungsgerichts
BW .... Baden-Württemberg

DBG .... Deutsches Beamtengesetz vom 26. Januar 1937
ders. .... derselbe
d. h. .... das heißt
Dipl. .... Diplom
DiszH .... Disziplinarhof
DKP .... Deutsche Kommunistische Partei
DöD .... Der öffentliche Dienst (Zeitschrift)
DÖV .... Die Öffentliche Verwaltung (Zeitschrift)
DVBl. .... Deutsches Verwaltungsblatt (Zeitschrift)

EG .... Europäische Gemeinschaft
EMRK .... Europäische Menschenrechtskonvention
ESVGH .... Entscheidungssammlung des Hessischen Verwaltungsgerichtshofs und des Verwaltungsgerichtshofs Baden-Württemberg
EU .... Europäische Union
EuGH .... Europäischer Gerichtshof
EUrlV .... Erholungsurlaubsverordnung
EWR .... Europäischer Wirtschaftsraum
e. V. .... eingetragener Verein

f. .... folgende
ff. .... folgende
FH .... Fachhochschule

GEW	Gewerkschaft Erziehung und Wissenschaft
GewO	Gewerbeordnung
gez.	gezeichnet
GG	Grundgesetz
ggf.	gegebenenfalls
GmbH	Gesellschaft mit beschränkter Haftung
GO	Gemeindeordnung
GOBReg	Geschäftsordnung der Bundesregierung
GV.	Gesetz- und Verordnungsblatt
Halbs.	Halbsatz
Hbg	Hamburg
HdbVerfR	Handbuch des Verfassungsrechts der Bundesrepublik Deutschland, hrsg. von Ernst Benda / Werner Maihofer / Hans-Jochen Vogel, 2. Aufl., Berlin 1995
Hess	Hessen
HessBG	Hessisches Beamtengesetz
Hrsg.	Herausgeber
hrsg.	herausgegeben
h. M.	herrschende Meinung
i. d. F.	in der Fassung
IÖD	Informationsdienst Öffentliches Dienstrecht (Zeitschrift)
i. S. d.	im Sinne des
IT	Informationstechnik
i. V. m.	in Verbindung mit
JuS	Juristische Schulung (Zeitschrift)
JZ	Juristenzeitung (Zeitschrift)
KG	Kammergericht
km/h	Kilometer pro Stunde
KrO	Kreisordnung
LAG	Landesarbeitsgericht
LBesO	Landesbesoldungsordnung
LBG	Landesbeamtengesetz
LHO	Landeshaushaltsordnung
LKV	Landes- und Kommunalverwaltung (Zeitschrift)
LPVG	Landespersonalvertretungsgesetz
Ls.	Leitsatz
LSA	Land Sachsen-Anhalt
MV	Mecklenburg-Vorpommern
m. w. N.	mit weiteren Nachweisen
Nds	Niedersachsen

NdsVBl. .... Niedersächsische Verwaltungsblätter (Zeitschrift)
NJW .... Neue Juristische Wochenschrift (Zeitschrift)
NPD .... Nationaldemokratische Partei Deutschlands
Nr. .... Nummer
NRW .... Nordrhein-Westfalen
NStZ .... Neue Zeitschrift für Strafrecht (Zeitschrift)
NStZ-RR .... NStZ-Rechtsprechungs-Report Strafrecht (Zeitschrift)
NVwZ .... Neue Zeitschrift für Verwaltungsrecht (Zeitschrift)
NVwZ-RR .... NVwZ-Rechtsprechungs-Report Verwaltungsrecht (Zeitschrift)
NWVBl. .... Nordrhein-Westfälische Verwaltungsblätter (Zeitschrift)

o. ä. .... oder ähnliches
OLG .... Oberlandesgericht
OVG .... Oberverwaltungsgericht
OVGE MüLü .... Entscheidungen der Oberverwaltungsgerichte für das Land Nordrhein-Westfalen in Münster sowie für die Länder Niedersachsen und Schleswig-Holstein in Lüneburg

PersV .... Die Personalvertretung (Zeitschrift)
Pkw .... Personenkraftwagen
PrAllgLR .... Allgemeines Landrecht für die Preußischen Staaten

RGBl. .... Reichsgesetzblatt
RiA .... Recht im Amt (Zeitschrift)
RLP .... Rheinland-Pfalz
Rn. .... Randnummer
Rs. .... Rechtssache

S. .... Seite/n
Saar .... Saarland
Sachs .... Sachsen
SächsOVG .... Sächsisches Oberverwaltungsgericht
SGB .... Sozialgesetzbuch
SH .... Schleswig-Holstein
Slg. .... Sammlung der Rechtsprechung des Gerichtshofes und des Gerichts Erster Instanz
sog. .... sogenannte/r
Sp. .... Spalte/n
SRP .... Sozialistische Reichspartei
StAG .... Staatsangehörigkeitsgesetz
StGB .... Strafgesetzbuch
StPO .... Strafprozessordnung
SUrlV .... Sonderurlaubsverordnung

Thür .... Thüringen
ThürVBl. .... Thüringer Verwaltungsblätter (Zeitschrift)

TVöD .... Tarifvertrag für den öffentlichen Dienst
Tz. .... Textziffer

u. ä. .... und ähnliches
u. a. .... unter anderem
Urt. .... Urteil
u. U. .... unter Umständen

v. .... vom / von
Var. .... Variante
VBlBW .... Verwaltungsblätter für Baden-Württemberg (Zeitschrift)
VereinsG .... Vereinsgesetz
VG .... Verwaltungsgericht
VGH .... Verwaltungsgerichtshof
vgl. .... vergleiche
VR .... Verwaltungsrundschau (Zeitschrift)
VwGO .... Verwaltungsgerichtsordnung
VwVfG .... Verwaltungsverfahrensgesetz
VwZG .... Verwaltungszustellungsgesetz

WRV .... Weimarer Reichverfassung

z. B. .... zum Beispiel
ZBR .... Zeitschrift für Beamtenrecht (Zeitschrift)
ZPO .... Zivilprozessordnung

Literatur (Auswahl)

1. Lehrbücher, Handbücher und Monografien

Benda, Ernst / Maihofer, Werner / Vogel, Hans-Jochen (Hrsg.): Handbuch des Verfassungsrechts der Bundesrepublik Deutschland, 2. Aufl., Berlin 1994.

Detterbeck, Steffen: Allgemeines Verwaltungsrecht mit Verwaltungsprozessrecht, 20. Aufl., München 2022.

Detterbeck, Steffen: Öffentliches Recht, 12. Aufl., München 2022.

Kathke, Leonhard: Personalaktenrecht. Die Neuregelungen dargestellt am Beispiel Bayerns, Heidelberg 1994.

Sauerland, Thomas: Allgemeines Verwaltungsrecht mit Verwaltungsprozessrecht, 3. Aufl., München 2022.

Sauerland, Thomas / Menzel, Kai: Öffentliche Finanzwirtschaft: eine systematische Darstellung, Stuttgart 2022.

Schmidt, Thorsten Ingo: Beamtenrecht, Tübingen 2017.

Schnellenbach, Helmut: Konkurrenzen im öffentlichen Dienst, 2. Aufl., Heidelberg 2018.

Schnellenbach, Helmut / Bodanowitz, Jan: Beamtenrecht in der Praxis, 10. Aufl., München 2020.

Summer, Rudolf: Dokumente zur Geschichte des Beamtenrechts, Bonn 1986.

Stober, Rolf / Kluth, Winfried (Hrsg.): Verwaltungsrecht I, 13. Aufl. des von Hans J. Wolff begründeten und von Otto Bachof fortgeführten Werkes, München 2017.

Werres, Stefan: Beamtenverfassungsrecht. Systematische Darstellung des Berufsbeamtentums auf Grundlage der verfassungsrechtlichen Vorschriften, Heidelberg 2011.

Werres, Stefan / Boewe, Marius: Beamtenrecht. Leitfaden für Praxis und Studium auf der Grundlage des Bundesbeamtenrechts, 4. Aufl., Berlin 2021.

Wichmann, Manfred: Parteipolitische Patronage. Vorschläge zur Beseitigung eines Verfassungsverstoßes im Bereich des öffentlichen Dienstes, Frankfurt am Main 1986.

Wichmann, Manfred / Langer, Karl-Ulrich: Öffentliches Dienstrecht. Das Beamten- und Arbeitsrecht für den öffentlichen Dienst, 8. Aufl., Stuttgart 2017.

2. Kommentare

Battis, Ulrich: Bundesbeamtengesetz. Kommentar, 4. Aufl., München 2009.

Battis, Ulrich (Hrsg.): Bundesbeamtengesetz. Kommentar, 6. Aufl., München 2022.

Brinktrine, Ralf / Schollendorf, Kai (Hrsg.): Beamtenrecht Bund, München 2021.

Brinktrine, Ralf / Schollendorf, Kai (Hrsg.): Beck'scher Online-Kommentar Beamtenrecht Bund, 25. Edition München, Stand: 1.2.2022.

Dreier, Horst (Hrsg.): Grundgesetz. Kommentar: Band II (Art. 20–82), 3. Aufl., Tübingen 2015.

Reich, Andreas: Beamtenstatusgesetz. Kommentar, 3. Aufl., München 2018.

Ricken, Oliver (Hrsg.): Beck'scher Online-Kommentar BPersVG, 8. Edition München, Stand: 1.2.2022.

3. Unselbstständige Beiträge

Allgaier, Edwin: Ist die Umsetzung wirklich kein Verwaltungsakt? Zur Frage der engen oder weiten Auslegung von Verwaltungsakten; in: ZBR 1989, 301–303.

Bader, Johann: Cuius regio, eius religio – Wessen Land, dessen Religion; in: NJW 2004, 3092–3094.

Baßlsperger, Maximilian: Beurlaubung und Teilzeitbeschäftigung im Beamtenrecht; in: ZBR 2001, 417–428.

Baßlsperger, Maximilian: Personalvertretungsrecht und Rechtsschutz der Beamten in Zusammenhang mit dem neuen Beamtenstatusgesetz; in: PersV 2007, 424–440.

Buß, Thomas / Schulte zu Sodingen, Beate: Laufbahn oder Rennbahn: Wie alt darf ein junger Beamter sein?; in: DVBl. 1998, 1315–1321.

v. Coelln, Christian / Horst, Thomas: Grundgesetzliche Grenzen politischer Opportunitätserwägungen: Die verfassungsrechtlichen Vorgaben für den dienstrechtlichen Status der Lehre; in: ZBR 2009, 109–116.

Dolde, Klaus-Peter: Zur staatsrechtlichen Stellung der Ausländer in der Bundesrepublik Deutschland: II. Zur Beteiligung von Ausländern am politischen Willensbildungsprozess; in: DÖV 1973, 370–376.

Engelken, Klaas: Vorzensur für schriftstellerische, wissenschaftliche, künstlerische und Vortrags-Nebentätigkeiten?; in: ZRP 1998, 50–55.

Epping, Volker: Rechte und Pflichten von Professoren unter besonderer Berücksichtigung der Beamtenpflichten; in: ZBR 1997, 383–395.

Fleig, Meinrad: Sportliche Betätigung von Beamten und Dienstunfallschutz; in: ZBR 1993, 142–146.

Frenzel, Eike-Michael: Das öffentlich-rechtliche Amtsverhältnis und das Recht des öffentlichen Dienstes – Abschied vom Prinzipiellen, ZBR 2008, 243–253.

Gola, Peter: Das neue Personalaktenrecht der Beamten und das Bundesdatenschutzgesetz; in: NVwZ 1993, 552–554.

Grundmann, Martin: Rückforderung überzahlter Beamtenbezüge – Anmerkungen zur Rechtslage und zum Reformbedarf –; in: ZBR 1999, 154–158.

Günther, Hellmuth: Die Tatbestände nichtiger, zurückzunehmender oder rücknehmbarer Ernennung; in: DöD 1990, 281–298.

Günther, Hellmuth: Doch kein besoldungsrelevantes Fernbleiben, falls der abwesende Beamte wenigstens „Dienstaufgaben“ verrichtet?; in: ZBR 2000, 368–372.

Günther, Hellmuth: Entlassung auf Antrag; in: ZBR 1994, 197–223.

Günther, Hellmuth: Über Einstellungs- und Beförderungszusicherungen; in: ZBR 1982, 193–203.

Günther, Hellmuth: Zwangsurlaub und vorläufige Dienstenthebung; in: ZBR 1992, 321–344.

Hebeler, Timo / Knappstein, Julia: Horizontale Personallenkungsmaßnahmen im Beamtenrecht – Grundsätzliche Überlegungen und die neue Rechtslage nach dem novellierten Bundesbeamtengesetz; in: ZBR 2010, 217–222.

Hilg, Günter: Beamtenrechtliche Zuständigkeiten im Abordnungsverhältnis und abordnungsähnlichen Verhältnis; in: ZBR 2006, 109–117.

Ipsen, Jörn: Karlsruhe locuta, causa non finita: Das BVerfG im so genannten Kopftuch-Streit; in: NVwZ 2003, 1210–1213.

Jachmann, Monika: Zu den Anforderungen an die Verwaltungsorganisation im demokratischen Rechtsstaat des Grundgesetzes – Die verfassungsrechtliche Funktion des Berufsbeamtentums; in: VR 2001, 145–152.

Jachmann, Monika: Zur Rechtsnatur der Beihilfevorschriften; in: ZBR 1997, 342–350.

Kästner, Karl-Hermann: Kopftuchverbot vor dem Bundesverfassungsgericht; in: JZ 2003, 1178–1180.

Kathke, Leonhard: Versetzung, Umsetzung, Abordnung und Zuweisung – Mobilität und Flexibilität im Beamtenverhältnis –; in: ZBR 1999, 325–343.

Keymer, Dietrich / Kolbe, Manfred: Das Nutzungsentgelt nach dem neuen Nebentätigkeitsrecht; in: BayVBl. 1988, 673–677.

Kugele, Dieter: Die politischen Beamten in der Bundesrepublik Deutschland; in: ZBR 2007, 109–115.

Kurr, Jochen: Beamten- und verwaltungsrechtliche Aspekte der Probezeit; in: ZBR 2000, 158–163.

Lecheler, Helmut: Verfassungsrechtlich zulässige Einschränkung der Grundrechtsausübung von Beamten – BVerwGE 84, 292 und 287; in: JuS 1992, 473–476.

Leisner, Walter: Am Ende der Alimentation – Die Beamten in der Entwicklung von der Werkleistungs- zur Dienstleistungsgesellschaft –; in: DÖV 2002, 763–773.

Lichtenberg, Peter / Winkler, Werner: Die Immunschwäche AIDS und das Beamtenrecht unter besonderer Berücksichtigung des HIV-Antikörpertests als Einstellungsvoraussetzung; in: DVBl. 1990, 10–18.

Poguntke, David: Das Hinausschieben der Altersgrenze auf Initiative des Beamten. Die Verlängerung des Beamtenverhältnisses auf Antrag des Beamten in Nordrhein-Westfalen, Baden-Württemberg, Niedersachsen, Schleswig-Holstein, Hamburg und Bremen; in: DÖV 2011, 561–568.

Sauerland, Thomas: Europäischer Anwendungsvorrang versus beamtenrechtliche Gehorsamspflicht? – Zur Auslegung des § 56 Bundesbeamtengesetz; in: ZBR 2007, 191–195.

Sauerland, Thomas: Haushaltsrechtlicher Rahmen des Personalmanagements; in: a p f 2020, 65–71.

Sauerland, Thomas / Roth, David: Strafverfolgung von Propagandadelikten und Steuergeheimnis: Zugleich zum „zwingenden öffentlichen Interesse“ i. S. d. § 30 Abs. 4 Nr. 5 AO; in: AO-StB 2011, 176–179.

Schenke, Wolf-Rüdiger: Neuestes zur Konkurrentenklage; in: NVwZ 2011, 321–327.

Schönrock, Sabrina: Versetzung und Zuweisung nach neuem Beamtenrecht; in: ZBR 2010, 222–229.

Simianer, Robert: Vermögensrechtliche Haftung des Beamten dem Dienstherrn gegenüber; in: ZBR 1993, 33–48.

Tegethoff, Carsten: Zulässigkeit und Erforderlichkeit der beamtenrechtlichen Konkurrentenklage; in: ZBR 2004, 341–347.

Weiß, Hans-Dietrich: Das neue Bundesdisziplinargesetz; in: ZBR 2002, 17–27.

Wenzel, Alfons: Amtsausübung und Interessenkollision; in: DÖV 1976, 411–413.

Wernsmann, Rainer: Die beamtenrechtliche Konkurrentenklage. Zum Ausgleich von Ämterstabilität und effektivem Rechtsschutz; in: DVBl. 2005, 276–285.
Zacher, Hans F.: Das soziale Staatsziel; in: Handbuch des Staatsrechts der Bundesrepublik Deutschland, hrsg. von Josef Isensee und Paul Kirchhof, Band II (Verfassungsstaat), 3. Aufl., Heidelberg 2004, § 28 (S. 659–784).
Ziekow, Jan: Beginn des Abschieds vom einheitlichen Beamtenstatus? Bemerkungen zum Entwurf eines Beamtenstatusgesetzes; in: PersV 2007, 344–352.
Ziekow, Jan: Veränderungen des Amts im funktionellen Sinne – eine Betrachtung nach Inkrafttreten des Dienstrechtsreformgesetzes; in: DöD 1999, 7–28.
Ziemske, Burkhardt: Alimentation und Arbeitszeit; in: ZBR 2001, 1–6.

I. Grundlagen

1. Gegenstand des Beamtenrechts

1. Welche Rechtsverhältnisse regelt das Beamtenrecht?

Das Beamtenrecht regelt die Rechtsverhältnisse der Beamten des Bundes, der Länder, der Gemeinden und Gemeindeverbände sowie der sonstigen öffentlich-rechtlichen Dienstherrn. Es unterwirft die Beamten spezifisch öffentlich-rechtlichen Pflichten und gewährt ihnen zugleich subjektive öffentliche Rechte. Insoweit regelt das Beamtenrecht ein „Innenverhältnis“ staatlicher Institutionen. Dennoch handelt es sich beim Beamtenrecht nicht um Staatsorganisationsrecht. Denn es richtet sich an die Beamten nicht als Staatsorgane, sondern als Staatsbedienstete, deren Handeln Staatsorganen zugerechnet wird.

2. Welchem Rechtsgebiet ist das Beamtenrecht zuzuordnen?

Das Beamtenrecht bildet mit dem Recht der Tarifbeschäftigten im öffentlichen Dienst das Recht des öffentlichen Dienstes. Während das Recht der Tarifbeschäftigten durch das zivilrechtliche Arbeitsrecht näher ausgestaltet wird, gehört das Beamtenrecht zum Besonderen Verwaltungsrecht und ist damit ein Teilgebiet des öffentlichen Rechts.

3. Welche öffentlich-rechtlichen Rechtsverhältnisse werden *nicht* vom Beamtenrecht erfasst?

Die Rechtsverhältnisse der Richter und der Soldaten sind zwar mit dem Beamtenverhältnis verwandt, jedoch in eigenen Gesetzen kodifiziert. Mangels Beamtenstellung fallen außerdem u. a. der Bundespräsident, der Bundeskanzler und die Bundesminister, die Parlamentarischen Staatssekretäre, die Abgeordneten des Bundestages und der Landtage sowie der Wehrbeauftragte und der Bundesbeauftragte für den Datenschutz und die Informationsfreiheit nicht unmittelbar in den Anwendungsbereich beamtenrechtlicher Vorschriften. Vereinzelt werden auch die Leiter von Behörden nicht in ein Beamtenverhältnis berufen, sondern stehen in einem vertraglich begründeten „öffentlich-rechtlichen Amtsverhältnis“ zu ihrem Dienstherrn (vgl. z. B. den Präsidenten der Bundesnetzagentur nach § 4 des Gesetzes über die Bundesnetzagentur für Elektrizität, Gas, Telekommunikation, Post und Eisenbahnen vom 7.7.2005, BGBl. I S. 1970/2009; kritisch dazu *Frenzel,* ZBR 2008, 243 ff.).

2. Geschichte des Beamtenrechts

4. Skizzieren Sie wichtige Etappen in der Entwicklungsgeschichte des Beamtenrechts vom Mittelalter bis zum beginnenden 19. Jahrhundert!

(1) Im **Mittelalter** und in der **frühen Neuzeit** wurden die Sphäre des Monarchen und die Sphäre des Staates noch nicht voneinander getrennt. Der Staat war Privateigentum des Landesherrn. Beamte waren daher weniger Diener des Staates, als vielmehr Diener des Monarchen, der sie auf privatrechtlicher Grundlage einstellte und jederzeit wieder entlassen konnte. Gesetzliche Regelungen existierten noch nicht.

(2) Eine umfassende Kodifikation erfuhr das Beamtenrecht erstmals durch das **Preußische Allgemeine Landrecht** vom 5.2.1794 (abgedruckt bei *Summer,* Dokumente zur Geschichte des Beamtenrechts, 1986, S. 291 ff.). Teil II Titel 10 PrAllgLR handelte „von den Rechten und Pflichten der Diener des Staates". Deutlich wird damit ein Perspektivwechsel: Das Beamtentum wandelte sich vom Monarchendienertum zum Staatsdienertum. Das PrAllgLR normierte vor allem die Pflichten der Beamten, wie ihre besondere Treuepflicht und die Pflicht zur sorgfältigen Amtsführung. Konnten Beamte zuvor noch jederzeit entlassen werden, wird das Beamtenverhältnis unter dem PrAllgLR erstmals als ein grundsätzlich auf Lebenszeit angelegtes Dienst- und Treueverhältnis verstanden. Das PrAllgLR wurde damit zum „Geburtshelfer" des Berufsbeamtentums. In der Konsequenz bedurfte die Entlassung eines Beamten in Preußen einer Mehrheitsentscheidung des Staatsrates und einer Bestätigung durch den Monarchen.

(3) Als erstes eigenständiges deutsches Beamtengesetz erließ Bayern am 1.1.1805 die **Bayerische Hauptlandespragmatik** (abgedruckt bei *Summer,* Dokumente zur Geschichte des Beamtenrechts, 1986, S. 114 ff.). In Bayern wurden Beamte fortan mit ihrer Ernennung in ein öffentlich-rechtliches Beamtenverhältnis berufen. Im Übrigen wurden die Rechte der Beamten stärker in den Vordergrund gerückt. Zu erwähnen sind vor allem das Recht auf gleichen Zugang zum öffentlichen Dienst, das Recht auf Besoldung und Versorgung, die Sorge für die Hinterbliebenen verstorbener Beamter sowie das Nebentätigkeitsrecht.

(4) Im **Bayerischen Staatsdiener-Edikt** vom 26.5.1818 (abgedruckt bei *Summer,* Dokumente zur Geschichte des Beamtenrechts, 1986, S. 129 ff.) wurden die Rechte der Beamten verfahrensrechtlich abgesichert. Disziplinarmaßnahmen durften nur in einem rechtlich geordneten Verfahren verhängt werden. Zudem wurde Beamten erstmals eine Rechtsschutzgarantie gewährt.

5. Wo und wie wurde das Beamtenrecht im deutschen Kaiserreich geregelt?

Die **Reichsverfassung vom 16.4.1871** (RGBl. S. 63) eröffnete in Art. 3 Abs. 1 jedem Deutschen nach seiner Befähigung gleichen Zugang zu jedem öffentlichen Amt. Das **Reichsbeamtengesetz vom 31.3.1873** (RGBl. S. 61) regelte die Rechtsstellung der Reichsbeamten umfassend. Die Verantwortlichkeit der Beamten für die Rechtmäßigkeit ihres Handelns wurde festgeschrieben. Gleichzeitig wurde die persönliche Rechts- und Pflichtenstellung der Beamtenschaft gesetzlich kodifiziert. Dazu gehörten insbesondere Vorschriften über die Ansprüche auf Besoldung und

Versorgung auch der Hinterbliebenen. Dienstvergehen und Disziplinarverfahren wurden detailliert normiert. Hinzu trat eine umfassende Rechtsweggarantie.

6. Wie stärkte die Weimarer Reichsverfassung die Stellung der Beamten?

Die **Weimarer Reichsverfassung vom 11.8.1919** (RGBl. S. 1383) stärkte die Stellung des Beamtentums, indem sie zahlreiche, bis dahin nur auf einfachgesetzlicher Ebene normierte Regelungen in ihren Art. 128 bis 131 in den Verfassungsrang erhob. Ohne Anspruch auf Vollständigkeit sind anzuführen:

- Art. 128 Abs. 3 WRV: Gesetzesvorbehalt für beamtenrechtliche Regelungen,
- Art. 130 Abs. 1 WRV: Beamte als Diener der Gesamtheit und nicht einer Partei,
- Art. 129 Abs. 1 Satz 2 WRV: Unverletzlichkeit der „wohlerworbenen Rechte" der Beamten,
- Art. 129 Abs. 3 Satz 2 WRV: Grundsätze des Personalaktenrechts,
- Art. 129 Abs. 2 WRV: Recht der Beschwerde gegen Disziplinarmaßnahmen,
- Art. 131 WRV: mittelbare Staatshaftung der Anstellungskörperschaft für rechtswidrige und schuldhafte Pflichtverletzungen der Beamten bei ihrer Amtsausübung und
- Art. 130 Abs. 2 WRV: Garantie der Vereinigungsfreiheit.
- Art. 136 Abs. 2 WRV, wonach der Zugang zu öffentlichen Ämtern unabhängig vom religiösen Bekenntnis zu gewähren ist, gilt über Art. 140 GG bis heute fort.

7. Wie veränderte sich das Beamtenrecht in der Zeit des Nationalsozialismus?

Bereits kurz nach der nationalsozialistischen Machtergreifung wurden jüdische und politisch missliebige Beamte durch das **Gesetz zur Wiederherstellung des Berufsbeamtentums vom 7. 4. 1933** (RGBl. I S. 175) aus dem Dienst entfernt. Das Deutsche Beamtengesetz vom 26. 1. 1937 (RGBl. I S. 39, ber. S. 186) basierte zwar auf Vorarbeiten aus der Weimarer Republik. Die nationalsozialistische Prägung war jedoch unverkennbar: Die Beamten standen in einem öffentlich-rechtlichen Treueverhältnis nicht nur zum Reich, sondern zugleich zum „Führer" (§ 1 Abs. 1 DBG), dem sie auch einen Treueeid zu leisten hatten (§ 4 Abs. 1 DBG).

8. Welche beamtenrechtlichen Konsequenzen hatte die bedingungslose Kapitulation im Jahr 1945? Wie entwickelte sich das Beamtenrecht unter der Geltung des Grundgesetzes?

Nach der Rechtsprechung des BVerfG erloschen die Beamtenverhältnisse mit dem deutschen Zusammenbruch am 8. 5. 1945. Erst mit dem Inkrafttreten des Grundgesetzes wurde in Art. 33 Abs. 4 und 5 GG die Entscheidung für eine Weiterführung des Berufsbeamtentums getroffen. Die nur für eine Übergangszeit erlassene „Bundesfassung des Deutschen Beamtengesetzes" vom 30. 6. 1950 (BGBl. I S. 279) wurde am 14. 7. 1953 durch das bis heute geltende **Bundesbeamtengesetz**

(BGBl. I S. 551) ersetzt. Von seiner Rahmengesetzgebungskompetenz in Art. 75 GG a. F. machte der Bund 1957 Gebrauch, als er das **Beamtenrechtsrahmengesetz** (BGBl. I S. 667) erließ. Das Beamtenrechtsrahmengesetz enthielt Regelungen über das Beamtenverhältnis, den rechtlichen Status der Beamten sowie besondere Beamtengruppen, die der Bund und die Länder beim Erlass ihrer jeweiligen Beamtengesetze zwingend zu beachten hatten.

9. Wie beeinflussten die beiden Föderalismusreformen 2006 und 2009 das Beamtenrecht?

Im Zuge der **Föderalismusreform I** (52. Gesetz zur Änderung des Grundgesetzes vom 28. 8. 2006, BGBl. I S. 2034) wurde die Gewährleistung der hergebrachten Grundsätze des Berufsbeamtentums in Art. 33 Abs. 5 GG (ausführlich dazu Fälle 18 ff.) um ein Gebot der Fortentwicklung erweitert. Die Rahmengesetzgebungskompetenz des Bundes für die Laufbahnen, Besoldung und Versorgung der Beamten der Länder, Kommunen und sonstigen öffentlich-rechtlichen Rechtsträger nach Art. 75 GG a. F. wurde gestrichen. Stattdessen erhielt der Bund mit dem neuen Art. 74 Abs. 1 Nr. 27 GG die konkurrierende Gesetzgebungskompetenz für die Statusrechte und -pflichten dieser Beamten.

Die **Föderalismusreform II** (57. Gesetz zur Änderung des Grundgesetzes vom 29. 7. 2009, BGBl. I S. 2248) bewirkte vor allem Änderungen der Finanzverfassung und weniger des Beamtenrechts. Die Einführung der sog. „Schuldenbremse" für den Bund in Art. 115 Abs. 2 GG und für die Länder in Art. 109 Abs. 3 GG beeinflusst lediglich mittelbar die Besoldung und Versorgung der Beschäftigten im öffentlichen Dienst.

3. Rechtsquellen des Beamtenrechts

a) Europäisches Unionsrecht

10. Die britische Staatsangehörige *B* legte an der Universität Freiburg die Prüfung für das Lehramt an Gymnasien ab. Anschließend bewarb sie sich um die Zulassung zum Vorbereitungsdienst. Mit dem Vorbereitungsdienst wird die Befähigung für die Laufbahn des höheren Schuldienstes an Gymnasien erworben. Ein zum Vorbereitungsdienst zugelassener Bewerber wird unter Berufung in das Beamtenverhältnis auf Widerruf zum Studienreferendar ernannt. Wegen ihrer ausländischen Staatsangehörigkeit wurde *B* jedoch nicht zum Vorbereitungsdienst zugelassen. Kann sie sich auf die Freizügigkeit der Arbeitnehmer in Art. 45 AEUV berufen?

Ja. Die **Freizügigkeit der Arbeitnehmer** in Art. 45 AEUV ist eines der Grundprinzipien der Europäischen Union. Der Begriff des „Arbeitnehmers" darf dabei nicht nach dem jeweiligen nationalen Recht unterschiedlich ausgelegt werden. Vielmehr kommt ihm eine „autonome" unionsrechtliche Bedeutung zu: „Arbeitnehmer" i. S. d. Art. 45 Abs. 1 AEUV ist demnach jede Person, die während einer bestimmten Zeit für einen anderen nach dessen Weisung Leistungen erbringt, für die sie als Gegenleistung eine Vergütung erhält. Die Art des Rechtsverhältnisses zwischen Arbeitnehmer und Arbeitgeber – öffentlich-rechtlicher Status oder privatrechtlicher Vertrag – ist für die Anwendung des Art. 45 AEUV unerheblich (EuGH, Urt. v. 23.7.1986, Rs. 66/85 (Lawrie-Blum), Slg. 1986, 2139 Tz. 20). Eine Studienreferendarin, die nach Weisung und unter Aufsicht der Schulbehörden einen Vorbereitungsdienst für ein Lehramt ableistet, ist deshalb unabhängig von der Rechtsnatur des Beschäftigungsverhältnisses als Arbeitnehmerin i. S. d. Unionsrechts anzusehen. *B* konnte ihren Antrag daher auf die Arbeitnehmerfreizügigkeit aus Art. 45 Abs. 1 und 2 AEUV stützen (zu möglichen Einschränkungen gemäß Art. 45 Abs. 4 AEUV s. Fall 11).

11. Die deutsche Staatsangehörige *B* beantragte beim französischen Bildungsministerium die Zulassung zum Examen für den Deutschunterricht an höheren Schulen in Frankreich. Ihr Antrag wurde wegen ihrer Staatsangehörigkeit abgelehnt. Wie sich aus Art. 45 Abs. 4 AEUV ergebe, könne sich die Antragstellerin nicht auf die Arbeitnehmerfreizügigkeit des Unionsrechts berufen. Hat das französische Bildungsministerium ihren Antrag zu Recht abgelehnt?

Nein. *B* hat aus Art. 45 Abs. 1 und 2 AEUV einen Anspruch auf Zugang zu einer Beschäftigung als Arbeitnehmerin zu den gleichen Bedingungen wie französische Staatsangehörige. Nach Art. 45 Abs. 4 AEUV findet die Arbeitnehmerfreizügigkeit freilich keine Anwendung auf die **„Beschäftigung in der öffentlichen Verwaltung“**. Unter einer „Beschäftigung in der öffentlichen Verwaltung“, die vom Geltungsbereich der Absätze 1 bis 3 des Art. 45 AEUV ausgenommen ist, sind nur diejenigen Stellen zu verstehen, die eine Teilnahme an der Ausübung hoheitlicher Befugnisse und an der Wahrnehmung solcher Aufgaben mit sich bringen, welche auf die Wahrung der allgemeinen Belange des Staates oder anderer öffentlicher Körperschaften gerichtet sind. Die von der Arbeitnehmerfreizügigkeit ausgenommenen Stellen müssen ein Verhältnis besonderer Verbundenheit des Stelleninhabers zum Staat sowie die Gegenseitigkeit von Rechten und Pflichten voraussetzen, die dem Staatsangehörigkeitsband zugrunde liegen. Eine Beschäftigung als Lehrkraft an öffentlichen Schulen stellt somit keine **„Beschäftigung in der öffentlichen Verwaltung“** i. S. d. Art. 45 Abs. 4 AEUV dar (EuGH, Urt. v. 27.11.1991 – Rs. C-4/91 (Bleis), Slg. 1991, I-5638 Tz. 6 f.). Deshalb darf der *B* allenfalls eine Tätigkeit in der Schulaufsicht, nicht jedoch die von ihr angestrebte Lehrtätigkeit versagt werden.

b) Verfassungsrecht

aa) Funktionsvorbehalt

12. Was versteht das Grundgesetz unter dem „Funktionsvorbehalt für Beamte“? Wo ist er normiert?

Art. 33 Abs. 4 GG verlangt, die Ausübung hoheitsrechtlicher Befugnisse als ständige Aufgabe in der Regel Angehörigen des öffentlichen Dienstes zu übertragen, die „in einem öffentlich-rechtlichen Dienst- und Treueverhältnis stehen“. Der in der Vorschrift statuierte sog. **Funktionsvorbehalt** sichert Beamten einen Aufgabenbereich in der öffentlichen Verwaltung, der nur vorübergehend oder ausnahmsweise von Tarifbeschäftigten wahrgenommen werden darf. Denn ausschließlich Beamte stehen zu ihrem Dienstherrn in dem von Art. 33 Abs. 4 GG geforderten Dienst- und Treueverhältnis (vgl. § 4 BBG, § 3 Abs. 1 BeamtStG). Dem Funktionsvorbehalt liegt eine Vorstellung vom Berufsbeamtentum als einer Institution zugrunde, die, „gegründet auf Sachwissen, fachliche Leistung und loyale Pflichterfüllung, eine stabile Verwaltung sichern und damit einen ausgleichenden Faktor gegenüber den das Staatsleben gestaltenden politischen Kräften darstellen soll" (BVerfGE 7, 155/162; kritisch gegenüber diesem Beamtenbild *Wichmann*, Parteipolitische Patronage, 1986, S. 110–128).

13. Erlaubt der Funktionsvorbehalt für Beamte Ausnahmen?

Zwar verbietet der Funktionsvorbehalt Nichtbeamten nicht durchgehend, hoheitliche Aufgaben wahrzunehmen (BAG, ZBR 2004, 271/272). Soweit jedoch von der Regel des Art. 33 Abs. 4 GG abgewichen wird, darf es sich nur um Ausnahmefälle handeln. Würde die ständige Ausübung hoheitlicher Befugnisse in größerem Umfang auf Nichtbeamte übertragen, wäre dies mit dem Grundgesetz nicht vereinbar (BVerfGE 9, 268/284).

14. Welche Rechtswirkungen entfaltet der Funktionsvorbehalt?

Art. 33 Abs. 4 GG errichtet eine objektiv-rechtliche Verfassungspflicht; die Vorschrift ist kein bloßer Programmsatz. Zusammen mit Art. 33 Abs. 5 GG enthält sie zudem eine institutionelle Garantie des Berufsbeamtentums (BVerfG, NVwZ 2003, 1364/1365). Jedoch kann weder der einzelne Beamte aus Art. 33 Abs. 4 GG ein subjektives Recht herleiten, ausschließlich mit hoheitsrechtlichen Aufgaben betraut zu werden, noch räumt der Funktionsvorbehalt Arbeitnehmern einen Anspruch auf „Verbeamtung" ein (BVerfGE 6, 376/384 f.).

15. Der verbeamtete Lehrer *B* unterrichtet an einem staatlichen Gymnasium die Fächer Deutsch und Sport. In nahezu jeder Schulpause begegnet er im Lehrerzimmer seinem Kollegen *T*, der als tarifbeschäftigter Lehrer in den Fächern Englisch und Mathematik tätig ist. *T* ist empört, dass *B* bei gleicher Stundenbelastung die Privilegien eines Beamten genießen könne und zugleich „netto" deutlich mehr verdiene als er. Verstößt der Status des *T* als Nichtbeamter gegen Art. 33 Abs. 4 GG?

Zur genuin hoheitlichen Verwaltung im Sinne des Art. 33 Abs. 4 GG gehören „neben den Streitkräften und der Polizei sonstige Ordnungskräfte, Rechtspflege, Steuerverwaltung, Diplomatie sowie Verwaltungsstellen auf Bundes-, Landes- und Kommunalebene [...], die mit der Ausarbeitung von Rechtsakten, deren Durchführung und mit hoheitlichen Aufsichtsfunktionen betraut sind" (BVerwGE 149, 117/135). Hier tritt der Staat dem Bürger gegenüber befehlend mit einseitigem Zwang auf. Im Gegensatz dazu dürfen fiskalische Aufgaben (Beschaffungs- und Erwerbsgeschäfte) sowie untergeordnete Tätigkeiten ohne relevante Entscheidungsbefugnisse von Nichtbeamten erledigt werden (VGH München, ZBR 1994, 350/352).

Hinsichtlich der Berufsgruppe der **Lehrer** soll die seit Jahren in vielen Bundesländern praktizierte Einstellung im Tarifbeschäftigtenverhältnis mit den Vorgaben des Art. 33 Abs. 4 GG vereinbar sein, „weil Lehrer in der Regel nicht schwerpunktmäßig hoheitlich geprägte Aufgaben wahrnehmen (würden), die der besonderen Absicherung durch den Beamtenstatus bedürften" (so ausdrücklich BVerfGE 119, 247/267; vgl. ferner BVerwGE 149, 117/135). Im Schrifttum wird diese Ansicht jedoch bestritten (so etwa *v. Coelln/Horst,* ZBR 2009, 109/114 f.; *Epping,* ZBR 1997, 383/386 zu Hochschullehrern; *Werres,* Beamtenverfassungsrecht, 2011, Rn. 23).

Für diejenigen Bereiche der öffentlichen Verwaltung, die nicht zur **genuin hoheitlichen Verwaltung** im Sinne des grundgesetzlichen Funktionsvorbehalts gehören, obliegt es der Entscheidung des jeweiligen Dienstherrn, ob er zur Aufgabenerfüllung Beamte oder Tarifbeschäftigte einsetzt (BVerfGE 130, 263/297 f.; 119, 247/267). Der Dienstherr hat danach durchaus die Möglichkeit, Lehrer – wie etwa den *T* – als Tarifbeschäftigte einzustellen.

Andererseits hat die Übernahme von Lehrkräften in das Beamtenverhältnis für den Dienstherrn auch viele Vorteile. Sie befreit ihn von dem Zwang, Arbeits- und Entgeltbedingungen mit den Tarifparteien auszuhandeln. Auch ermöglicht das Beamtenrecht die Versetzung eines Beamten sogar gegen seinen Willen. Der Beamte unterliegt zudem einem Streikverbot und untersteht der Disziplinargewalt seines Dienstherrn (BVerfGE 119, 247/263 f.). Mit den Vorteilen sind für den Dienstherrn allerdings auch bestimmte Einschränkungen verbunden, die etwa in Art. 33 Abs. 5 GG verfassungsrechtlich festgeschrieben sind (BVerfGE 119, 247/264). „Ein Rosinenpicken erlaubt die Verschiedenheit der Beschäftigungssysteme dem Gesetzgeber (allerdings) nicht" (BVerfGE 119, 247/268).

16. Da ein Beamter erst in einigen Monaten nach Abschluss der Ausbildung in der Vollstreckungsstelle eines Finanzamtes eingesetzt werden kann, soll ein Tarifbeschäftigter vertretungsweise die Vollstreckungsaufgaben (zwangsweise Beitreibung von Steuerforderungen) wahrnehmen. Ist die Aufgabenübertragung mit dem Funktionsvorbehalt zu vereinbaren?

Hoheitsrechtliche Befugnisse i. S. d. Art. 33 Abs. 4 GG werden wahrgenommen, wenn Befugnisse zu Grundrechtseingriffen ausgeübt werden, die öffentliche Gewalt also durch Befehl oder Zwang unmittelbar beschränkend auf grundrechtlich geschützte Freiheiten einwirkt. Die Beitreibung von Steuerforderungen gehört deshalb zum Kernbereich hoheitlicher Tätigkeit, da der Staat von seinem Gewaltmonopol Gebrauch macht (vgl. LAG Niedersachsen, NVwZ-RR 1995, 584/585 f.). Dem Funktionsvorbehalt des Art. 33 Abs. 4 GG ist die Ausübung hoheitsrechtlicher Befugnisse jedoch nur insoweit unterworfen, als ihre Übertragung als „ständige Aufgabe" in Rede steht. Die Wahrnehmung hoheitlicher Aufgaben durch Tarifbeschäftigte verstößt in der Konsequenz nicht gegen Art. 33 Abs. 4 GG, wenn die Aufgaben lediglich vorübergehend wahrgenommen werden (vgl. *Jachmann,* VR 2001, 145/150). So verhält es sich hier.

17. Nach dem hessischen Maßregelvollzugsgesetz können private Kapitalgesellschaften unter bestimmten Voraussetzungen mit der Durchführung des Maßregelvollzugs beliehen werden. Mit der Möglichkeit der Beleihung wollte der Gesetzgeber u. a. die Leistungsfähigkeit des Maßregelvollzugs verbessern. Patient *P* ist in einer in der Rechtsform einer GmbH betriebenen Maßregelvollzugsklinik untergebracht. Während seiner Unterbringung kam es wiederholt zu aggressiven Ausbrüchen. Anlässlich eines solchen Vorfalls wird er von Pflegekräften der Klinik einer gewaltsamen Sicherungsmaßnahme unterworfen. *P* meint, dass die gegen ihn ergriffene Maßnahme rechtswidrig sei. Der Maßregelvollzug gehöre zum Kernbereich der Eingriffsverwaltung, in dem eine Übertragung auf Private mit dem Funktionsvorbehalt des Art. 33 Abs. 4 GG unvereinbar sei. Ist seine Ansicht zutreffend?

Nein. Nach dem Funktionsvorbehalt des Art. 33 Abs. 4 GG ist die Ausübung hoheitsrechtlicher Befugnisse als ständige Aufgabe nur „in der Regel" Berufsbeamten zu übertragen. Die Einschränkung ermöglicht daher Ausnahmen.

- Das vorgegebene Regel-Ausnahme-Verhältnis hat zunächst eine quantitative Dimension: Von der Ausnahmemöglichkeit darf kein Gebrauch gemacht werden, wenn der vorgeschriebene Regelfall faktisch zum zahlenmäßigen Ausnahmefall wird. In ihrer rein quantitativen Dimension ist die Aussagekraft der Regelvorgabe allerdings begrenzt. Denn für den erforderlichen zahlenmäßigen Vergleich lässt sich ein Bezugsrahmen unterhalb der Ebene der staatlichen Einheit (Bund oder Land), deren Aufgabenwahrnehmung in den Blick genommen wird, kaum willkürfrei identifizieren.
- Ausnahmen werden zudem in den Fällen eingeräumt, in denen der Funktionsvorbehalt die Wahrnehmung der betreffenden hoheitlichen Aufgaben durch Berufsbeamte im Hinblick auf funktionelle Besonderheiten nicht in gleicher Weise wie im Regelfall angezeigt erscheinen lässt. Abweichungen von der Regel bedürfen somit der Rechtfertigung durch einen besonderen sachlichen Grund. Rein fiskalische Gesichtspunkte sollen nach umstrittener Auffassung nicht genügen (BVerfGE 130, 76/116; abweichend OLG Frankfurt, NStZ-RR 2010, 93/94 f.). Ein solcher sachlicher Grund liegt hier vor. Denn die gewählte Privatisierung sollte der Qualität des Maßregelvollzugs zugutekommen. Die Ansicht des *P* ist daher unzutreffend.

bb) Hergebrachte Grundsätze des Berufsbeamtentums

18. Nach Art. 33 Abs. 5 GG ist das Recht des öffentlichen Dienstes unter Berücksichtigung der hergebrachten Grundsätze des Berufsbeamtentums zu regeln und fortzuentwickeln. Wie ist der Rechtsbegriff der „hergebrachten Grundsätze des Berufsbeamtentums" zu definieren?

Unter den **„hergebrachten Grundsätzen des Berufsbeamtentums"** ist ein „Kernbestand von Strukturprinzipien […], die allgemein oder doch ganz überwiegend und während eines längeren, Tradition bildenden Zeitraums, mindestens unter der Reichsverfassung von Weimar, als verbindlich anerkannt und gewahrt worden sind", zu verstehen (BVerfGE 8, 332/343). Es handelt sich um solche hergebrachten

Regelungen, „die das Bild des Beamtentums in seiner überkommenen Gestalt und Funktion so prägen, dass ihre Beseitigung auch das Wesen des Beamtentums antasten würde" (BVerfGE 114, 258/286).

19. Welche Grundsätze zählen zu den „hergebrachten Grundsätzen des Berufsbeamtentums" nach Art. 33 Abs. 5 GG?

Was als hergebrachter Grundsatz zu qualifizieren ist, wird im Detail kontrovers diskutiert – auch weil sich das Beamtenrecht fortentwickeln können muss. Folgende Grundsätze fallen nach h. M. in jedem Fall unter Art. 33 Abs. 5 GG:

- Lebenszeitprinzip (BVerfGE 121, 205/220 ff.),
- Alimentationsprinzip (BVerfGE 44, 249/263, 266 f.),
- Fürsorgepflicht des Dienstherrn (BVerfGE 43, 154/165),
- Recht auf amtsangemessene Beschäftigung (BVerwGE 87, 310/314),
- Treuepflicht des Beamten (BVerfGE 39, 334/346 f.),
- Leistungsprinzip (BVerfGE 11, 203/215 f.),
- Streikverbot (BVerwGE 149, 117/125) und
- Vollbeschäftigung (BVerfGE 71, 39/59 f.).

20. Welche Rechtswirkungen entfaltet die Bestimmung in Art. 33 Abs. 5 GG?

Art. 33 Abs. 5 GG enthält zunächst unmittelbar geltendes **objektives Recht** sowie einen an den Gesetzgeber gerichteten Regelungsauftrag, das Beamtenrecht entsprechend den hergebrachten Grundsätzen des Berufsbeamtentums auszugestalten (BVerfGE 117, 330/344).

Zusammen mit Art. 33 Abs. 4 GG stellt Art. 33 Abs. 5 GG zudem eine **institutionelle Garantie des Berufsbeamtentums** dar (BVerfGE 117, 330/344): Das Berufsbeamtentum als Institution darf (zumindest ohne Verfassungsänderung) nicht abgeschafft werden. Die institutionelle Garantie soll eine stabile, gesetzestreue öffentliche Verwaltung und damit die Funktionsfähigkeit des Staates gewährleisten.

Art. 33 Abs. 5 gewährt schließlich ein **grundrechtsgleiches Recht,** das der einzelne Beamte sogar mit der (Individual-)Verfassungsbeschwerde (Art. 93 Abs. 1 Nr. 4a GG, §§ 13 Nr. 8a, 90, 92 ff. BVerfGG) geltend machen kann (BVerfGE 8, 1/17).

Darüber hinaus rechtfertigt Art. 33 Abs. 5 GG Beschränkungen insbesondere der auch Beamten zustehenden Grundrechte, wie etwa der Meinungsfreiheit (Art. 5 Abs. 1 GG), der Koalitionsfreiheit (Art. 9 Abs. 3 GG) oder der Berufsfreiheit (Art. 12 Abs. 1 GG). Art. 33 Abs. 5 GG kommt daher der Charakter einer **Grundrechtsschranke** zu (BVerfGE 19, 303/322).

21. Inwieweit muss der Gesetzgeber die hergebrachten Grundsätze i. S. d. Art. 33 Abs. 5 GG berücksichtigen?

Nicht jede Regelung des Beamtenrechts, die sich als hergebracht erweist, soll nach der Rechtsprechung des BVerfG von der institutionellen Garantie in Art. 33 Abs. 5 GG erfasst werden. Art. 33 Abs. 5 GG schütze nur diejenigen Regelungen, die das Bild des Berufsbeamtentums in seiner überkommenen Gestalt maßgeblich prägten, sodass ihre Beseitigung auch das Wesen des Berufsbeamtentums antaste. Dies ergebe sich bereits aus dem Wesen des Art. 33 Abs. 5 GG als institutioneller Garantie, deren Sinn gerade darin bestünde, dem Gesetzgeber den Kernbestand der Strukturprinzipien – „mithin die Grundsätze, die nicht hinweggedacht werden können, ohne dass damit zugleich die Einrichtung selbst in ihrem Charakter grundlegend verändert würde“ (BVerfGE 141, 56/69) – verbindlich als Rahmen vorzugeben. Bei diesem Kernbestand an Strukturprinzipien verlangt Art. 33 Abs. 5 GG dem BVerfG zufolge nicht nur eine „Berücksichtigung“, sondern sogar eine „Beachtung“ (BVerfGE 141, 56/69).

Die Literatur legt den Rechtsbegriff „Berücksichtigung“ dagegen so aus, dass der Gesetzgeber sich zwar auf dem Boden der hergebrachten Grundsätze bewegen muss, im Übrigen aber einen weiten Ermessensspielraum hat, um das Beamtenrecht fortentwickeln zu können (etwa *Battis,* in: ders., BBG, 6. Aufl. 2022, § 4 Rn. 10 f.).

22. Nach § 25b LBG NRW i. d. F. des 2. Schulrechtsänderungsgesetzes vom 27. Juni 2006 (GV. NRW S. 278) wird ein Amt mit leitender Funktion im Beamtenverhältnis auf Zeit für längstens zwei Amtszeiten übertragen. Eine Amtszeit beträgt fünf Jahre. Nach Ablauf der ersten Amtszeit ist die Übertragung des Amtes im Beamtenverhältnis auf Lebenszeit noch ausgeschlossen. Erst mit Ablauf der zweiten Amtszeit soll dem Beamten das Amt im Beamtenverhältnis auf Lebenszeit übertragen werden. Zu den Ämtern mit leitender Funktion gehören auch die Ämter der Leiter öffentlicher Schulen.
Lehrerin *L* ist eine im Schuldienst des Landes Nordrhein-Westfalen tätige Beamtin, die zur Oberstudiendirektorin als Leiterin eines Gymnasiums für fünf Jahre ernannt worden ist. Sie beantragt nach drei Jahren vergeblich, ihr das Amt auf Lebenszeit zu übertragen. In ihrem Widerspruch führt sie an, § 25b LBG NRW sei mit Art. 33 Abs. 5 GG unvereinbar. Ist ihre Rechtsauffassung zutreffend?

Ja. Nach ständiger Rechtsprechung des BVerfG gehört das Lebenszeitprinzip zu den hergebrachten Grundsätzen des Berufsbeamtentums i. S. d. Art. 33 Abs. 5 GG. Das **Lebenszeitprinzip** hat – im Zusammenspiel mit dem die amtsangemessene Besoldung sichernden Alimentationsprinzip – die Funktion, die Unabhängigkeit der Beamten im Interesse einer rechtsstaatlichen Verwaltung zu gewährleisten. Erst rechtliche und wirtschaftliche Sicherheit bieten die Gewähr dafür, dass das Berufsbeamtentum zur Erfüllung der ihm vom Grundgesetz zugewiesenen Aufgabe, eine stabile, gesetzestreue Verwaltung zu sichern, beitragen kann (vgl. BVerfGE 121, 205/219 f.). Dazu gehört vor allem, dass der Beamte nicht nach freiem Ermessen aus seinem Amt entfernt werden kann; denn damit entfiele die Grundlage für seine persönliche Unabhängigkeit. Die mit dem Lebenszeitprinzip angestrebte Unabhängigkeit der Amtsführung ist dabei kein persönliches Privileg des Beamten, sondern soll dem Gemeinwohl dienen. Zu den das deutsche Beamtenrecht seit jeher prägenden hergebrachten Grundsätzen gehört daher nicht nur die Anstellung der Beamten auf Lebenszeit, sondern auch das Prinzip der lebenszeitigen Übertragung aller einer Laufbahn zugeordneten Ämter.

Als anerkannte Ausnahme von diesem Grundsatz hat sich im Kommunalrecht vor allem der **kommunale Wahlbeamte** als Beamter auf Zeit entwickelt. Eine weitere Ausnahme vom Lebenszeitprinzip stellen die sog. **politischen Beamten** dar. Sie sind zwar Beamte auf Lebenszeit, können jedoch ohne Angabe von Gründen jederzeit in den einstweiligen Ruhestand versetzt werden. Begründet wird diese Ausnahme damit, dass die politischen Beamten nach der Art ihrer Aufgaben in besonderer Weise des politischen Vertrauens der Regierung bedürfen (vgl. BVerfGE 7, 155/166).

Nach diesen Grundsätzen ist § 25b LBG NRW mit dem in Art. 33 Abs. 5 GG normierten Lebenszeitprinzip nicht vereinbar. Eine Verleihung des Amts auf Lebenszeit ist erst möglich, nachdem *L* zwei Amtszeiten mit einer Dauer von insgesamt zehn Jahren im Beamtenverhältnis auf Zeit absolviert hat. Eine Verleihung auf Lebenszeit bereits nach der ersten Amtszeit ist hingegen ausgeschlossen. Nach der ersten Amtszeit „kann" die *L* das Amt lediglich für eine zweite Amtszeit verliehen werden. *L* hat somit keinen Rechtsanspruch darauf, dass ihr das Amt für eine zweite Amtszeit verliehen wird, selbst wenn sie sich in der Position bewährt hat. Über einen Zeitraum von einem Jahrzehnt fehlt der *L* somit die rechtliche Sicherheit, die ihr die für ihre Amtsausübung erforderliche Unabhängigkeit geben soll. Sie muss ständig befürchten, in ihr vorheriges Amt, das ihr die Lebenszeitstellung vermittelt, zurückgesetzt zu werden, mit allen damit verbundenen Nachteilen, wie etwa einer Gehaltseinbuße oder einem Ansehensverlust bei den Kollegen. Das derzeit von *L* ausgeübte Amt wird deshalb vom Schutz des Lebenszeitprinzips nach Art. 33 Abs. 5 GG erfasst. Die Rechtsauffassung der *L* ist zutreffend.

23. Beamter *K* steht als Erster Kriminalhauptkommissar (BesGr. A 13 LBesO) mit Dienstort München im Dienst des Freistaats Bayern. Er ist alleinerziehender Vater von drei Kindern. Zum Ausgleich der erhöhten Lebenshaltungskosten in München beantragt *K* die Gewährung einer „Ballungsraumzulage". Zur Begründung führt er an, die Nichtberücksichtigung der überdurchschnittlich hohen Lebenshaltungskosten im Ballungsraum München verletze den Alimentationsgrundsatz und ihn damit in seinen Rechten aus Art. 33 Abs. 5 GG. Hat sein Antrag Aussicht auf Erfolg? Eine einfachgesetzliche Anspruchsgrundlage besteht nicht.

Nein, *K* kann keine „Ballungsraumzulage" verlangen. Zwar gehört das **Alimentationsprinzip** zu den von Art. 33 Abs. 5 GG gewährleisteten hergebrachten Grundsätzen des Berufsbeamtentums (vgl. BVerfGE 117, 330/348). Es verpflichtet den Dienstherrn, den Beamten und seine Familie lebenslang angemessen zu alimentieren und ihm nach seinem Dienstrang, nach der mit seinem Amt verbundenen Verantwortung und nach der Bedeutung des Berufsbeamtentums für die Allgemeinheit entsprechend der Entwicklung des allgemeinen Lebensstandards einen „standesgemäßen" Lebensunterhalt zu gewähren. Der Beamte muss über ein Nettoeinkommen verfügen, das seine rechtliche und wirtschaftliche Unabhängigkeit gewährleistet und ihm über die Befriedigung der Grundbedürfnisse hinaus einen seinem Amt angemessenen Lebenskomfort ermöglicht.

Dabei können Unterschiede in der Belastung durchaus von Bedeutung sein. So hat das BVerfG aus Art. 33 Abs. 5 GG die Verpflichtung entnommen, die Bezüge so zu bemessen, dass Beamte der gleichen Besoldungsstufe sich ohne Rücksicht auf die Größe ihrer Familie annähernd das Gleiche leisten können (BVerfGE 81, 363/376). Mit dem Alimentationsgrundsatz nicht mehr vereinbar ist daher, wenn die Höhe der Bezüge den tatsächlichen Unterhaltskosten nicht mehr entspricht und der Beamte mit wachsender Kinderzahl den ihm zukommenden Lebenszuschnitt nicht mehr erreichen kann (BVerfGE 99, 300/315).

Bei der Konkretisierung der Pflicht zur amtsangemessenen Alimentierung hat der Gesetzgeber jedoch einen weiten Entscheidungsspielraum (BVerfGE 114, 258/288). Deshalb ist nach Auffassung des BVerfG nicht zu beanstanden, dass der Besoldungsgesetzgeber keinen spezifischen Ausgleich für die in Ballungsräumen erhöhten Lebenshaltungskosten vorgesehen hat. Denn die in Ballungsräumen vergleichsweise hohen Preise sollen die dortige Lebensqualität widerspiegeln. Auch für Bezieher niedrigerer Einkommen stehen den höheren Lebenshaltungskosten daher Vorteile gegenüber, die gegen eine Gleichsetzung der geringeren Kaufkraft des Beamtengehalts mit einem entsprechend geringeren Lebensstandard sprechen. Zu den Vorteilen gehören etwa die in Großstädten reichhaltigeren Bildungsangebote, die gute medizinische Versorgung oder vielfältigere Freizeitangebote. Die Berücksichtigung dieser Aspekte hält sich im Rahmen des dem Besoldungsgesetzgeber zustehenden Einschätzungsspielraums, so das BVerfG (vgl. BVerfGE 117, 330/353 f.). Die Frage, ob die „Vorteile“ von Ballungsräumen insbesondere für Angehörige niedriger Besoldungsgruppen finanziell überhaupt erschwinglich sind, lässt das BVerfG in seiner Rechtsprechung freilich offen …

24. *S* ist Lehrerin im Beamtenverhältnis auf Lebenszeit im Dienst des Landes Nordrhein-Westfalen. Als engagiertes Mitglied der Gewerkschaft Erziehung und Wissenschaft (GEW) nahm sie innerhalb von zwei Wochen dreimal an Warnstreiks teil, zu denen die GEW während der Tarifverhandlungen für den öffentlichen Dienst aufgerufen hatte. Die Gewerkschaft forderte eine Gehaltserhöhung für tarifbeschäftigte Lehrer und strebte die Übernahme des Tarifabschlusses für die Beamtenbesoldung an. An den drei Streiktagen versäumte *S* insgesamt zwölf Unterrichtsstunden. Deshalb wurde sie durch Disziplinarverfügung mit einer Geldbuße von 1.500 Euro belegt. Mit ihrer verwaltungsgerichtlichen Klage macht *S* u. a. geltend, dass es im Hinblick auf die verfassungsrechtlich geschützte Koalitionsfreiheit aus Art. 9 Abs. 3 GG nicht zu rechtfertigen sei, auch denjenigen Beamten das Streikrecht zu verweigern, die außerhalb der Hoheitsverwaltung tätig seien. Hat *S* Recht?

Nein, *S* war nicht berechtigt, sich an Streiks zu beteiligen. Art. 33 Abs. 5 GG enthält ein umfassendes **Streikverbot für alle Beamten**, das deren Koalitionsfreiheit aus Art. 9 Abs. 3 GG beschränkt und auch ohne gesetzliche Verbotsregelungen beachtet werden muss.

Aus den in Art. 33 Abs. 5 GG verankerten hergebrachten Grundsätzen des Lebenszeitprinzips, des Leistungsprinzips und der Hauptberuflichkeit folgt, dass der Beamte grundsätzlich verpflichtet ist, seinem Dienstherren lebenslang die volle Arbeitskraft zur Verfügung zu stellen, die übertragenen dienstlichen Aufgaben mit vollem beruflichen Einsatz sowie uneigennützig zu erfüllen, sich dabei ausschließlich an Gesetz und Recht zu orientieren und sich gegenüber dem Dienstherrn loyal zu verhalten. Im Gegenzug verpflichtet der Alimentationsgrundsatz den Dienstherrn, dem Beamten und seiner Familie lebenslang denjenigen Unterhalt zu gewähren, der nach den wirtschaftlichen Verhältnissen für eine dem Statusamt entsprechende Lebensführung erforderlich ist. Es stellt ein durch Art. 33 Abs. 5 GG vorgegebenes Strukturprinzip des Berufsbeamtentums dar, dass das Gefüge dieser aufeinander bezogenen und sich ergänzenden Rechte und Pflichten einseitig vom Gesetzgeber geregelt und vom Dienstherrn inhaltlich konkretisiert werden muss.

Damit ließe sich aber nicht vereinbaren, die Konkretisierung des beamtenrechtlichen Regelungsgefüges zur Disposition der Tarifparteien zu stellen. Die Institution des Berufsbeamtentums würde tiefgreifend verändert, wenn etwa Fragen der Besoldung oder der Arbeitszeit durch Tarifverträge geregelt würden und die Gewerkschaften der Beamten ihren Forderungen während der Tarifverhandlungen durch kollektive Kampfmaßnahmen Nachdruck verleihen könnten. Nicht zuletzt würde dadurch die verlässliche Erfüllung staatlicher Aufgaben gefährdet.

Dementsprechend ist das Streikverbot als notwendige Ergänzung sowohl in den durch Art. 33 Abs. 5 GG vorgegebenen Beamtenpflichten zum vollen beruflichen Einsatz, zur Befolgung dienstlicher Anordnungen und zur Loyalität als auch in dem Strukturprinzip der hoheitlichen Gestaltung des Beamtenverhältnisses verankert. Es gilt unmittelbar und geht dem **Grundrecht der Koalitionsfreiheit** nach Art. 9 Abs. 3 GG vor. Die funktionale Bedeutung des Streikverbots – die verlässliche und kontinuierliche Erfüllung staatlicher Aufgaben – gilt für alle Beamten gleichermaßen. Das Streikverbot knüpft deshalb nicht an den konkreten Aufgabenbereich der Beamten, sondern an den Beamtenstatus als solchen an (BVerwGE 149, 117/126).

25. Wegen einer Vakanz schrieb das Thüringer Innenministerium den Dienstposten des Vizepräsidenten des Thüringer Landesamts für Verfassungsschutz aus. Laufbahnrechtlich war das Amt des Vizepräsidenten dem allgemeinen nichttechnischen Verwaltungsdienst zugeordnet. Die Ausschreibung wandte sich an Bewerber, die entweder die Befähigung zum Richteramt (Volljurist) besaßen oder eine Tätigkeit im höheren Polizeivollzugsdienst ausübten. Das Anforderungsprofil erfüllten lediglich die beiden Bewerber *P* und *R*, wobei nur *R* über die Befähigung zum Richteramt verfügte. Aufgrund seiner besseren Anlassbeurteilung wurde *P*, ein Polizeivollzugsbeamter im Range eines Polizeidirektors, ausgewählt. Beim zuständigen Verwaltungsgericht hat *R* deshalb um einstweiligen Rechtsschutz nachgesucht. Zur Begründung seines Antrags nach § 123 VwGO trägt er vor, dass der Dienstposten nicht mit einem „laufbahnfremden" Bewerber aus dem Polizeivollzugsdienst besetzt werden dürfe. Das Innenministerium beruft sich hingegen auf den Leistungsgrundsatz. Wird das Verwaltungsgericht dem Antrag des *R* stattgeben?

Ja, das Verwaltungsgericht wird dem Antrag des *R* stattgeben. Zwar hat gemäß Art. 33 Abs. 2 GG jeder Deutsche nach seiner Eignung, Befähigung und fachlichen Leistung gleichen Zugang zu jedem öffentlichen Amt. Danach sind öffentliche Ämter nach Maßgabe des **Grundsatzes der Bestenauslese** zu besetzen. Die Auswahlmaßnahmen, beginnend von der Erstellung des Anforderungsprofils bis hin zur eigentlichen Auswahlentscheidung, dürfen nur auf Gesichtspunkte gestützt werden, die Eignung, Befähigung und fachliche Leistung der Bewerber unmittelbar betreffen. Belange, die im Leistungsgrundsatz nicht verankert sind, können bei der Bewerberauswahl allenfalls Berücksichtigung finden, wenn ihnen außerhalb von Art. 33 Abs. 2 GG Verfassungsrang eingeräumt ist.

Verfassungsrang kommt auch dem **Laufbahnprinzip** zu, das als hergebrachter Grundsatz des Berufsbeamtentums anerkannt ist und nach Art. 33 Abs. 5 GG verfassungsrechtliche Relevanz besitzt. Die Laufbahn wird durch die Laufbahngruppe (einfacher, mittlerer, gehobener und höherer Dienst) und die Fachrichtung bestimmt. Jede Laufbahn erfordert spezifische Laufbahnbefähigungen. Die Befähigung wird grundsätzlich nur für eine bestimmte Fachrichtung in einer bestimmten Laufbahngruppe erworben. Für Laufbahnen anderer Fachrichtungen erwirbt der Beamte keine Laufbahnbefähigung. Der Erwerb der Laufbahnbefähigung ist Voraussetzung, um Zugang zu den jeweiligen Ämtern der Laufbahn zu erhalten. Insoweit wird das Leistungsprinzip durch das Laufbahnprinzip ausgestaltet: Das Leistungsprinzip verlangt daher nicht, dass jede Laufbahnbefähigung den Zugang zu jedem Amt der gleichen Laufbahngruppe eröffnet. Eine solche Annahme würde die Fachrichtungsgebundenheit der Laufbahn verkennen (OVG Weimar, ThürVBl. 2010, 85 Rn. 50).

Das Thüringer Innenministerium hat nun fehlerhaft das Anforderungsprofil des streitigen Dienstpostens auf Bewerber des höheren Polizeivollzugdienstes, die nicht die Befähigung zum Richteramt besitzen, erweitert. Denn Polizeivollzugsbeamte verfügen nicht über die Laufbahnbefähigung für den allgemeinen nichttechnischen Verwaltungsdienst, dem das Amt des Vizepräsidenten des Thüringer Landesamts für Verfassungsschutz zugeordnet ist. Polizeidirektor *P* ist deshalb zu Unrecht ausgewählt worden.

26. Lehrerin *L* wurde unter Berufung in das Beamtenverhältnis auf Probe zur Studienassessorin an einem Gymnasium des Landes Niedersachsen ernannt. Zusammen mit der Ernennung setzte die zuständige Einstellungsbehörde durch Bescheid die durchschnittliche wöchentliche Arbeitszeit der *L* gegen deren Willen auf 18 Wochenstunden fest (sog. Einstellungsteilzeit). Eine Vollzeitlehrkraft hat demgegenüber 24 Wochenstunden zu unterrichten. Zur Begründung verwies die Einstellungsbehörde auf das dringende öffentliche Interesse, im Rahmen der zur Verfügung stehenden Haushaltsmittel möglichst viele Lehrer einstellen zu können. Nach erfolglosem Widerspruchsverfahren hat *L* mit dem Ziel Klage erhoben, das Land Niedersachsen zu einer Vollzeitbeschäftigung zu verpflichten. *L* meint, eine unfreiwillige Teilzeitbeschäftigung sei mit dem hergebrachten Grundsatz der hauptberuflichen vollen Dienstleistungspflicht der Beamten nicht vereinbar. Hat *L* Recht?

Ja, *L* hat Recht. Die Einstellungsteilzeit gegen den Willen der *L* verstößt gegen den verfassungsrechtlich gewährleisteten **Hauptberuflichkeitsgrundsatz.** Die hauptberufliche Beschäftigung auf Lebenszeit und das damit korrespondierende Alimentationsprinzip sind prägende Strukturmerkmale des Berufsbeamtentums i. S. d. Art. 33 Abs. 5 GG. Mit dem Eintritt in das Beamtenverhältnis wird der Beamte verpflichtet, sich voll für den Dienstherrn einzusetzen und ihm seine gesamte Arbeitskraft zur Verfügung zu stellen. Im Gegenzug hat der Dienstherr dem Beamten und seiner Familie nach Dienstrang, Bedeutung des Amtes und entsprechend der Entwicklung der allgemeinen Verhältnisse angemessenen Lebensunterhalt zu gewähren. Denn mit dem Eintritt in das Beamtenverhältnis verliert der Beamte grundsätzlich die Freiheit zu anderweitiger Erwerbstätigkeit, weil der Staat die ganze Arbeitskraft des Beamten und damit seine volle Hingabe fordert. Dienstbezüge, Ruhegehalt und Hinterbliebenenversorgung bilden also einerseits die Voraussetzung dafür, dass der Beamte in rechtlicher und wirtschaftlicher Unabhängigkeit zur Erfüllung der dem Berufsbeamtentum zugewiesenen Aufgabe beitragen kann, eine stabile, gesetzestreue Verwaltung zu sichern. Sie sind zugleich die „Gegenleistung" des Dienstherrn dafür, dass sich der Beamte ihm zur Verfügung stellt und seine Dienstpflichten nach Kräften erfüllt (BVerfGE 119, 247/263 f.).

Gemessen an diesen Maßstäben erweist sich die Festsetzung der durchschnittlichen wöchentlichen Arbeitszeit der *L* auf 3/4 einer Vollzeitlehrkraft als unzulässig. Bei der unfreiwilligen Einstellungsteilzeit von Beamten bietet der Dienstherr dem Teilzeitbeamten gerade nicht das Maß an beruflicher Auslastung und – damit korrespondierend – an Einkünften an, das er einem Vollzeitbeamten gewähren würde (vgl. BVerfGE 119, 247/265; OVG Lüneburg, IÖD 2002, 110 ff.).

cc) Ämterzugang

27. Welche Anforderungen stellt der sog. Leistungsgrundsatz an den Zugang zu öffentlichen Ämtern?

Nach dem in Art. 33 Abs. 2 GG verfassungsrechtlich verankerten und in § 9 Satz 1 BBG (§ 9 BeamtStG) einfachgesetzlich normierten **Leistungsgrundsatz** hat jeder Deutsche nach seiner Eignung, Befähigung und fachlichen Leistung gleichen Zugang zu jedem öffentlichen Amt. Der Grundsatz dient zum einen dem öffentlichen Interesse an der bestmöglichen Besetzung der Stellen des öffentlichen Dienstes. Dessen fachliches Niveau und rechtliche Integrität sollen durch die ungeschmälerte Anwendung des Leistungsgrundsatzes gewährleistet werden. Zum anderen trägt Art. 33 Abs. 2 GG dem berechtigten Interesse der Beamten an einem angemessenen beruflichen Fortkommen Rechnung, indem er ein grundrechtsgleiches Recht auf ermessens- und beurteilungsfehlerfreie Einbeziehung in die Bewerberauswahl begründet.

Art. 33 Abs. 2 GG enthält eine abschließende Positivliste von Kriterien, nach denen allein ausgewählt werden darf:

- Der Begriff der **„fachlichen Leistung"** zielt dabei auf die Arbeitsergebnisse des Beamten bei der Wahrnehmung seiner dienstlichen Aufgaben, auf Fachwissen und Fachkönnen ab.

- Mit der **„Befähigung"** werden die allgemein für die dienstliche Verwendung bedeutsamen Eigenschaften wie Begabung, Allgemeinwissen, Lebenserfahrung und allgemeine Ausbildung umschrieben.
- Die **„Eignung"** erfasst Persönlichkeit, Gesundheit und charakterliche Eigenschaften.

28. Welche weiteren Vorschriften im Grundgesetz regeln die Zulassung zu öffentlichen Ämtern?

Zu nennen sind insbesondere die Bestimmungen in Art. 33 Abs. 3 und Art. 36 Abs. 1 GG:

- Art. 33 Abs. 3 GG verbietet ausdrücklich, die Zulassung zu öffentlichen Ämtern von einem **religiösen Bekenntnis** oder einer **Weltanschauung** abhängig zu machen. Die Vorschrift wiederholt damit Art. 136 Abs. 2 WRV, der über Art. 140 GG in das Grundgesetz inkorporiert wird.
- Art. 36 Abs. 1 Satz 1 GG verlangt, dass bei den obersten Bundesbehörden Beamte aus allen Ländern in einem angemessenen Verhältnis zu verwenden sind. Die bei den übrigen Bundesbehörden beschäftigten Bediensteten sollen gemäß Art. 36 Abs. 1 Satz 2 GG in der Regel dem **Sitzland** entnommen werden. Art. 36 GG verschafft dem einzelnen Bewerber kein subjektives Recht, sondern normiert lediglich eine objektive Verpflichtung des Dienstherrn.

29. Die Gemeinde *G* gewährt bei Eignungstests für einzustellende Beamtenanwärter generell allen einheimischen Bewerbern mit Erstwohnsitz in der Gemeinde einen Bonus. Zulässig?

Die Antwort hängt davon ab, ob die **Bonusregelung für Einheimische** mit dem Leistungsprinzip vereinbar ist. Art. 33 Abs. 3 und Art. 3 Abs. 2 und 3 GG enthalten einen Negativkatalog unzulässiger Differenzierungskriterien. Ausdrücklich verboten ist demnach, den Zugang zum öffentlichen Dienst von der Heimat oder der Herkunft eines Bewerbers abhängig machen zu wollen (Art. 3 Abs. 3 Satz 1 GG). Anders verhält es sich nur dann, wenn bestimmte Dienstposten eine besondere Vertrautheit mit den örtlichen Verhältnissen erfordern. Dies setzt freilich voraus, dass eine spezifische Kenntnis der örtlichen Gegebenheiten objektiv als Eignungskriterium im Sinne von Art. 33 Abs. 2 GG anzusehen ist und der Bewerber dieses Kriterium subjektiv erfüllt (BVerwG, DÖV 1979, 793). Unzulässig ist es hingegen, bei sämtlichen in der Gemeinde zu besetzenden Stellen eine besondere Vertrautheit mit den örtlichen Verhältnissen vorauszusetzen. Denn nicht bei allen Aufgaben einer Gemeinde sind besondere Ortskenntnisse notwendig. Zudem kann ein in der unmittelbaren Nachbarschaft Ansässiger mit den örtlichen Verhältnissen vertrauter sein als ein neu zugezogener Einheimischer. Die Bonusregelung ist folglich unzulässig.

dd) Grundrechte

30. Sind Beamte grundrechtsberechtigt?

Ja, mittlerweile ist die **Grundrechtsberechtigung von Beamten** anerkannt. Das war nicht immer so. Nach früherer Auffassung wurde das Beamtenverhältnis (wie auch das Soldaten-, Strafgefangenen- oder Schulverhältnis) als sog. **„besonderes Gewaltverhältnis"** verstanden. Der Begriff bezeichnete die „verschärfte Abhängigkeit, welche zugunsten eines bestimmten Zweckes öffentlicher Verwaltung begründet wird für alle Einzelnen, die in den vorgesehenen besonderen Zusammenhang treten" (*Otto Mayer,* Deutsches Verwaltungsrecht I, 3. Aufl. 1924, S. 101 f.). Im „besonderen Gewaltverhältnis" galten weder Grundrechte noch Vorbehalt des Gesetzes. Diese Auffassung ist jedoch wegen der Bindung aller Staatsgewalt an die Grundrechte als unmittelbar geltendes Recht gemäß Art. 1 Abs. 3 GG nicht mehr haltbar und spätestens seit der Strafgefangenen-Entscheidung des BVerfG vom 14.3.1972 (BVerfGE 33, 1 ff.) überholt.

Eine jüngere Lehre klassifiziert das Beamtenverhältnis daher als **„Sonderstatusverhältnis"** (*Schnapp,* ZBR 1977, 208 ff.; kritisch *Battis,* in: ders., BBG, 6. Aufl. 2022, § 4 Rn. 23 f.). Innerhalb eines Sonderstatusverhältnisses können Freiheitsbeschränkungen im Einzelfall durch die Funktion des Sonderstatus gerechtfertigt werden. Auch die in einem Sonderstatusverhältnis befindlichen Personen sind jedoch prinzipiell grundrechtsberechtigt. Denn in Sonderstatusverhältnissen existiert kein der Grundrechtsgeltung völlig entzogener Bereich staatlichen Handelns (BVerfGE 33, 1/10 f.). Der Beamte bleibt also trotz seiner besonderen Pflichtenstellung auch im Dienst und bei der Ausübung des Dienstes, sofern es nicht um die Amtsführung im Namen des Dienstherrn geht, Staatsbürger, der die ihm zustehenden Grundrechte gegenüber dem Staat geltend machen darf (BVerfGE 39, 334/366 f.).

31. *B* leitete als Beamter eine Verbindungsstelle des Bundesnachrichtendienstes. Nahezu täglich äußerte er sich im Dienst in kritischer Weise zur Einwanderungspolitik der Bundesregierung und über die Person des damaligen Bundespräsidenten *Wulff.* *B* vertrat die Auffassung, der Bundespräsident bringe nicht das nötige Format für sein Amt mit. Aus Kritik an der nach Ansicht des *B* zu defensiven Haltung des Bundespräsidenten *Wulff* zum Islam nahm er das Porträt des Bundespräsidenten im Gemeinschaftsraum der Dienststelle von der Wand und verbrachte es in die Abstellkammer. Der Präsident des BND sprach daraufhin gegen *B* eine Disziplinarmaßnahme aus. Nach erfolglosem Widerspruch erhob *B* Klage vor dem Verwaltungsgericht. Wie ist die Rechtslage?

Die von *B* geäußerte Kritik an der Person des Bundespräsidenten könnte von der **Meinungsfreiheit** aus Art. 5 Abs. 1 Satz 1 GG geschützt sein. Die Meinungsfreiheit findet gemäß Art. 5 Abs. 2 GG jedoch ihre Schranken in den allgemeinen Gesetzen. Zu den allgemeinen Gesetzen zählen auch die Beamtengesetze. Nach § 60 Abs. 2 BBG (§ 33 Abs. 2 BeamtStG) hat der Beamte bei politischer Betätigung diejenige Mäßigung und Zurückhaltung zu wahren, die sich aus seiner Stellung gegenüber der Allgemeinheit und aus der Rücksicht auf die Pflichten seines Amtes ergeben. Gemäß § 61 Abs. 1 Satz 3 BBG (§ 34 Satz 3 BeamtStG) muss sein Verhalten innerhalb und außerhalb des Dienstes der Achtung und dem Vertrauen gerecht werden, die der Beruf erfordert.

- Die Pflicht zur politischen Mäßigung bedeutet zunächst, dass der Beamte nicht durch politische Auseinandersetzungen mit Kollegen im Dienst das Betriebsklima oder die Erfüllung seiner Aufgaben gefährden darf (BVerwG NJW 1990, 2265 f.; *Lecheler,* JuS 1992, 473 ff.).
- Außerhalb des Dienstes hingegen darf sich der Beamte politisch betätigen (BVerwG, NJW 1987, 82/83 zu Soldaten). Dabei kann er sich durchaus in Widerspruch zur Regierungspolitik setzen, sofern er die Kritik an der Regierung in angemessener Form und unter Berücksichtigung seiner dienstlichen Stellung vorbringt und nicht den Rahmen der verfassungsmäßigen Ordnung verlässt (BVerwGE 63, 37/39 f. zu Soldaten). Freilich darf der Beamte bei außerdienstlichen Äußerungen nicht den sog. **Amtsbonus** in Anspruch nehmen. Er darf seinen Äußerungen nicht mit der durch sein Amt erworbenen besonderen Kompetenz oder dem besonderen Ansehen Nachdruck verleihen (BVerwGE 78, 216/222 zu Richtern).
- Ferner darf der Beamte dienstliche Vorgänge nicht öffentlich erörtern, um dadurch Druck auf den Dienstherrn auszuüben. Eine **„Flucht in die Öffentlichkeit"** bewirkt einen Verstoß gegen die beamtenrechtliche Treuepflicht (BVerfGE 28, 191/204). Sofern der Beamte rechtswidrige Zustände in seiner Behörde feststellt, muss er sich zuerst an seine Vorgesetzten, sodann an die Aufsichtsbehörde und notfalls auch an die Abgeordneten des Bundestages oder des jeweiligen Landtages wenden. Die Einschaltung der Medien kommt nur als ultima ratio bei schwerwiegenden Missständen in Betracht (BVerfGE 28, 191/204 f.).

Daraus folgt, dass *B* als Beamter im Rahmen von privaten Gesprächen mit seinen Kollegen im Dienst grundsätzlich Kritik am politischen Verhalten von Verfassungsorganen üben darf. Seine politischen Meinungsäußerungen dürfen jedoch nicht den Eindruck erwecken, *B* werde sich bei seiner Amtsführung nicht neutral und unparteiisch gegenüber jedermann verhalten. Durch den achtlosen Umgang mit dem Bild des Bundespräsidenten hat *B* aber bei einem unvoreingenommenen Beobachter der Anschein verursacht, er werde sein dienstliches Handeln von seiner subjektiven politischen Einschätzung leiten lassen. Dieser Anschein untergräbt das Vertrauen in die Verwaltung des demokratischen Rechtsstaats und ist daher von der verfassungsrechtlich garantierten Meinungsfreiheit nicht mehr gedeckt (vgl. BVerwG, NVwZ 2018, 1144/1147). Die Disziplinarmaßnahme gegen *B* war somit berechtigt.

32. Die deutsche Staatsangehörige *L* ist muslimischen Glaubens. Sie begehrt die Einstellung in den Schuldienst des Landes Baden-Württemberg. Ihren Antrag auf Berufung in ein Beamtenverhältnis auf Probe als Lehrerin an Grund- und Hauptschulen lehnte das zuständige Oberschulamt ab. Zur Begründung führte die Behörde an, *L* fehle wegen ihrer erklärten Absicht, im Unterricht ein religiös motiviertes Kopftuch zu tragen, die für das Amt erforderliche persönliche Eignung. Wurde *L* zu Recht abgelehnt?

Zunächst hat jeder Deutsche nach seiner Eignung, Befähigung und fachlichen Leistung gleichen Zugang zu jedem öffentlichen Amt (Art. 33 Abs. 2 GG, § 9 BeamtStG, § 9 Satz 1 BBG). Da *L* aus religiösen Gründen ein Kopftuch im Unterricht tragen möchte, bestehen jedoch Zweifel an ihrer persönlichen Eignung. Darunter fällt auch die Erwartung, die Bewerberin werde das beamtenrechtliche **Gebot zur Neutralität und Mäßigung** (§§ 60 Abs. 1, 61 BBG, §§ 33, 34 BeamtStG) erfüllen.

Der Staat, der die Eltern verpflichtet, ihre Kinder in staatliche Schulen zu schicken, muss auf die Religionsfreiheit der Eltern Rücksicht nehmen. Art. 6 Abs. 2 Satz 1 GG umfasst i. V. m. Art. 4 Abs. 1 GG das Recht der Eltern zur Kindererziehung in religiöser und weltanschaulicher Hinsicht. Kinder sind daher in öffentlichen Pflichtschulen ohne Parteinahme des Staates und seiner Lehrkräfte für religiöse oder weltanschauliche Überzeugungen zu unterrichten. Die Neutralität des Staates und seiner Einrichtungen in religiöser und weltanschaulicher Hinsicht muss sichergestellt sein.

Infolge der allgemeinen Schulpflicht führt das Tragen eines religiös motivierten Kopftuchs durch eine Lehrerin im Unterricht nun dazu, dass die Schüler während des Unterrichts von Staats wegen unausweichlich mit dem Symbol einer bestimmten Glaubensüberzeugung konfrontiert werden. Insbesondere jüngere Schulkinder sind in ihren Anschauungen jedoch noch nicht gefestigt und leicht zu beeinflussen. Die durch das Kopftuch ständig zum Ausdruck gebrachte Glaubensüberzeugung ihrer Lehrerin kann Kindern in diesem Alter durchaus vorbildhaft und befolgungswürdig erscheinen. Mit ihrer angekündigten Verhaltensweise verstieße *L* folglich gegen die negative Religionsfreiheit der Kinder, gegen das Erziehungsrecht ihrer Eltern aus Art. 6 Abs. 2 Satz 1 und Art. 4 Abs. 1 GG sowie gegen das staatliche Neutralitätsgebot.

Allerdings ist nach Art. 33 Abs. 3 Satz 1 GG die **Zulassung zu öffentlichen Ämtern** unabhängig vom religiösen Bekenntnis. Die Unabhängigkeit des Zugangs zu öffentlichen Ämtern von religiöser und weltanschaulicher Überzeugung folgt zudem inhaltsgleich aus Art. 4 Abs. 1, Art. 3 Abs. 3 Satz 1 und Art. 33 Abs. 2 GG. *L* darf deswegen die begehrte Einstellung nicht aus Gründen verwehrt werden, die mit ihrer durch Art. 4 Abs. 1 GG geschützten Glaubensfreiheit unvereinbar sind. Das Tragen eines Kopftuchs aus religiöser Überzeugung fällt jedoch in den Schutzbereich der Glaubensfreiheit (Art. 4 Abs. 1 GG), die durch die Gewährleistung der ungestörten Religionsausübung (Art. 4 Abs. 2 GG) noch verstärkt hervorgehoben wird.

Die **Glaubensfreiheit** wird andererseits nicht schrankenlos gewährleistet. Namentlich findet die positive Bekenntnisfreiheit dort ihre Grenzen, wo ihre Ausübung durch den Grundrechtsträger auf kollidierende Grundrechte Andersdenkender trifft. In öffentlichen Schulen, die keine Bekenntnisschulen sind, treffen wegen der allgemeinen Schulpflicht die unterschiedlichen religiösen und weltanschaulichen Überzeugungen der Schüler und ihrer Eltern sowie der Lehrer unvermeidlich aufeinander. Da in einer staatlichen Pflichtschule nicht alle ihre grundsätzlich gleichrangige negative und positive Religionsfreiheit konfliktfrei verwirklichen können, kann sich der Einzelne dort nicht uneingeschränkt auf Art. 4 Abs. 1 und 2 GG berufen.

Das trifft vor allem für Lehrer an öffentlichen Pflichtschulen zu. Sie müssen Einschränkungen ihrer positiven Bekenntnisfreiheit hinnehmen, die erforderlich sind, um einen religiös neutralen Schulunterricht sicherzustellen. Das Gebot der religiösen **Neutralität des Lehrers** entspricht dem Elternrecht (Art. 6 Abs. 2 Satz 1 und Art. 4 Abs. 1 GG) und dessen Verhältnis zum verfassungsrechtlich bestimmten Erziehungsauftrag der Schule (Art. 7 Abs. 1 GG).

Mit dem Tragen eines religiös motivierten Kopftuchs verletzt *L* folglich das beamtenrechtliche Gebot zur Mäßigung und Neutralität. Ihr fehlt es damit an der erforderlichen persönlichen Eignung. Ihre Einstellung wurde zu Recht abgelehnt (zutreffend BVerwGE 116, 359/364).

Das BVerfG gab dem Fall jedoch eine durchaus überraschende Wendung (BVerfGE 108, 282 ff. – *Fereshta Ludin*). Welche Verhaltensregeln in Bezug auf Kleidung und sonstiges Auftreten gegenüber den Schulkindern für Lehrerinnen und Lehrer zur näheren Konkretisierung ihrer allgemeinen beamtenrechtlichen Pflichten und zur Wahrung des religiösen Friedens in der Schule aufgestellt werden sollten und welche Anforderungen demgemäß zur Eignung für ein Lehramt gehörten, habe nicht die Exekutive zu entscheiden. Vielmehr unterfalle eine Regelung, nach der es zu den Dienstpflichten einer Lehrerin gehöre, im Unterricht auf das Tragen eines religiös motivierten Kopftuchs zu verzichten, dem Parlamentsvorbehalt. Solange aber die erforderliche gesetzliche Grundlage nicht bestehe, sei die Annahme fehlender Eignung der *L* mit Art. 33 Abs. 2 GG i. V. m. Art. 4 Abs. 1 und 2 und Art. 33 Abs. 3 GG unvereinbar (BVerfGE 108, 282/308 f. – *Fereshta Ludin*).

Zu überzeugen vermag diese Entscheidung des BVerfG nicht (vgl. auch die abw. Meinung der Richter *Jentsch, Di Fabio* und *Mellinghoff* BVerfGE 108, 282/314; kritisch ebenfalls *Bader,* NJW 2004, 3092; *Ipsen,* NVwZ 2003, 1210; *Kästner,* JZ 2003, 1178). Mit den parlamentsgesetzlich geregelten Pflichten zur Neutralität und Mäßigung (§§ 60 Abs. 1, 61 BBG, §§ 33, 34 BeamtStG) sind im Sinne der Wesentlichkeitslehre hinreichend bestimmte Rechtsgrundlagen gegeben, Grundrechte von Beamten und Bewerbern um ein öffentliches Amt einzuschränken. Das Neutralitäts- und Mäßigungsgebot gehört zudem zu den hergebrachten Grundsätzen des Berufsbeamtentums nach Art. 33 Abs. 5 GG, welche die Grundrechtsausübung der Beamten beschränken können, sofern die Natur des Beamtenverhältnisses es erfordert.

ee) Gesetzgebungskompetenzen

33. Wie verteilt das Grundgesetz die Gesetzgebungskompetenzen im Beamtenrecht?

Nach Art. 73 Abs. 1 Nr. 8 GG steht dem Bund die **ausschließliche Gesetzgebungskompetenz** für die Rechtsverhältnisse der im Dienste des Bundes und der bundesunmittelbaren Körperschaften des öffentlichen Rechts stehenden Personen zu. Auf der Grundlage dieses Kompetenztitels hat der Bund u. a. das BBG, das BBesG, das BeamtVG, das BDiszG, das BRKG und das BPersVG erlassen.

Dem Bund steht ferner nach Art. 74 Abs. 1 Nr. 27 GG die **konkurrierende Gesetzgebungskompetenz** für die Statusrechte und -pflichten der Beamten der

Länder, Gemeinden und anderen Körperschaften des öffentlichen Rechts sowie der Richter in den Ländern mit Ausnahme der Laufbahnen, Besoldung und Versorgung zu. Mit dem BeamtStG hat der Bund von seiner konkurrierenden Gesetzgebungskompetenz Gebrauch gemacht. Gemäß Art. 74 Abs. 2 GG handelt es sich um ein zustimmungspflichtiges Gesetz. Mit dem im Jahr 2006 durch die Föderalismusreform I eingefügten Art. 74 Abs. 1 Nr. 27 GG hat der verfassungsändernde Gesetzgeber die alte konkurrierende Gesetzgebungskompetenz des Bundes für die Besoldung und Versorgung der Landesbeamten aus Art. 74a Abs. 1 GG a. F. sowie die alte Rahmengesetzgebungskompetenz des Bundes aus Art. 75 Abs. 1 Nr. 1 GG a. F. für die im öffentlichen Dienst der Länder, Gemeinden und anderen Körperschaften des öffentlichen Rechts stehenden Personen ersetzt.

Die Länder sind im Bereich des Beamtenrechts nach Art. 30 und 70 GG zur Gesetzgebung befugt, soweit der Bund von seinen Gesetzgebungskompetenzen keinen Gebrauch gemacht hat. In den Grenzen des BeamtStG können die Länder folglich eigene Landesbeamtengesetze erlassen. Zudem weist Art. 74 Abs. 1 Nr. 27 GG die Kompetenz zur Regelung der Laufbahnen, Besoldung und Versorgung der Landes- und Kommunalbeamten ausdrücklich den Ländern zu.

c) Gesetzesrecht

34. Auf einfachgesetzlicher Ebene finden sich beamtenrechtliche Bestimmungen im BBG, im BeamtStG und in den Beamtengesetzen der Länder. Was regeln die verschiedenen Gesetze?

Das **BBG** regelt die Rechtsverhältnisse der Beamten des Bundes und der bundesunmittelbaren Körperschaften, Anstalten und Stiftungen des öffentlichen Rechts mit Dienstherrenfähigkeit (§ 1 BBG).

Das **BeamtStG** hingegen beschränkt sich auf das Statusrecht der Beamten der Länder, Gemeinden und Gemeindeverbände sowie der sonstigen der Aufsicht eines Landes unterstehenden Körperschaften, Anstalten und Stiftungen des öffentlichen Rechts (§ 1 BeamtStG). Das Statusrecht umfasst die Statusrechte und Statuspflichten und damit lediglich einen Teilbereich der Rechtsverhältnisse von Beamten. Statusrechte und Statuspflichten werden insbesondere durch Vorschriften ausgestaltet, welche

- die Dienstherrenfähigkeit,
- die Art, die Begründung und die Dauer von Beamtenverhältnissen,
- Nichtigkeits- und Rücknahmegründe,
- Abordnungen und Versetzungen,
- Pflichten von Beamten,
- Rechtsfolgen von Pflichtverletzungen,
- Rechte von Beamten und
- die Beendigung von Beamtenverhältnissen

regeln.

Das Laufbahn-, Besoldungs- und Versorgungsrecht regeln die Länder in eigener Zuständigkeit in ihren jeweiligen **LBG**.

4. Grundbegriffe des Beamtenrechts

a) Beamter

35. Der Begriff des „Beamten" hat in einzelnen Rechtsgebieten unterschiedliche Bedeutung. Wie unterscheiden sich Beamte im staatsrechtlichen, haftungsrechtlichen und strafrechtlichen Sinne?

Beamter im staatsrechtlichen Sinne ist, wer unter Aushändigung einer Ernennungsurkunde in ein öffentlich-rechtliches Dienst- und Treueverhältnis zu einer dienstherrenfähigen juristischen Person des öffentlichen Rechts berufen worden ist. Der **staatsrechtliche Beamtenbegriff** ist zwar nicht ausdrücklich normiert. Er wird aber verfassungsrechtlich in Art. 33 Abs. 4 und 5 GG und einfachgesetzlich in §§ 4, 10 Abs. 2 BBG (§§ 3, 8 Abs. 2 BeamtStG) angesprochen. Auf den staatsrechtlichen Beamtenbegriff wird abgestellt, sofern einer gesetzlichen Begriffsbestimmung kein anderer Inhalt zugrunde liegt.

Für den **haftungsrechtlichen Beamtenbegriff** ist die Rechtsnatur der Tätigkeit maßgebend. Beamter im haftungsrechtlichen Sinne ist jemand, dem die zuständige Stelle die Ausübung eines öffentlichen Amtes anvertraut hat (vgl. Art. 34 Satz 1 GG). Ein öffentliches Amt übt aus, wer hoheitlich, d. h. öffentlich-rechtlich handelt. Entscheidend für die Abgrenzung ist nicht ein durch Ernennung begründetes öffentlich-rechtliches Treueverhältnis, sondern die Betrauung mit einer Funktion. Deshalb können auch Tarifbeschäftigte des öffentlichen Dienstes, Beliehene oder Regierungsmitglieder Beamte im haftungsrechtlichen Sinne sein. Der Bürger muss darauf vertrauen können, dass der zuständige Hoheitsträger haftet, wenn dessen Beschäftigten bei hoheitlichem Handeln einen Schaden verursacht haben. Ob der Schädiger dabei ein Beamter im staatsrechtlichen Sinne oder ein Tarifbeschäftigter war, ist für den geschädigten Bürger regelmäßig nicht erkennbar und irrelevant (ausführlich *Detterbeck,* Allg. Verwaltungsrecht, 20. Aufl. 2022, Rn. 1053 ff.).

Ein einheitlicher **strafrechtlicher Beamtenbegriff** existiert nicht. § 11 Abs. 1 Nr. 2 bis 4 StGB unterscheidet zwischen Amtsträgern und für den öffentlichen Dienst besonders Verpflichteten. Amtsträger (§ 11 Abs. 1 Nr. 2 StGB) sind nicht nur Beamte im staatsrechtlichen Sinne und Richter, sondern auch Personen, die „in einem sonstigen öffentlichen Amtsverhältnis stehen" oder „sonst dazu bestellt" sind, Aufgaben der öffentlichen Verwaltung wahrzunehmen. Für den öffentlichen Dienst besonders Verpflichteter (§ 11 Abs. 1 Nr. 4 StGB) ist, wer bei einer Stelle tätig ist, die Aufgaben der öffentlichen Verwaltung wahrnimmt, und auf die gewissenhafte Erfüllung seiner Obliegenheiten aufgrund eines Gesetzes förmlich verpflichtet wurde. Verpflichtet werden können z. B. Hausmeister, Boten oder Reinigungskräfte in der öffentlichen Verwaltung.

b) Amt, Dienstposten und Planstelle

36. *L* ist als „Legationsrat Erster Klasse" (BesGr. A 14 BBesO) im Auswärtigen Amt in Berlin beschäftigt. Bekleidet *L* ein Amt im statusrechtlichen Sinne? Welche Ansprüche folgen aus dem Amt im statusrechtlichen Sinne?

Das **Amt im statusrechtlichen Sinne** wird gekennzeichnet durch
- die dem Beamten verliehene Amtsbezeichnung,
- das Endgrundgehalt der Besoldungsgruppe,
- die Zugehörigkeit zu einer Laufbahngruppe und
- die Zugehörigkeit zu einer Laufbahn (BVerwGE 87, 310/313).

Hier bekleidet *L* ein Amt im statusrechtlichen Sinne. Die BBesO (Anlage I zum BBesG) ordnet sein Amt mit der Amtsbezeichnung „Legationsrat Erster Klasse" der BesGr. A 14 zu. Es gehört der Laufbahngruppe des höheren Dienstes und der Laufbahn des höheren Auswärtigen Dienstes an (Anlage 4 zur BLV).

Das Amt im statusrechtlichen Sinne ist maßgebend für die besondere Rechtsstellung des Amtsinhabers gegenüber seinem Dienstherrn. Aus dem Amt im statusrechtlichen Sinne folgen ein Anspruch auf
- eine dem Amt entsprechende Besoldung und Vergütung,
- die Amtsbezeichnung (§ 86 Abs. 2 BBG) und
- eine amtsangemessene Beschäftigung (BVerwGE 87, 310/315).

Ein Amt im statusrechtlichen Sinne kann nur durch eine Ernennung begründet oder geändert werden (§ 10 Abs. 1 Nr. 1, 3 und 4 BBG, § 8 Abs. 1 Nr. 1, 3 und 4 BeamStG).

37. Wie unterscheiden sich das Amt im abstrakt-funktionellen und das Amt im konkret-funktionellen Sinne vom Amt im statusrechtlichen Sinne?

Das **Amt im abstrakt-funktionellen Sinne** beschreibt den der Rechtsstellung des Beamten entsprechenden Aufgabenkreis bei einer bestimmten Behörde (BVerwGE 87, 201/314f.). Dem statusrechtlichen Amt „Vortragender Legationsrat Erster Klasse" entspricht beispielsweise das abstrakt-funktionelle Amt „Referatsleiter im Auswärtigen Amt". Das Amt im abstrakt-funktionellen Sinne muss dem Anspruch des Beamten auf eine amtsangemessene Beschäftigung genügen. Es ändert sich insbesondere durch eine Versetzung oder Abordnung.

Das **Amt im konkret-funktionellen Sinne** umfasst den speziellen Aufgabenkreis eines Beamten in einer Behörde (BVerwGE 87, 201/314 f.). Leitet ein Vortragender Legationsrat Erster Klasse etwa das Referat 201 „Grundsatzfragen der Verteidigungs- und Sicherheitspolitik" im Auswärtigen Amt, stellt die Leitung dieses Referats das konkret-funktionelle Amt dar. Das Amt im konkret-funktionellen Sinne wird durch den Geschäftsplan, eine Organisationsverfügung oder eine Umsetzung begründet oder geändert.

38. Was ist ein Amt im organisatorischen Sinne?

Um Aufgaben der öffentlichen Verwaltung wahrnehmen zu können, bedarf es einer Organisation. Als kleinste funktionale Einheit dieser Organisation werden Ämter gebildet, denen durch Organisationsentscheidung abgrenzbare Sachaufgaben zugeordnet werden, z. B. die Bewirtschaftung des Haushalts oder das Personalmanagement einer Behörde. Ein solches **Amt im organisatorischen Sinne** wird also durch eine Zusammenfassung von Sachaufgaben konstituiert und besteht unabhängig von einzelnen Personen. Bislang bedarf es Menschen, um die in einem Amt gebündelten Sachaufgaben erfüllen zu können. Diese Personen werden auch **„Amtswalter"** genannt; es handelt sich um die Beamten, Tarifbeschäftigten, Beliehenen oder Verwaltungshelfer, die öffentliche Aufgaben wahrnehmen.

Insbesondere im allgemeinen Sprachgebrauch wird mit dem „Amt" auch eine Behörde oder ein unselbstständiger Teil einer Behörde bezeichnet. Zu nennen sind etwa das Bundeskanzleramt, das Auswärtige Amt oder ein Finanzamt als selbstständige Behörden bzw. das Ordnungsamt als Teil einer Kommunalverwaltung oder das Prüfungsamt als Teil einer Hochschule.

39. Was ist ein Dienstposten?

Der **Dienstposten** bezeichnet die konkrete Tätigkeit eines Bediensteten in der öffentlichen Verwaltung. Bei einem Beamten handelt es sich folglich um das Amt im konkret-funktionellen Sinne. Bei einem Tarifbeschäftigten wird der Dienstposten durch den tarif- oder arbeitsvertraglich vereinbarten Aufgabenkreis bestimmt. Die Dienstpostenbewertung ist Voraussetzung für die haushaltsrechtliche Ermittlung des Stellenbedarfs.

40. *R* ist Regierungsamtmann (BesGr. A 11 BBesO) und als Sachbearbeiter im Bundesministerium der Finanzen tätig. Aufgrund seiner sehr guten Beurteilungen wird er zum Regierungsamtsrat befördert (BesGr. A 12 BBesO). Gleichzeitig wechselt er von der Abteilung E („Europapolitik") in die Abteilung VII („Finanzmarktpolitik") des Bundesfinanzministeriums, wo er eine andere Sachbearbeitung übernimmt. Welche Konsequenzen haben die Beförderung und der Abteilungswechsel für sein Amt im statusrechtlichen, im abstrakt-funktionellen und im konkret-funktionellen Sinne?

Durch die Beförderung vom Regierungsamtmann zum Regierungsamtsrat ändern sich die Amtsbezeichnung sowie das Endgrundgehalt der Besoldungsgruppe und damit das Amt des *R* im statusrechtlichen Sinne. Zudem ändert sich sein Amt im konkret-funktionellen Sinne, da *R* ein neues Aufgabengebiet in einer anderen Abteilung des Bundesministeriums der Finanzen zugewiesen wird. Im Übrigen ist *R* weiterhin als Sachbearbeiter im Finanzministerium tätig; sein Amt im abstrakt-funktionellen Sinne bleibt unverändert.

41. Regierungsdirektor *B* wechselt endgültig von der Bezirksregierung Köln in das Ministerium des Innern des Landes Nordrhein-Westfalen. Welche Auswirkungen hat der Wechsel auf sein Amt im beamtenrechtlichen Sinne?

Durch den Wechsel zum Ministerium des Innern des Landes Nordrhein-Westfalen gehört *B* nicht mehr der Bezirksregierung Köln an. *B* erhält damit ein neues Amt im abstrakt-funktionellen Sinne. Zudem wird *B* im Innenministerium ein neuer Dienstposten zugewiesen, sodass er auch ein neues Amt im konkret-funktionellen Sinne bezieht. Sein Amt im statusrechtlichen Sinne ändert sich nicht.

42. Zur Abgrenzung: Was ist eine Planstelle?

Planstellen sind diejenigen Stellen für Beamte auf Lebenszeit, die sich unmittelbar aus dem Haushaltsplan ergeben. Daher rührt auch die Bezeichnung *Plan*stellen. Sie sind grundsätzlich verbindlich, wie sich aus einem Umkehrschluss aus § 17 Abs. 6 BHO/LHO ergibt (dazu *Sauerland,* apf 2020, 65 ff.).

43. Für welche Aufgaben dürfen Planstellen im Haushalt eingerichtet werden?

§ 17 Abs. 5 Satz 2 BHO/LHO schreibt vor, dass Planstellen nur für Aufgaben eingerichtet werden dürfen, zu deren Wahrnehmung die Begründung eines Beamtenverhältnisses zulässig ist und die regelmäßig **Daueraufgaben** sind. Die BHO/LHO knüpft mit dieser Regelung an das Beamtenverfassungsrecht an: Nach Art. 33 Abs. 4 GG ist die Ausübung hoheitlicher Befugnisse als ständige Aufgabe in der Regel Angehörigen des öffentlichen Dienstes zu übertragen, die in einem öffentlich-rechtlichen Dienst- und Treueverhältnis stehen (Funktionsvorbehalt). Die dauerhafte Wahrnehmung dieser Aufgaben ist grundsätzlich den Beamten auf Lebenszeit vorbehalten. Für sie müssen daher im Haushaltsplan Planstellen ausgewiesen werden. Dadurch wird die haushaltswirtschaftliche Grundlage für die beamtenrechtlichen Pflichten des Dienstherrn gegenüber seinen Beamten geschaffen, die sich insbesondere aus dem Alimentationsprinzip ergeben.

§ 17 Abs. 5 BHO/LHO verlangt für die Veranschlagung von Planstellen für Beamte, dass

1. die Begründung von Beamtenverhältnissen zur Wahrnehmung der vorgesehenen Aufgaben zulässig ist und
2. es sich regelmäßig um Daueraufgaben handelt.

Nach § 5 BBG (§ 3 Abs. 2 BeamtStG) ist die Berufung in das Beamtenverhältnis nur zulässig zur Wahrnehmung hoheitsrechtlicher Aufgaben oder von Aufgaben, die zur Sicherung des Staates oder des öffentlichen Lebens nicht ausschließlich Personen übertragen werden dürfen, die in einem privatrechtlichen Arbeitsverhältnis stehen. § 5 BBG (§ 3 Abs. 2 BeamtStG) konkretisiert damit den verfassungsrechtlichen Funktionsvorbehalt aus Art. 33 Abs. 4 GG. Nach § 6 Abs. 1 BBG (§ 4 Abs. 1 BeamtStG) dient regelmäßig das Beamtenverhältnis auf Lebenszeit der dauernden Wahrnehmung von Aufgaben nach § 5 BBG (§ 3 Abs. 2 BeamtStG). Aus einer Zusammenschau mit § 17 Abs. 5 BHO/LHO folgt daraus, dass Planstellen ausschließlich für Beamte auf Lebenszeit veranschlagt werden können. Zeitlich begrenzte Hoheitsaufgaben sind demgegenüber grundsätzlich Tarifbeschäftigten zu übertragen. Eine exakte Grenzziehung ist in der Praxis allerdings nicht immer einfach.

44. Wozu dient die Einweisung in eine Planstelle gemäß § 49 Abs. 1 BHO/ LHO?

Gemäß § 49 Abs. 1 BHO/LHO darf ein Amt nur zusammen mit der **Einweisung in eine besetzbare Planstelle** an einen Beamten verliehen werden. § 49 Abs. 1 BHO/LHO will verhindern, dass Ämter verliehen werden, deren Finanzierung im Haushaltsplan nicht gesichert ist. Die Vorschrift stellt damit sicher, dass bei der Einstellung und Beförderung von Beamten die haushaltsrechtliche Planstelle neben den beamtenrechtlichen Ernennungsvoraussetzungen gegeben sein muss.

Wird ein Beamter ernannt, ohne dass eine besetzbare Planstelle verfügbar ist, ist die Ernennung dennoch wirksam. Der haushaltsrechtliche Verstoß gegen § 49 Abs. 1 BHO/LHO beeinträchtigt die beamtenrechtliche Wirksamkeit der Ernennung im Außenverhältnis nicht. Dies folgt aus der Rechtsnatur des Haushaltsplans als Innenrecht der Verwaltung. Aus § 3 Abs. 2 BHO/LHO folgt: „Beamtenrecht bricht Haushaltsrecht."

c) Dienstherr und Organe des Dienstherrn

45. Die Stadtwerke Aachen AG, eine Tochtergesellschaft der Stadt Aachen, möchte einen verdienten Mitarbeiter zum Beamten ernennen. Ist die Maßnahme zulässig?

Nein. Voraussetzung für die Ernennung des Mitarbeiters zum Beamten ist die Dienstherrenfähigkeit. Die **Dienstherrenfähigkeit** ist das Recht, Beamte einzustellen. Dienstherrenfähigkeit besitzen zunächst der Bund, die Länder, die Gemeinden und Gemeindeverbände (§ 2 Nr. 1 BeamtStG; vgl. auch § 2 BBG). Den sonstigen Körperschaften, Anstalten und Stiftungen des öffentlichen Rechts kommt Dienstherrenfähigkeit zu, wenn sie dieses Recht bereits zum Zeitpunkt des Inkrafttretens des BeamtStG am 1. 4. 2009 besaßen oder es ihnen durch oder aufgrund eines Gesetzes verliehen wird (§ 2 Nr. 2 BeamtStG; vgl. ferner § 2 BBG). In jedem Fall kommt ausschließlich juristischen Personen des öffentlichen Rechts Dienstherrenfähigkeit zu. Die Stadtwerke Aachen AG als juristische Person des Privatrechts kann daher mangels Dienstherrenfähigkeit keine Mitarbeiter zu Beamten ernennen.

46. *L* ist seit 1985 als Lokomotivführer (BesGr. A 6 BBesO) tätig, zunächst im Dienst der Deutschen Bundesbahn und nach deren Privatisierung für die Deutsche Bahn AG. Er fragt sich, wer sein Dienstherr ist.

Dienstherr eines Beamten können der Bund, die Länder sowie die Gemeinden und Gemeindeverbände sein. Sonstige juristische Personen besitzen die Dienstherrenfähigkeit nur, wenn sie ihnen bereits zum Zeitpunkt des Inkrafttretens des BeamtStG zustand oder ihnen später durch oder aufgrund eines Gesetzes verliehen wurde (§ 2 BBG, § 2 BeamtStG). Natürliche Personen oder juristische Personen des Privatrechts können somit keine Beamten ernennen. Dies gilt auch für staatseigene Betriebe.

Eine Besonderheit besteht allerdings für den Bahn- und Postbereich. Die **Deutsche Bundesbahn** und die **Deutsche Bundespost** waren bis zu ihrer Privatisierung Sondervermögen des Bundes. Ihre Bediensteten waren daher, sofern sie nicht als Arbeiter oder Angestellte beschäftigt waren, Bundesbeamte. Mit der Privatisierung des Bahn- und Postsektors wurden die Beamtenverhältnisse auf Lebenszeit nicht beendet. Die Beamten der Bundesbahn wurden vielmehr vom Eisenbahn-Bundesamt übernommen und blieben weiterhin Bundesbeamte (vgl. § 2 Abs. 4 Bundeseisenbahnverkehrsverwaltungsgesetz). Allerdings konnten sie der Deutsche Bahn AG zur Dienstleistung zugewiesen werden (Art. 143a Abs. 1 Satz 3 GG). Die bei der Deutschen Bundespost tätigen Bundesbeamten werden unter Wahrung ihrer Rechtsstellung und der Verantwortung des Dienstherrn bei den privaten Nachfolgeunternehmen beschäftigt. Die Nachfolgeunternehmen üben dabei Dienstherrenbefugnisse aus (Art. 143b Abs. 3 GG). Dies gilt allerdings nur für die im Zeitpunkt der Privatisierung vorhandenen Postbeamten. Neue Beamtenverhältnisse können nicht mehr begründet werden.

Dienstherr des *L* ist daher auch nach der Privatisierung der Deutschen Bundesbahn weiterhin der Bund.

47. Oberregierungsrat *R* ist als Referent im Referat „Verkehrsteuern" der Generalzolldirektion, einer Bundesoberbehörde im Geschäftsbereich des Bundesministeriums der Finanzen, tätig. Welche Behörde ist die oberste Dienstbehörde des *R*?

Die **oberste Dienstbehörde** eines Bundesbeamten ist die oberste Behörde des Dienstherrn, in deren Geschäftsbereich der Beamte ein Amt wahrnimmt (§ 3 Abs. 1 BBG). Entsprechendes gilt für Landesbeamte, bei denen oberste Dienstbehörde die oberste Behörde des Geschäftsbereichs ist, in dem sie ein Amt bekleiden (z. B. § 2 Abs. 1 Satz 1 Nr. 1 LBG NRW). Regelmäßig handelt es sich dabei um ein Ministerium. Für die Beamten der Gemeinden und Gemeindeverbände ist die Vertretung der Gemeinde oder des Gemeindeverbandes oberste Dienstbehörde (etwa § 2 Abs. 1 Satz 1 Nr. 2 LBG NRW), also der Rat der Gemeinde (z. B. §§ 40 Abs. 2 Satz 1, 41 Abs. 1 Satz 1 GO NRW) oder der Kreistag (z. B. §§ 8, 25 und 26 KrO NRW). Oberste Dienstbehörde des *R* ist folglich das Bundesministerium der Finanzen.

48. Wer ist der Dienstvorgesetzte, wer der Vorgesetzte des *R*?

Dienstvorgesetzter ist, wer für beamtenrechtliche Entscheidungen über die persönlichen Angelegenheiten der ihm nachgeordneten Beamten zuständig ist (vgl. § 3 Abs. 2 BBG, § 2 Abs. 4 Satz 1 LBG NRW). Persönliche Angelegenheiten der Beamten sind z. B. Ernennungen, Versetzungen, Abordnungen, Gewährung oder Versagung von Urlaub, Genehmigungen von Nebentätigkeiten oder Beurteilungen. Bei Bundesbeamten bestimmt sich die Dienstvorgesetzteneigenschaft nach dem Aufbau der Verwaltung (§ 3 Abs. 4 BBG). In der Regel ist der Leiter einer Behörde unmittelbarer Dienstvorgesetzter der in dieser Behörde tätigen Beamten. **Höherer**

Dienstvorgesetzter ist der dem unmittelbaren Dienstvorgesetzten übergeordnete Behördenleiter. **Höchster Dienstvorgesetzter** ist die oberste Dienstbehörde (z. B. § 2 Abs. 2 Satz 1 Nr. 1 LBG NRW). Unmittelbarer Dienstvorgesetzter des *R* ist somit der Präsident der Generalzolldirektion. Höchster Dienstvorgesetzter ist das Bundesministerium der Finanzen.

Vorgesetzter – oder besser **Fachvorgesetzter** – ist, wer einem Beamten dienstliche Anordnungen erteilen darf (§ 3 Abs. 3 BBG, § 2 Abs. 5 Satz 1 LBG NRW). Dienstliche Anordnungen sind Weisungen, die das Amt im konkret-funktionellen Sinne betreffen. Beispiele sind die Anordnung, einen Vermerk zu erstellen, oder die Bitte um Rücksprache. Zu unterscheiden sind unmittelbare Vorgesetzte und „mittelbare Vorgesetzte als Vorgesetzte des Vorgesetzten" (*Schmidt,* Beamtenrecht, 2017, Rn. 67). Dienstvorgesetzte sind immer zugleich auch Vorgesetzte. Umgekehrt ist nicht jeder Vorgesetzte auch Dienstvorgesetzter. Unmittelbarer Vorgesetzter des *R* ist der Leiter seines Referats „Verkehrsteuern" in der Generalzolldirektion.

II. Beamtenverhältnis

1. Rechtsnatur des Beamtenverhältnisses

49. Was kennzeichnet ein Beamtenverhältnis?

§ 4 BBG (§ 3 Abs. 1 BeamtStG) definiert das Beamtenverhältnis als ein **öffentlich-rechtliches Dienst- und Treueverhältnis** zwischen einem Beamten und seinem Dienstherrn. Seine öffentlich-rechtliche Natur unterscheidet das Beamtenverhältnis vom privatrechtlichen Arbeitsverhältnis der Arbeitnehmer, die als Tarifbeschäftigte in den Anwendungsbereich eines Tarifvertrages (beim Bund des TVöD) fallen. Aus der Konzeption des Beamtenverhältnisses als Dienst- und Treueverhältnis folgt eine wechselseitige Treuepflicht, die Dienstherr und Beamte einander schulden. Auf einfachgesetzlicher Ebene wird die Treuepflicht des Dienstherrn durch § 79 BBG (§ 45 BeamtStG) in Gestalt der Fürsorge- und Schutzpflicht und die Treuepflicht der Beamten durch die Vorschriften über die dienstlichen und außerdienstlichen Pflichten und Rechte (§§ 60–86 BBG, §§ 33–53 BeamtStG) konkretisiert. Das Beamtenverhältnis beginnt mit der Ernennung des Beamten und endet durch Entlassung, Verlust der Beamtenrechte, Entfernung aus dem Beamtenverhältnis oder Eintritt oder Versetzung in den Ruhestand (vgl. § 30 BBG, § 21 BeamtStG).

50. Worin besteht der Unterschied zwischen einem Beamtenverhältnis und einem privatrechtlichen Arbeitsverhältnis?

Sowohl das **Beamtenverhältnis** als auch ein **privatrechtliches Arbeitsverhältnis** sind Dauerschuldverhältnisse mit gegenseitigen Rechten und Pflichten. Im Übrigen bestehen jedoch drei gewichtige Unterschiede:

1. Während das Beamtenverhältnis einseitig durch rechtsgestaltenden Verwaltungsakt begründet wird, entsteht ein Arbeitsverhältnis durch einen zweiseitigen Vertrag.
2. Das Arbeitsverhältnis kann durch vertragliche Vereinbarung geändert oder aufgehoben oder einseitig durch Kündigung beendet werden. Im Gegensatz zum Beamtenverhältnis ist das Arbeitsverhältnis daher nicht auf Lebenszeit angelegt.
3. Der Arbeitnehmer schuldet seinem (öffentlichen) Arbeitgeber ausschließlich die *vertraglich* vereinbarte Arbeitsleistung. Das Beamtenverhältnis hingegen ist umfassender: Beamte haben sich „mit vollem persönlichem Einsatz ihrem Beruf zu widmen" (§ 61 Abs. 1 Satz 1 BBG, § 34 Satz 1 BeamtStG). Sogar außerhalb des Dienstes muss ihr Verhalten „der Achtung und dem Vertrauen gerecht werden, die ihr Beruf erfordert" (§ 61 Abs. 1 Satz 3 BBG, § 34 Satz 3 BeamtStG).

2. Arten des Beamtenverhältnisses

51. Nennen Sie die verschiedenen Arten des Beamtenverhältnisses!

§ 6 BBG (§§ 4 f. BeamtStG) führt abschließend fünf verschiedene Arten des Beamtenverhältnisses auf, und zwar das Beamtenverhältnis

1. auf Lebenszeit (§ 6 Abs. 1 BBG, § 4 Abs. 1 BeamtStG),
2. auf Zeit (§ 6 Abs. 2 BBG, § 4 Abs. 2 BeamtStG),
3. auf Probe (§ 6 Abs. 3 BBG, § 4 Abs. 3 BeamtStG),
4. auf Widerruf (§ 6 Abs. 4 BBG, § 4 Abs. 4 BeamtStG) sowie
5. das Ehrenbeamtenverhältnis (§ 6 Abs. 5 BBG, § 5 BeamtStG).

Die Begründung eines Beamtenverhältnisses anderer Art ist mit § 6 BBG (§§ 4 f. BeamtStG) nicht vereinbar (*Battis,* in: ders., BBG, 6. Aufl. 2022, § 6 Rn. 2).

52. Welche Art des Beamtenverhältnisses ist die Regel? Wozu dient dieses Beamtenverhältnis?

§ 6 Abs. 1 Satz 2 BBG (§ 4 Abs. 1 Satz 2 BeamtStG) bestimmt, dass das **Beamtenverhältnis auf Lebenszeit** den Regeltypus bildet. Das Beamtenverhältnis auf Lebenszeit dient gemäß § 6 Abs. 1 Satz 1 BBG (§ 4 Abs. 1 Satz 1 BeamtStG) der dauerhaften Wahrnehmung von Aufgaben nach § 5 BBG (§ 3 Abs. 2 BeamtStG), also von

1. hoheitsrechtlichen Aufgaben oder
2. Aufgaben, die zur Sicherung des Staates oder des öffentlichen Lebens nicht ausschließlich Personen übertragen werden dürfen, die in einem privatrechtlichen Arbeitsverhältnis stehen.

Der Begriff der **hoheitsrechtlichen Aufgaben** ist umstritten. Die h. M. legt „hoheitsrechtlich" extensiv aus: Demnach umfasst die Wahrnehmung hoheitsrechtlicher Aufgaben die gesamte öffentlich-rechtliche Tätigkeit einschließlich der Leistungsverwaltung und der Daseinsvorsorge. Ausgenommen sind lediglich fiskalische Hilfsgeschäfte sowie die erwerbswirtschaftliche Betätigung der öffentlichen Verwaltung (BVerwGE 49, 137/141 – Lehrtätigkeit; BVerwGE 47, 330/340 – Leistungsverwaltung; aus dem Schrifttum *Isensee,* in: HdbVerfR, § 32 Rn. 56). Die restriktive Gegenmeinung will den Begriff „hoheitsrechtlich" auf die durch den „Einsatz obrigkeitlichen Zwangs gekennzeichneten Tätigkeiten [...] beschränken" (LAG Hannover, NVwZ-RR 1995, 584/585 f.; für eine enge aufgaben- und funktionsbezogene Beurteilung auch *Brosius-Gersdorf,* in: Dreier, GG II, Art. 33 Rn. 154 ff.).

53. Wann ist die Begründung eines Beamtenverhältnisses auf Zeit zulässig? Nennen Sie Beispiele für Beamtenverhältnisse auf Zeit!

Ein **Beamtenverhältnis auf Zeit** dient der befristeten Wahrnehmung von Aufgaben nach § 5 BBG bzw. § 3 Abs. 2 BeamtStG (§ 6 Abs. 2 BBG, § 4 Abs. 2 BeamtStG). Es ist nur in gesetzlich besonders bestimmten Fällen zulässig und bildet daher eine Ausnahme.

Wichtigste Beispiele für Beamte auf Zeit sind kommunale Wahlbeamte, z. B. Landräte, Bürgermeister oder Beigeordnete (vgl. § 44 Abs. 3 Satz 1 KrO NRW über den Landrat, § 62 Abs. 1 Satz 1 GO NRW über den Bürgermeister und § 71 Abs. 1 Satz 2 GO NRW über den Beigeordneten). Zudem eröffnet § 4 Abs. 2 Buchst. a BeamtStG den Ländern die Möglichkeit, Beamte mit leitender Funktion in ein Beamtenverhältnis auf Zeit zu berufen. An Hochschulen des Bundes werden Professoren bei einer erstmaligen Berufung in das Professorenverhältnis (zunächst) für sechs Jahre zu Beamten auf Zeit ernannt (§ 132 Abs. 1 Satz 1 BBG).

54. Wer wird in das Beamtenverhältnis auf Probe berufen?

In das **Beamtenverhältnis auf Probe** wird berufen, wer entweder zur späteren Verwendung auf Lebenszeit oder zur Übertragung eines Amtes mit leitender Funktion eine Probezeit abzuleisten hat (§ 6 Abs. 3 BBG, § 4 Abs. 3 BeamtStG). Das Beamtenverhältnis auf Probe ist ein notwendiges „Durchgangsbeamtenverhältnis" zur Ernennung zum Beamten auf Lebenszeit oder zur dauerhaften Übertragung einer Leitungsfunktion (dazu auch *Kurr,* ZBR 2000, 158 ff.). Zutreffend wird es auch als „Bewährungsdienstverhältnis" bezeichnet (*Wichmann,* in: ders./Langer, Öffentliches Dienstrecht, 8. Aufl. 2017, Rn. 65).

55. *A* wurde vor zwei Jahren das Amt eines Abteilungsleiters im Bundesministerium des Innern und für Heimat (BesGr. B 9 BBesO) in einem Beamtenverhältnis auf Probe übertragen. Zuvor befand *A* sich als Unterabteilungsleiter in einem Beamtenverhältnis auf Lebenszeit. Welche rechtlichen Konsequenzen resultieren aus der Übertragung der Abteilungsleitung für das zuvor von *A* bekleidete Amt?

Beim neuen Amt des *A* handelt es sich um ein Amt mit leitender Funktion (§ 24 Abs. 5 Satz 1 BBG). Solche Ämter werden im Beamtenverhältnis auf Probe übertragen (§ 24 Abs. 1 Satz 1 BBG; vgl. auch § 4 Abs. 3 Buchst. b BeamtStG). Das Beamtenverhältnis auf Lebenszeit besteht weiter fort (§ 24 Abs. 2 Satz 3 BBG). Allerdings ruhen mit der Ernennung für die Dauer der Probezeit die Rechte und Pflichten aus dem zuletzt im Beamtenverhältnis auf Lebenszeit übertragenen Amt (§ 24 Abs. 2 Satz 2 BBG).

56. Kann die Probezeit des *A* verlängert werden?

Nein. Die regelmäßige **Probezeit** bei der Übertragung eines Amtes mit leitender Funktion beträgt zwei Jahre (§ 24 Abs. 1 Satz 2 BBG). Mit dem erfolgreichen Abschluss der Probezeit soll das Amt auf Dauer im Beamtenverhältnis auf Lebenszeit übertragen werden (§ 24 Abs. 4 Satz 1 BBG). Zwar kann das Ministerium eine Verkürzung der Probezeit auf bis zu ein Jahr (Mindestprobezeit) zulassen (§ 24 Abs. 1 Satz 3 und 4 BBG). Eine Verlängerung der Probezeit ist jedoch nicht zulässig, es sei denn, die Mindestprobezeit konnte wegen Elternzeit nicht geleistet werden (§ 24 Abs. 1 Satz 6 BBG).

57. Wann ist die Begründung eines Beamtenverhältnisses auf Widerruf möglich?

Zum **Beamten auf Widerruf** kann ernannt werden, wer entweder einen Vorbereitungsdienst ableistet oder wer nur vorübergehend hoheitliche Aufgaben nach § 5 BBG (§ 3 Abs. 2 BeamtStG) wahrnehmen soll (§ 6 Abs. 4 BBG, § 4 Abs. 4 BeamtStG). Exemplarisch zu nennen sind etwa Lehramtsreferendare. Mit dem Bestehen oder endgültigen Nichtbestehen der Laufbahnprüfung endet der Vorbereitungsdienst und damit auch das Beamtenverhältnis auf Widerruf kraft Gesetzes (§ 37 Abs. 2 Satz 2 BBG, § 22 Abs. 4 BeamtStG). Im Übrigen können Beamte auf Widerruf „jederzeit" durch Verwaltungsakt entlassen werden (§ 37 Abs. 1 Satz 1 BBG, § 23 Abs. 4 Satz 1 BeamtStG). „Jederzeit" bedeutet aus jedem sachlichen Grund (BVerwG, DÖV 1968, 419/420; exemplarisch *Sauerland,* apf 2021, 189/190). Deutlich wird damit die wenig stabile Rechtsstellung der Beamten auf Widerruf. Beamten auf Widerruf im Vorbereitungsdienst soll allerdings Gelegenheit gegeben werden, den Vorbereitungsdienst abzuleisten und die Prüfung abzulegen (§ 37 Abs. 2 Satz 1 BBG, § 23 Abs. 4 Satz 2 BeamtStG).

58. Als weiteres Beamtenverhältnis ist noch das Ehrenbeamtenverhältnis zu nennen. Welche Rechtsstellung hat ein Ehrenbeamter?

Ehrenbeamte nehmen hoheitliche Aufgaben unentgeltlich, d. h. ohne Anspruch auf Besoldung wahr (§ 6 Abs. 5 BBG, § 5 Abs. 1 BeamtStG). Die Berufung von Ehrenbeamten soll die Bürgernähe der Verwaltung verstärken (*Wichmann,* in: ders./Langer, Öffentliches Dienstrecht, 8. Aufl. 2017, Rn. 69). Ehrenbeamtenverhältnisse finden sich deshalb überwiegend in der Kommunalverwaltung. Kommunale Ehrenbeamte sind z. B. Ortsvorsteher, die für das Gebiet ihrer Ortschaft mit der Erledigung bestimmter Geschäfte der laufenden Verwaltung beauftragt worden sind (§ 39 Abs. 7 Satz 3 GO NRW), und die Leiter der Freiwilligen Feuerwehr und ihre Stellvertreter (§ 11 Abs. 1 Satz 3 des nordrhein-westfälischen Gesetzes über den Brandschutz, die Hilfeleistung und den Katastrophenschutz v. 17.12.2015, GV. NRW S. 886). Die beamtenrechtlichen Vorschriften gelten mit gewissen Einschränkungen auch für die Ehrenbeamten (vgl. § 133 Abs. 1 BBG, § 5 Abs. 2 BeamtStG).

59. Steuerberater *S* ist anerkannter Experte für Internationales Steuerrecht. Von der Wirtschaftswissenschaftlichen Fakultät der Universität der Bundeswehr Hamburg erhält *S* ein Schreiben, mit dem er zum Lehrbeauftragten für eine steuerrechtliche Vorlesung im Umfang von zwei Semesterwochenstunden bestellt wird. Hinweise zur Vergütung enthält das Schreiben nicht. Nach dem Abschluss des Semesters verlangt *S* für seine Lehrtätigkeit ein Honorar in Höhe von 1.962 Euro. Zur Begründung führt *S* an, dass er durch die Erteilung des Lehrauftrages zum Beamten ernannt worden sei. Universitätsprofessoren der BesGr. W 3 BBesO erhielten bei einer wöchentlichen Lehrverpflichtung von acht Semesterwochenstunden monatliche Bezüge von rund 7.850 Euro. Ihm stünden daher anteilige Bezüge von 1.962 Euro aus dem Beamtenverhältnis zu. *U* will dem *S* jedoch nur eine in der Hochschulpraxis übliche Vergütung von 40 Euro pro Vorlesungsstunde und damit insgesamt

1.280 Euro zahlen. Hat *S* einen Anspruch gegen *U* auf Zahlung des Differenzbetrages?

Nein, *S* hat lediglich einen Anspruch auf Zahlung einer Vergütung in Höhe von 1.280 Euro.

I. Einen weitergehenden Anspruch kann *S* insbesondere nicht auf §§ 3 Abs. 1, 6 Abs. 1 BBesG stützen. Danach haben Beamte in Teilzeitbeschäftigung einen Anspruch auf die im Verhältnis der Minderung der Arbeitszeit verringerte Besoldung. Dafür muss *S* jedoch von der Universität zum Beamten ernannt worden sein. Die **zulässigen Beamtenverhältnisse** werden in § 6 BBG (§§ 4 f. BeamtStG) abschließend aufgezählt.

1. Beamter auf Lebenszeit (§ 6 Abs. 1 BBG, § 4 Abs. 1 BeamtStG) kann *S* nicht sein. Denn er soll nicht auf Dauer, also bis zum Erreichen der gesetzlichen Altersgrenze, hoheitliche Aufgaben wahrnehmen.
2. *S* ist auch nicht Beamter auf Zeit (§ 6 Abs. 2 BBG, § 4 Abs. 2 BeamtStG). Beamte auf Zeit sind Personen, deren Beamtenverhältnis der befristeten Wahrnehmung hoheitlicher Aufgaben dient. Zwar wurde *S* der Lehrauftrag für die Dauer eines Semesters und damit befristet erteilt. Allerdings muss die Ernennung von Beamten auf Zeit gesetzlich besonders bestimmt werden (vgl. § 6 Abs. 2 Satz 1 Halbs. 1 BBG). An einer solchen ausdrücklichen gesetzlichen Bestimmung fehlt es jedoch bei Lehrbeauftragten.
3. Das Beamtenverhältnis auf Probe dient der Ableistung einer Probezeit zur späteren Verwendung auf Lebenszeit oder zur Übertragung eines Amtes mit leitender Funktion (§ 6 Abs. 3 BBG, § 4 Abs. 3 BeamtStG). Da *S* nicht zum Beamten auf Lebenszeit ernannt werden soll und sein Lehrauftrag kein Amt in leitender Funktion darstellt, kann S auch nicht Beamter auf Probe sein.
4. Zum Beamten auf Widerruf (§ 6 Abs. 4 BBG, § 4 Abs. 4 BeamtStG) kann nur berufen werden, wer entweder einen Vorbereitungsdienst ableistet oder vorübergehend für hoheitliche Aufgaben verwendet werden soll. Da *S* nur für die Dauer eines Semesters und damit vorübergehend, also nicht dauerhaft, Vorlesungen halten soll, kommt ein Beamtenverhältnis auf Widerruf grundsätzlich in Betracht. Voraussetzung der Begründung eines Beamtenverhältnisses auf Widerruf ist aber eine Ernennung gemäß § 10 Abs. 1 Nr. 1 BBG (§ 8 Abs. 1 Nr. 1 BeamtStG). Ohne eine wirksame Ernennung kann kein Beamtenverhältnis begründet werden. Ob die Erteilung eines Lehrauftrags als Ernennung qualifiziert werden kann, ist jedoch zweifelhaft. Denn nach § 10 Abs. 2 BBG (§ 8 Abs. 2 BeamtStG) erfolgt die Ernennung durch Aushändigung einer Ernennungsurkunde, die u. a. die Worte „unter Berufung in das Beamtenverhältnis" enthalten muss. Daran fehlt es hier jedoch. Die Erteilung eines Lehrauftrags hat folglich keine Ernennung des *S* zum Beamten auf Widerruf bewirkt.
5. Dass *S* auch kein Ehrenbeamter sein kann, ist offensichtlich. Denn Ehrenbeamte nehmen hoheitliche Aufgaben unentgeltlich wahr (§ 6 Abs. 5 BBG, § 5 Abs. 1 BeamtStG). *S* beansprucht jedoch eine Gegenleistung und wird somit nicht unentgeltlich für die Universität tätig.

II. Allerdings könnte *S* einen weitergehenden Anspruch aus § 62 VwVfG in Verbindung mit § 611 Abs. 1 BGB geltend machen. Nach h. M. stehen Lehrbeauftragte in einem **öffentlich-rechtlichen Dienstverhältnis eigener Art** (BVerwG, NJW 1989, 1374/1375; BVerwGE 49, 137/141 f.). Ein solches öffentlich-rechtliches Dienstverhältnis ist auch mit dem Funktionsvorbehalt in Art. 33 Abs. 4 GG vereinbar. Art. 33 Abs. 4 GG erlaubt es, in besonders gelagerten Fällen hoheitliche Aufgaben von Personen wahrnehmen zu lassen, die sich nicht in einem Beamtenverhältnis, sondern in einem öffentlich-rechtlichen Dienstverhältnis befinden. Zu nennen sind etwa Notare (BVerwGE 25, 55 ff.), Schornsteinfeger und Fleischbeschautierärzte (BVerwGE 29, 166/168 ff.). Der Lehrauftrag des *S* ist damit ein verwaltungsrechtliches Schuldverhältnis, auf das die Vorschriften des BGB entsprechend anwendbar sind (vgl. § 62 Satz 2 VwVfG). Zwar war die Vergütung des Lehrauftrags nicht ausdrücklich vereinbart worden. Jedoch beträgt die übliche Vergütung 40 Euro pro Vorlesungsstunde. *S* kann daher aus § 62 Satz 2 VwVfG in Verbindung mit § 612 Abs. 2 BGB lediglich eine Zahlung von 1.280 Euro verlangen. Ein darüber hinausgehender Zahlungsanspruch steht ihm nicht zu.

3. Beamte mit besonderer Rechtsstellung

60. *G* ist im Auswärtigen Dienst beschäftigt und leitet als Generalkonsul das deutsche Generalkonsulat in Sydney/Australien. Er befindet sich in der BesGr. B 3 BBesO. Nach einigen kritischen Äußerungen über die aktuelle Außenpolitik der Bundesregierung wird *G* vom Bundespräsidenten auf Vorschlag des Bundesaußenministers mit sofortiger Wirkung in den einstweiligen Ruhestand versetzt. *G* ist empört und sieht darin eine Verletzung des beamtenrechtlichen Lebenszeitprinzips. Ist seine Auffassung zutreffend?

Nein. *G* ist ein sog. **politischer Beamter** (§ 54 BBG, § 30 BeamtStG). Politische Beamte sind Beamte auf Lebenszeit, die ein Amt bekleiden, bei dessen Ausübung sie in fortdauernder Übereinstimmung mit den grundsätzlichen politischen Ansichten und Zielen der Regierung stehen müssen (vgl. den Wortlaut des § 30 Abs. 1 Satz 1 BeamtStG; ferner BVerwGE 115, 89/95). Der Zweck der Institution des politischen Beamten besteht darin, die Einhaltung der politischen Linie der Regierung in der Verwaltungspraxis zu sichern. Die von der Vorschrift erfassten Beamten müssen in fortdauernder Übereinstimmung mit den grundsätzlichen Ansichten der Regierung stehen und können daher aus dem Amt entfernt werden, wenn diese Übereinstimmung nicht mehr besteht (BVerwGE 52, 33/34 f.). Politische Beamte haben daher grundsätzlich keinen Anspruch, bis zum Erreichen der gesetzlichen Altersgrenze im aktiven Dienst zu verbleiben (BVerwGE 52, 33/38 f.). Auf Bundesebene werden die politischen Beamten abschließend in § 54 Abs. 1 BBG aufgezählt. Zu ihnen zählen u. a. die Beamten des höheren Dienstes im Auswärtigen Dienst von der BesGr. B 3 BBesO an aufwärts. Gemäß § 54 Abs. 1 BBG konnte der Bundespräsident den *G* daher „jederzeit" in den einstweiligen Ruhestand versetzen (allgemein zu den sog. politischen Beamten *Kugele,* ZBR 2007, 109 ff.).

61. Wie ist die Rechtslage, wenn *G* in Bremen „Direktor bei der Bürgerschaft" gewesen wäre und nach dem BremBG zum Kreis der politischen Beamten gehörte? Stünde seine Versetzung in den einstweiligen Ruhestand im Einklang mit § 30 Abs. 1 BeamtStG?

Ja. Die Formulierung in § 30 Abs. 1 Satz 1 BeamtStG, dass politische Beamte in Übereinstimmung mit den politischen Ansichten und Zielen der „Regierung" stehen müssen, steht dem nicht entgegen. „Regierung" im Sinne des § 30 Abs. 1 BeamtStG ist nicht als Beschränkung auf den gubernativen Bereich, also den Bereich einer Bundes- oder Landesregierung zu verstehen. Dies ergibt sich für die Bundesebene schon aus der Aufzählung der Ämter in § 54 Abs. 1 BBG, die mit politischen Beamten besetzt werden können, sowie aus der nach Abs. 2 dieser Vorschrift bestehenden Möglichkeit zur Schaffung weiterer politischer Ämter. Nach Sinn und Zweck des § 30 Abs. 1 Satz 1 BeamtStG (dazu BVerwGE 19, 332/336) muss es sich beim Amt der politischen Beamten um ein Amt handeln, bei dem das in der Vorschrift definierte **Vertrauensverhältnis zum jeweiligen Verfassungsorgan** gefordert wird (BVerwGE 115, 89/95). Die Ausweitung des Kreises politischer Beamter, z. B. auf einen Direktor beim Landtag, ist daher grundsätzlich zulässig, sofern nur der in § 30 Abs. 1 Satz 2 BeamtStG (§ 54 Abs. 2 BBG) enthaltene Gesetzesvorbehalt beachtet wird.

62. *F* ist seit einigen Jahren Beamter auf Lebenszeit in der Verwaltung des Landes Sachsen-Anhalt. Mit Wirkung zum 1.6.2022 wird *F* unter Berufung in das Beamtenverhältnis auf Zeit zum Finanzdezernenten der Stadt Magdeburg ernannt. Kann *F* „Diener zweier Herren" sein? Können also gleichzeitig zwei verschiedene Beamtenverhältnisse zwischen *F* und dem Land Sachsen-Anhalt sowie der Stadt Magdeburg bestehen?

Nein. Gemäß § 22 Abs. 2 Satz 1 Halbs. 1 BeamtStG (§ 31 Abs. 1 Nr. 2 BBG) ist das Beamtenverhältnis zum bisherigen Dienstherrn mit der Begründung eines Beamtenverhältnisses zu einem anderen Dienstherrn im Wege einer gesetzlich angeordneten Entlassung grundsätzlich beendet. Daraus kann die Regel abgeleitet werden, dass nur ein einziges Beamtenverhältnis zwischen einem Beamten und einem Dienstherrn bestehen kann. Etwas anderes gilt dann, wenn im Einvernehmen mit dem neuen Dienstherrn die **Fortdauer des bisherigen Beamtenverhältnisses neben dem neuen Dienst- oder Amtsverhältnis** angeordnet worden ist (§ 22 Abs. 2 Satz 1 Halbs. 2 BeamtStG, § 31 Abs. 2 Satz 2 BBG). An einer solchen Anordnung fehlt es hier jedoch. Mit seiner Ernennung zum Finanzdezernenten der Stadt Magdeburg wurde das Beamtenverhältnis auf Lebenszeit des *F* beim Land Sachsen-Anhalt folglich kraft Gesetzes beendet. *F* ist „nur" noch Beamter auf Zeit bei der Stadt Magdeburg.

63. Ist auch eine Mehrzahl von Beamtenverhältnissen zwischen einem Beamten und mehreren Dienstherren denkbar?

Grundsätzlich können Beamten auch „Diener zweier (Dienst-)Herren" sein. So waren die Präsidenten der früheren Oberfinanzdirektionen sowohl Bundes- als auch Landesbeamte und hatten einen **Doppelstatus** inne (BVerfGE 106, 1/2). Heute sind die Landräte einerseits Hauptverwaltungsbeamte auf Zeit eines Landkreises, andererseits zugleich untere staatliche Verwaltungsbehörde des jeweiligen Bundeslandes (vgl. exemplarisch §§ 42, 58 Abs. 1, 59 Abs. 3 KrO NRW).

III. Ernennung von Beamten

1. Begriff und Rechtsnatur der Ernennung

64. ***L*** **ist als tarifbeschäftigte Lehrerin an einer Grundschule tätig. Aus verschiedenen Gründen möchte sie gerne verbeamtet werden. Wie kann *L* in das Beamtenverhältnis berufen werden?**

Zur Begründung des Beamtenverhältnisses bedarf es gemäß § 10 Abs. 1 Nr. 1 BBG (§ 8 Abs. 1 Nr. 1 BeamtStG) einer Ernennung. Laufbahnrechtlich handelt es sich um eine Einstellung der *L* (§ 2 Abs. 1 BLV). Die Ernennung erfolgt durch Aushändigung einer Ernennungsurkunde (§ 10 Abs. 2 BBG, § 8 Abs. 2 BeamtStG).

65. Was bewirkt eine Ernennung? Und was ist sie ihrer Rechtsnatur nach?

Mit seiner Ernennung wird der Status eines Beamten, insbesondere sein Amt im statusrechtlichen Sinne festgelegt. Die Ernennung begründet oder verändert die Rechtsbeziehungen zwischen einem Beamten und seinem Dienstherrn. Ihrer Rechtsnatur nach ist sie ein rechtsgestaltender, mitwirkungsbedürftiger und formgebundener Verwaltungsakt im Sinne des § 35 Satz 1 VwVfG (BVerwGE 34, 168/171 f.).

66. Volljurist *V* soll zum Regierungsrat im Bundesministerium des Innern und für Heimat ernannt werden. Er erfüllt fast alle Voraussetzungen für die Ernennung; lediglich das amtsärztliche Gesundheitszeugnis fehlt noch in seinen Unterlagen. Da *V* möglichst schnell in einer wichtigen Projektgruppe mitarbeiten soll, wird er unter dem Vorbehalt seiner gesundheitlichen Eignung in das Beamtenverhältnis auf Probe berufen. Ist die Ernennung des *V* wirksam?

Nein. Als rechtsgestaltender Verwaltungsakt ist die beamtenrechtliche Ernennung bedingungsfeindlich (BVerwGE 152, 68 Rn. 10). Ihr rechtsbegründender Charakter und ihre grundlegende Bedeutung erfordern im Interesse der Rechtssicherheit und Rechtsklarheit die **Eindeutigkeit des Ernennungswillens.** Die Ernennung darf daher erst erfolgen, wenn alle Voraussetzungen zweifelsfrei gegeben sind (BGH, ZBR 1983, 336/338). Eine mit einer Bedingung versehene Ernennung ist folglich unzulässig. Eine Bedingung ist eine Bestimmung, nach der der Eintritt oder Wegfall einer Begünstigung oder Belastung vom ungewissen Eintritt eines zukünftigen Ereignisses abhängt (§ 36 Abs. 2 Nr. 2 VwVfG). Die Feststellung der gesundheitlichen Eignung des *V* stellt ein solches künftiges ungewisses Ereignis und damit eine unzulässige Bedingung dar.

67. ***T* soll zum Regierungsinspektor ernannt werden. Da er sich in England in Urlaub befindet, bittet er seinen Dienstvorgesetzten, ihm einen Scan der Ernennungsurkunde mithilfe eines Messengerdienstes auf sein Smartphone zu senden. Ist die Ernennung des *T* wirksam?**

Nein. Gemäß § 10 Abs. 2 Satz 1 BBG (§ 8 Abs. 2 Satz 1 BeamtStG) erfolgt die Ernennung durch **Aushändigung einer Ernennungsurkunde.** Aushändigung ist die willentliche Verschaffung des unmittelbaren Besitzes an der Originalurkunde durch die zuständige Behörde an den zu Ernennenden (OVG Saarland, ZBR 1985, 274/275). Erforderlich ist damit entweder eine persönliche Übergabe der Urkunde oder eine Zustellung nach dem VwZG. Eine Übermittlung mithilfe eines Messengerdienstes (oder über Telefax) genügt demgegenüber nicht. Die in § 3a VwVfG eröffnete Möglichkeit der Ersetzung der Schriftform durch die elektronische Form führt zu keinem anderen Ergebnis. Denn mit § 10 Abs. 2 Satz 1 BBG (§ 8 Abs. 2 Satz 1 BeamtStG) existiert eine Rechtsvorschrift, die „etwas anderes" im Sinne von § 3a Abs. 2 Satz 1 VwVfG bestimmt.

68. ***S* hat die Erste und Zweite Staatsprüfung für das Lehramt (Sekundarstufe I) in Nordrhein-Westfalen abgelegt. Aufgrund ihrer erfolgreichen Teilnahme an einem Auswahlverfahren soll sie von der zuständigen Bezirksregierung Köln zur Realschullehrerin ernannt werden. Da *S* jedoch viel lieber in Rheinland-Pfalz arbeiten möchte, nimmt sie ihre Ernennungsurkunde unter dem Vorbehalt ihrer Einstellung in Rheinland-Pfalz an. Ist *S* Realschullehrerin in Nordrhein-Westfalen geworden?**

Nein. Die beamtenrechtliche Ernennung ist ein mitwirkungsbedürftiger Verwaltungsakt, der aufgrund seiner rechtsgestaltenden Wirkung grundsätzlich **bedingungsfeindlich** ist (BVerwGE 82, 196/198). Im Interesse der Rechtssicherheit erfordert ihr rechtsbegründender Charakter über die Formstrenge hinaus die Eindeutigkeit des Ernennungswillens. Entsprechendes gilt für das Einverständnis des zu ernennenden Beamten. Die Ernennung ist daher grundsätzlich nur wirksam, wenn der Betroffene ihr – in der Regel konkludent durch Entgegennahme der Urkunde (hierzu BVerwGE 34, 168/171) – **vorbehaltlos zustimmt** (BVerwGE 152, 68/70 Rn. 10). An einer derart vorbehaltlosen Zustimmung der *S* fehlt es im vorliegenden Fall.

69. ***R* ist wirksam zum Regierungsinspektoranwärter ernannt worden. Während seines verwaltungswissenschaftlichen Studiums an der Hochschule des Bundes für öffentliche Verwaltung wird ihm „plötzlich" klar, welche umfangreichen Pflichten er künftig als Beamter zu erfüllen hat. *R* möchte daher doch lieber freiberuflich tätig werden. Er überlegt, ob er seine Ernennung mit Erfolg anfechten kann.**

Nein. Zwar handelt es sich bei der Zustimmung des *R* zu seiner Ernennung um eine Willenserklärung, die grundsätzlich nach §§ 119 ff. BGB angefochten werden kann

(*Wichmann,* in: ders./Langer, Öffentliches Dienstrecht, 8. Aufl. 2017, Rn. 83). Eine erfolgreiche **Anfechtung** mit der Rechtsfolge des § 142 Abs. 1 BGB setzt jedoch einen Anfechtungsgrund voraus. Denkbar wäre hier ein Inhaltsirrtum im Sinne des § 119 Abs. 1 Var. 1 BGB. Dann müsste *R* bei der Abgabe seiner Zustimmung über deren rechtliche Bedeutung geirrt haben. Dass *R* seiner Zustimmung einen anderen Sinn beigemessen hat, als sie in Wirklichkeit hatte, ist nicht anzunehmen. *R* irrte vielmehr über die dem Beamtenverhältnis zugrundeliegenden Pflichten. Er unterlag somit einem unbeachtlichen Motivirrtum, der nicht zur Anfechtung berechtigt (vgl. OVG Lüneburg, ZBR 1964, 366).

70. Nach ihrer erfolgreichen Laufbahnprüfung wird *Z* zur Regierungsinspektorin auf Probe im Bundesministerium des Innern und für Heimat ernannt. Dabei wird ihr die folgende Urkunde ausgehändigt:

Frau *Z*
wird zur

Regierungsinspektorin

ernannt.

Berlin, den 1. April 2022
gez. *XY*
Bundesministerin des Innern und für Heimat

Ist die Ernennung der *Z* wirksam?

Nein. Eine Ernennung ist ein **formbedürftiger Verwaltungsakt.** Ihre Wirksamkeit verlangt die Aushändigung einer Ernennungsurkunde mit dem in § 10 Abs. 2 BBG (§ 8 Abs. 2 BeamtStG) vorgegebenen Inhalt. Im Fall der *Z* muss die Urkunde die Wörter „unter Berufung in das Beamtenverhältnis" mit dem die Art des Beamtenverhältnisses bestimmenden Zusatz „auf Probe" enthalten (§ 8 Abs. 2 Satz 2 Nr. 1 BBG, § 8 Abs. 2 Satz 2 Nr. 1 BeamtStG). Daran fehlt es hier. Gemäß § 13 Abs. 1 Nr. 1 BBG (§ 11 Abs. 1 Nr. 1 BeamtStG) ist die Ernennung der *Z* deshalb nichtig.

71. Nach einem Monat fällt dem zuständigen Personalsachbearbeiter *P* des Bundesministeriums des Innern und für Heimat der Formfehler bei der Ernennung der *Z* auf. Da dem *P* die Angelegenheit sehr peinlich ist, händigt er der *Z* eine korrigierte und im Übrigen entsprechend rückdatierte Ernennungsurkunde aus. Ist die rückwirkende Ernennung der *Z* wirksam?

Leider nein. Nach § 12 Abs. 2 Satz 1 BBG (§ 8 Abs. 4 BeamtStG) wird die Ernennung grundsätzlich mit dem **Tag der Aushändigung der Ernennungsurkun-**

de wirksam, wenn nicht in der Urkunde ausdrücklich ein späterer Zeitpunkt bestimmt ist. Eine Ernennung zu einem *vor* der Aushändigung liegenden Zeitpunkt hingegen ist unzulässig und damit unwirksam. Aus der Formulierung „insoweit unwirksam" in § 12 Abs. 2 Satz 2 BBG (§ 8 Abs. 4 BeamtStG) ergibt sich aber, dass eine rückwirkend ausgesprochene Ernennung mit dem Tag der tatsächlichen Aushändigung der Urkunde wirksam wird. Die rückwirkende Ernennung von Bundesbeamten wird folglich so behandelt, als wäre der Zeitpunkt der Wirksamkeit in der Ernennungsurkunde nicht enthalten. *Z* ist deshalb zum Zeitpunkt der Aushändigung der korrigierten Ernennungsurkunde wirksam ernannt worden.

2. Arten der Ernennung

72. Welche Arten der Ernennung sieht das Beamtenrecht des Bundes und der Länder vor?

§ 10 Abs. 1 BBG und § 8 Abs. 1 BeamtStG legen vier zulässige Arten der Ernennung fest. Einer Ernennung bedarf es zur

1. Begründung des Beamtenverhältnisses,
2. Umwandlung des Beamtenverhältnisses in ein solches anderer Art,
3. Verleihung eines anderen Amtes mit anderem Endgrundgehalt (beim Bund zusätzlich mit anderer Amtsbezeichnung) oder
4. Verleihung eines anderen Amtes mit anderer Amtsbezeichnung beim Wechsel der Laufbahngruppe.

73. Die möglichen Ernennungsarten sind in § 10 Abs. 1 BBB (§ 8 Abs. 1 BeamtStG) abschließend aufgezählt. Warum?

Wegen der Formstrenge der Ernennung: Gemäß § 13 Abs. 1 Nr. 1 BBG (§ 11 Abs. 1 Nr. 1 BeamtStG) ist eine Ernennung nichtig, wenn sie nicht der in § 10 Abs. 2 BBG (§ 8 Abs. 2 BeamtStG) vorgeschriebenen Form entspricht. Die Form der Ernennung wiederum, konkret: der Text der Ernennungsurkunde, hängt nach § 10 Abs. 2 Satz 2 BBG (§ 8 Abs. 2 Satz 2 BeamtStG) von der Art der Ernennung ab.

74. Wird in den folgenden Fällen ein Beamtenverhältnis im Sinne des § 10 Abs. 1 Nr. 1 BBG (§ 8 Abs. 1 Nr. 1 BeamtStG) „begründet"?

a) Abiturientin *A* hat sich erfolgreich bei der Bundespolizei beworben und wird zur Bundespolizei-Kommissaranwärterin ernannt.

b) Regierungsrat *B* war auf Antrag aus dem Beamtenverhältnis auf Lebenszeit beim Land Nordrhein-Westfalen entlassen worden. Da sich die vom ihm geplante freiberufliche Tätigkeit wenig erfolgreich entwickelt, bewirbt *B* sich nach einiger Zeit erneut mit Erfolg um eine „sichere Stelle" im höheren Dienst des Landes Nordrhein-Westfalen und wird wieder eingestellt.

c) *C* ist im Jahre 2011 in das Beamtenverhältnis auf Lebenszeit bei der Stadt Bonn berufen worden. 2022 wird er unter Berufung in das Beamtenverhält-

nis auf Zeit für die Dauer von acht Jahren zum hauptamtlichen Beigeordneten der Stadt Bonn ernannt.

a) Ja. Die **Begründung eines Beamtenverhältnisses** setzt voraus, dass die besonderen Rechtsbeziehungen zwischen Dienstherrn und Beamten, die den Inhalt des Beamtenverhältnisses bilden, zur Entstehung gelangen sollen, dass also zwischen Bewerber und Dienstherrn derzeit kein Beamtenverhältnis besteht (BVerwG, VR 1981, 245). So verhält es sich im Falle der *A*.
b) Ja. Die Begründung eines Beamtenverhältnisses verlangt, das ein Beamtenverhältnis nicht oder nicht mehr besteht. Ob der Ernannte – wie hier *B* – schon früher Beamter gewesen ist, ist insoweit ohne Relevanz (BVerwG, VR 1981, 245).
c) Ja. Für die Begründung eines Beamtenverhältnisses ist gleichgültig, ob durch die Ernennung erstmals ein Beamtenverhältnis begründet werden soll oder ob der Ernannte schon früher Beamter gewesen ist. Ein früheres Beamtenverhältnis bleibt selbst dann außer Betracht, wenn das neue Beamtenverhältnis im unmittelbaren zeitlichen Anschluss daran begründet worden ist (BVerwG, VR 1981, 245). Somit ist mit der Ernennung des *C* zum Beamten auf Zeit ein neues Beamtenverhältnis begründet worden.

75. Wann wird ein Beamtenverhältnis „in ein solches anderer Art" (§ 10 Abs. 1 Nr. 2 BBG, § 8 Abs. 1 Nr. 2 BeamtStG) umgewandelt?

Die **Umwandlung eines Beamtenverhältnisses** im Sinne von § 10 Abs. 1 Nr. 2 BBG (§ 8 Abs. 1 Nr. 2 BeamtStG) liegt vor, wenn ein bestehendes Beamtenverhältnis ohne Unterbrechung und ohne Dienstherrenwechsel in ein Beamtenverhältnis anderer Art umgestaltet wird. Ein früheres, nicht mehr bestehendes Beamtenverhältnis kann selbst dann nicht umgewandelt werden, wenn das neue Beamtenverhältnis unmittelbar im Anschluss daran begründet wird (VG Arnsberg, PersV 2012, 35/36).

76. Regierungsinspektoranwärter *B* besteht erfolgreich die Laufbahnprüfung an der Hochschule des Bundes für öffentliche Verwaltung in Brühl. Unter Berufung in das Beamtenverhältnis auf Probe soll er beim Bundesverwaltungsamt in Köln zum Regierungsinspektor ernannt werden. Welche Art der Ernennung liegt vor?

Zunächst drängt sich eine Umwandlung des Beamtenverhältnisses gemäß § 10 Abs. 1 Nr. 2 BBG (§ 8 Abs. 1 Nr. 2 BeamtStG) auf. So war *B* während seines Studiums an der Hochschule des Bundes für öffentliche Verwaltung bereits Beamter auf Widerruf. Mit seiner Ernennung zum Regierungsinspektor soll er nun in ein Beamtenverhältnis auf Probe und damit ein anderes Beamtenverhältnis berufen werden. Allerdings kann ein Beamtenverhältnis nur umgewandelt werden, wenn ein bestehendes Beamtenverhältnis ohne Unterbrechung in ein Beamtenverhältnis anderer Art umgestaltet wird. Bei einem nicht mehr bestehenden Beamtenverhältnis hingegen ist eine Umwandlung nicht möglich (BVerwG, VR 1981,

245). Gemäß § 37 Abs. 2 Satz 2 Nr. 1 BBG (§ 22 Abs. 4 BeamtStG) endete das Beamtenverhältnis auf Widerruf des *B* jedoch kraft Gesetzes mit Ablauf des Tages, an dem ihm das Bestehen der Laufbahnprüfung bekannt gegeben wurde. Eine Umwandlung des Beamtenverhältnisses des *B* scheidet daher aus. Stattdessen wird ein Beamtenverhältnis auf Probe begründet (§ 10 Abs. 1 Nr. 1 BBG, § 8 Abs. 1 Nr. 1 BeamtStG; vgl. *Wichmann,* in: ders./Langer, Öffentliches Dienstrecht, 8. Aufl. 2017, Rn. 85).

77. Ist in den folgenden Fällen eine Ernennung in Gestalt einer Beförderung gegeben?

a) Professor *P* ist Inhaber einer Professur an der Hochschule des Bundes für öffentliche Verwaltung. Er gehört der BesGr. W 2 BBesO an. Nach der Übernahme einer Leitungsfunktion wird er in eine Planstelle der BesGr. W 3 BBesO eingewiesen. Seine Amtsbezeichnung bleibt unverändert.

b) Ministerialrätin *S* ist als Referatsleiterin im Ministerium der Finanzen des Landes Nordrhein-Westfalen beschäftigt. Sie ist zunächst in BesGr. A 16 LBesO eingruppiert. Nach einigen Jahren erfolgreicher Arbeit wird sie in eine Planstelle der BesGr. B 2 LBesO eingewiesen. Ihre konkrete Tätigkeit und ihre Amtsbezeichnung bleiben unverändert.

c) Amtsinspektorin *A* (BesGr. A 9 BBesO) arbeitet im Bundesverwaltungsamt in Köln. Aufgrund ihrer herausgehobenen Funktion wird ihre Planstelle mit einer Amtszulage nach § 42 Abs. 1 Satz 1 BBesG ausgestattet (vgl. Anlage I BBesG BesGr. A 9 mit Fußnote 1).

d) Abteilungspräsident *Z* leitet die Hochschulverwaltung der Hochschule des Bundes für öffentliche Verwaltung. Um den Hochschulcharakter seiner Tätigkeit nach außen hervorzuheben, darf er sich – wie bei Hochschulen üblich – „Kanzler" nennen.

a) Nein. Eine Beförderung von Bundesbeamten setzt gemäß § 10 Abs. 1 Nr. 3 BBG die Verleihung eines anderen Amtes mit anderem Endgrundgehalt und anderer Amtsbezeichnung voraus. Beide Voraussetzungen müssen kumulativ erfüllt sein. Da sich die Amtsbezeichnung des *P* nicht ändert, liegt in seinem Fall keine Ernennung in Gestalt einer Beförderung vor. Weil *P* jedoch ein höheres Endgrundgehalt erhält, wird auch von einer **beförderungsgleichen Maßnahme** gesprochen.

b) Zwar hat sich bei *S* nicht die Amtsbezeichnung geändert. Sie erhält „nur" ein höheres Grundgehalt. *S* ist jedoch Landesbeamtin. Anders als beim Bund verlangt das BeamtStG für die Länder kein kumulatives Vorliegen von anderer Amtsbezeichnung und anderem Grundgehalt. § 8 Abs. 1 Nr. 3 BeamtStG qualifiziert vielmehr jede Verleihung eines anderen Amtes mit anderem Grundgehalt als Ernennung. Da das *S* zustehende Grundgehalt erhöht wurde, ist bei ihr eine Ernennung in Gestalt einer **Beförderung** zu bejahen.

c) **Amtszulagen** gelten gemäß § 42 Abs. 2 Satz 2 BBesG als Bestandteil des Grundgehaltes. Die Gewährung einer Amtszulage nach § 42 Abs. 1 Satz 1 BBesG bewirkt deshalb eine Erhöhung des Grundgehaltes. Die Amtsbezeichnung bleibt von der Gewährung der Amtszulage jedoch unberührt. Im Fall der *A* liegt deshalb nur eine beförderungsgleiche Maßnahme, jedoch keine Beförderung und damit auch keine Ernennung gemäß § 10 Abs. 1 Nr. 3 BBG vor.

d) Im Fall des *Z* liegt keine Beförderung vor. Bei der Bezeichnung „Kanzler" handelt es sich um keine Amtsbezeichnung im Sinne des § 10 Abs. 1 BBG, sondern um eine **Funktionsbezeichnung.**

78. Regierungsoberamtsrat *R* arbeitet im Bundesministerium der Verteidigung (BesGr. A 13 BBesO). Nachdem er erfolgreich ein Masterstudium an der Hochschule des Bundes für öffentliche Verwaltung absolviert hat, wird er zum Regierungsrat ernannt (ebenfalls BesGr. A 13 BBesO). Liegt ein Ernennungsfall vor?

Ja. Zwar ändert sich nicht das Grundgehalt, sondern lediglich die Amtsbezeichnung des *R*. Jedoch wechselt *R* von der Laufbahngruppe des gehobenen nichttechnischen Verwaltungsdienstes in die des höheren nichttechnischen Verwaltungsdienstes des Bundes. Die Verleihung eines anderen Amtes mit anderer Amtsbezeichnung beim **Wechsel der Laufbahngruppe** bedarf gemäß § 10 Abs. 1 Nr. 4 BBG (vgl. § 8 Abs. 1 Nr. 4 BeamtStG) einer Ernennung. Der Wechsel in eine höhere Laufbahngruppe – wie im Fall des *R* – wird dabei als vertikaler Laufbahnwechsel oder als Aufstieg bezeichnet.

3. Voraussetzungen der Ernennung

a) Formelle Voraussetzungen

79. Welche formellen Voraussetzungen müssen für eine Ernennung erfüllt sein?

1. Die Zuständigkeit für die Ernennung hängt vom Dienstherrn des zu ernennenden Beamten ab. Bundesbeamte werden vom Bundespräsidenten oder einer von ihm bestimmten Stelle ernannt, soweit gesetzlich nichts anderes bestimmt ist (§ 12 Abs. 1 BBG). Landesbeamte werden regelmäßig von den jeweiligen Landesregierungen ernannt (vgl. etwa § 16 Abs. 1 Satz 1 LBG NRW), die ihre Befugnis auf andere Stellen übertragen können (vgl. § 16 Abs. 1 Satz 2 LBG NRW).
2. Die Ernennung erfolgt gemäß § 10 Abs. 2 Satz 1 BBG (§ 8 Abs. 2 Satz 1 BeamtStG) durch Aushändigung einer Ernennungsurkunde. Daraus folgt, dass die Ernennung nur durch ein vom zuständigen Beamten eigenhändig unterschriebenes Schriftstück erfolgen kann.
3. In der Urkunde müssen gemäß § 10 Abs. 2 Satz 2 BBG (§ 8 Abs. 2 Satz 2 BeamtStG) die Wörter „unter Berufung in das Beamtenverhältnis" mit dem die Art des Beamtenverhältnisses bestimmenden Zusatz „auf Lebenszeit", „auf Probe", „auf Widerruf", „als Ehrenbeamtin" oder „als Ehrenbeamter" oder „auf Zeit" mit der Angabe der Zeitdauer der Berufung enthalten sein.
4. Die Ernennung ist ein mitwirkungsbedürftiger Verwaltungsakt. Der zu Ernennende muss daher zustimmen. Die Zustimmung kann auch konkludent durch die Entgegennahme der Ernennungsurkunde erteilt werden.

5. Das Ernennungsverfahren wird durch die Aushändigung der Urkunde beendet, die in § 10 Abs. 2 Satz 1 BBG (§ 8 Abs. 2 Satz 1 BeamtStG) zwingend vorgeschrieben ist. Aushändigung bedeutet die persönliche Übergabe der Urkunde von Hand zu Hand an den zu ernennenden Beamten. Ob eine Ernennung durch ein elektronisches Dokument mit qualifizierter elektronischer Signatur gemäß § 3a Abs. 2 Satz 2 VwVfG erfolgen darf, wird kontrovers diskutiert (dafür *Baßlsperger,* PersV 2007, 424/427; *Ziekow,* PersV 2007, 344/347 f.; dagegen *Reich,* BeamtStG, 3. Aufl. 2018, § 8 Rn. 8).

b) Materielle Voraussetzungen

aa) Staatsangehörigkeit

80. § 7 Abs. 1 Satz 1 Nr. 1 BBG (§ 7 Abs. 1 Satz 1 Nr. 1 BeamtStG) fordert, dass im Regelfall „Deutsche" im Sinne des Art. 116 GG in das Beamtenverhältnis berufen werden. Warum?

Die Berufung in das Beamtenverhältnis führt zur Begründung eines besonderen öffentlich-rechtlichen Dienst- und Treueverhältnisses zwischen dem Dienstherrn und dem Beamten. Die **Deutscheneigenschaft** ist Ausdruck dieses „Verhältnis(ses) besonderer Verbundenheit [...] zum Staat" (EuGH, Urt. v. 17.12.1980 – Rs. 149/79, Slg. 1980, 3881 Tz. 10). Nicht erforderlich ist dabei die deutsche Staatsangehörigkeit. Es genügt, dass der zu Ernennende als Flüchtling oder Vertriebener deutscher Volkszugehörigkeit oder als dessen Ehegatte oder Abkömmling im Gebiet des Deutschen Reichs nach dem Stand vom 31.12.1937 Aufnahme gefunden hat. Die deutsche Staatsangehörigkeit ist im Staatsangehörigkeitsgesetz vom 15.7.1999 (BGBl. I S. 1618) geregelt. Die deutsche Volkszugehörigkeit konkretisiert das Bundesvertriebenengesetz i. d. F. vom 10.8.2007 (BGBl. I S. 1902)

81. Dürfen die folgenden Personen grundsätzlich in das Beamtenverhältnis berufen werden?

a) *F* ist französischer Staatsangehöriger.
b) *H* besitzt die Schweizer Staatsangehörigkeit.
c) *T* ist ein in Fachkreisen berühmter türkischer Professor, der bereits zahlreiche Auszeichnungen für seine Forschungen erhalten hat. Er möchte verbeamteter Professor an der Universität der Bundeswehr in Hamburg werden.
d) *S* ist Spanier und plant, Kommissar bei der Bundespolizei zu werden.
e) *S,* spanischer Staatsangehöriger, hat es sich anders überlegt. Er möchte nunmehr Stadtinspektor bei der Stadt Köln werden.

a) In das Beamtenverhältnis darf gemäß § 7 Abs. 1 Satz 1 Nr. 1 Buchst. a BBG (§ 7 Abs. 1 Satz 1 Nr. 1 Buchst. a BeamtStG) berufen werden, wer die Staatsangehörigkeit eines anderen Mitgliedstaates der **Europäischen Union** hat. Bei *F* ist das der Fall.

b) Gemäß § 7 Abs. 1 Satz 1 Nr. 1 Buchst. b BBG (§ 7 Abs. 1 Satz 1 Nr. 1 Buchst. b BeamtStG) genügt anstelle der Deutscheneigenschaft auch die Staatsangehörigkeit eines anderen Vertragsstaates des Abkommens über den Europäischen Wirtschaftsraum. Der **Europäische Wirtschaftsraum** zielt auf eine vertiefte Freihandelszone zwischen der EU und Island, Liechtenstein und Norwegen. Die Schweiz hat den Beitritt zum EWR abgelehnt. – Allerdings bestimmt § 7 Abs. 1 Satz 1 Nr. 1 Buchst. c BBG (§ 7 Abs. 1 Satz 1 Nr. 1 Buchst. c BeamtStG), dass Staatsangehörige von Drittstaaten, denen Ansprüche auf Anerkennung mit Berufsqualifikation vertraglich eingeräumt worden sind, ebenfalls in das Beamtenverhältnis berufen werden dürfen. Mit der Schweiz bestehen derartige bilaterale Abkommen. Seine Schweizer Staatsangehörigkeit steht einer Ernennung des *H* zum Beamten daher nicht entgegen.

c) *T* besitzt weder die deutsche noch die Staatsangehörigkeit eines anderen EU- oder EWR-Mitgliedstaates oder anderen assoziierten Drittlandes im Sinne des § 7 Abs. 1 BBG (§ 7 Abs. 1 Nr. 1 und Abs. 2 BeamtStG). Gemäß § 7 Abs. 3 BBG (§ 7 Abs. 3 BeamtStG) sind aber **Ausnahmen von den Berufungsvoraussetzungen des § 7 Abs. 1 und 2 BBG** (§ 7 Abs. 1 Nr. 1 und Abs. 2 BeamtStG) möglich, wenn für die Berufung des Beamten ein dringendes dienstliches Bedürfnis besteht. Praktisch bedeutsam ist dies vor allem im Hochschulwesen für die Gewinnung ausländischer Hochschullehrer (vgl. *Dolde,* DÖV 1973, 370/372). Die Genehmigung steht zwar im Ermessen des Bundesministeriums des Innern und für Heimat; ihre Versagung ist aber in den Grenzen des § 114 VwGO gerichtlich überprüfbar. Die Genehmigung wird als selbstständiger Verwaltungsakt erlassen. Eine ohne Genehmigung ausgesprochene Ernennung ist sogar nichtig (§ 13 Abs. 1 Nr. 3 Buchst. a BBG, § 11 Abs. 1 Nr. 3 Buchst. a BeamtStG). *T* könnte daher grundsätzlich trotz seiner türkischen Staatsangehörigkeit in das Beamtenverhältnis berufen werden.

d) Als Spanier besitzt *S* zwar die Staatsangehörigkeit eines Mitgliedstaates der Europäischen Union im Sinne des § 7 Abs. 1 Satz 1 Nr. 1 Buchst. a BBG (§ 7 Abs. 1 Satz 1 Nr. 1 Buchst. a BeamtStG). Wenn die Aufgaben es erfordern, darf nach § 7 Abs. 2 BBG (§ 7 Abs. 2 BeamtStG) aber nur ein Deutscher im Sinne des Art. 116 GG in ein Beamtenverhältnis berufen werden. Der sog. **Deutschenvorbehalt** in § 7 Abs. 2 BBG (§ 7 Abs. 2 BeamtStG) konkretisiert den Vorbehalt in Art. 45 Abs. 4 AEUV. Danach sind für die „Beschäftigung in der öffentlichen Verwaltung" Ausnahmen von der im Übrigen in Art. 45 Abs. 1 AEUV garantierten Arbeitnehmerfreizügigkeit erlaubt. Erfasst werden Tätigkeiten, die durch die Ausübung hoheitsrechtlicher Befugnisse charakterisiert sind, wie z. B. die Tätigkeit in Polizei, Rechtspflege, Strafvollzug oder anderen sicherheitsbezogenen Bereichen. Da *S* Polizeibeamter werden möchte, hindert § 7 Abs. 2 BBG (§ 7 Abs. 2 BeamtStG) grundsätzlich seine Berufung in das Beamtenverhältnis. Nach § 7 Abs. 3 BBG (§ 7 Abs. 3 BeamtStG) darf das Bundesministerium des Innern und für Heimat jedoch eine Ausnahme von Abs. 2 zulassen.

e) Der Deutschenvorbehalt in § 7 Abs. 2 BBG (§ 7 Abs. 2 BeamtStG) ist als Einschränkung der in Art. 45 AEUV gewährten Arbeitnehmerfreizügigkeit eng auszulegen. Er erfasst nur solche Aufgaben, deren Wahrnehmung durch hoheitsrechtliche Befugnisse geprägt ist. Die Tätigkeiten eines Lehrers ohne Leitungsfunktion oder Aufgaben in der Kommunalverwaltung zählen jedoch nicht hierzu. Als Staatsangehöriger eines anderen Mitgliedstaats der Europäischen Union darf *S* deshalb – bei Vorliegen der übrigen beamtenrechtlichen Voraussetzungen – zum Stadtinspektor bei der Stadt Köln ernannt werden.

bb) Verfassungstreue

82. Gemäß § 7 Abs. 1 Satz 1 Nr. 2 BBG (§ 7 Abs. 1 Satz 1 Nr. 2 BeamtStG) darf nur in das Beamtenverhältnis berufen werden, wer die Gewähr dafür bietet, jederzeit für die freiheitliche demokratische Grundordnung im Sinne des Grundgesetzes einzutreten. Was ist unter der „freiheitlichen demokratischen Grundordnung" zu verstehen?

Wie die Aufzählung in § 4 Abs. 2 BVerfSchG nicht abschließend verdeutlicht, gehören zur **freiheitlichen demokratischen Grundordnung** im Sinne des Grundgesetzes die Volkssouveränität, die Bindung der Gesetzgebung an die verfassungsmäßige Ordnung und die Bindung der vollziehenden Gewalt und der Rechtsprechung an Gesetz und Recht, die parlamentarische Opposition, die Verantwortlichkeit der Regierung gegenüber dem Parlament, die Unabhängigkeit der Gerichte, der Ausschluss jeder Gewalt- und Willkürherrschaft und die im Grundgesetz konkretisierten Menschenrechte.

83. Wann bietet ein Bewerber die „Gewähr" im Sinne des § 7 Abs. 1 Satz 1 Nr. 2 BBG (§ 7 Abs. 1 Satz 1 Nr. 2 BeamtStG) dafür, jederzeit für die freiheitliche demokratische Grundordnung des Grundgesetzes einzutreten?

§ 7 Abs. 1 Satz 1 Nr. 2 BBG (§ 7 Abs. 1 Satz 1 Nr. 2 BeamtStG) konkretisiert die in Art. 33 Abs. 5 GG verfassungsrechtlich geforderte **politische Treuepflicht** der Beamten. Das BVerfG hat die Treuepflicht in seinem Extremistenbeschluss vom 22.5.1975 (BVerfGE 39, 334/348 f.) wie folgt umschrieben:

„Die politische Treuepflicht – Staats- und Verfassungstreue – fordert mehr als nur eine formale korrekte, im Übrigen uninteressierte, kühle, innerlich distanzierte Haltung gegenüber Staat und Verfassung; sie fordert vom Beamten insbesondere, daß er sich eindeutig von Gruppen und Bestrebungen distanziert, die diesen Staat, seine verfassungsmäßigen Organe und die geltende Verfassungsordnung angreifen, bekämpfen und diffamieren. Vom Beamten wird erwartet, daß er diesen Staat und seine Verfassung als einen hohen positiven Wert erkennt und anerkennt, für den einzutreten sich lohnt. Politische Treuepflicht bewährt sich in Krisenzeiten und in ernsthaften Konfliktsituationen, in denen der Staat darauf angewiesen ist, daß der Beamte Partei für ihn ergreift."

84. Bestehen in den folgenden Fällen Zweifel an der Verfassungstreue der Bewerber, sodass ihre Berufung in das Beamtenverhältnis gemäß § 7 Abs. 1 Satz 1 Nr. 2 BBG (§ 7 Abs. 1 Satz 1 Nr. 2 BeamtStG) unzulässig ist?

a) ***A* ist Mitglied einer vom BVerfG gemäß Art. 21 Abs. 2 GG verbotenen Partei.**
b) ***B* ist einfaches Mitglied einer Partei, die zwar vom Bundesamt für Verfassungsschutz als verfassungsfeindlich eingestuft, jedoch nicht vom BVerfG verboten wurde.**
c) ***C* engagiert sich als Funktionär aktiv in einer extremistischen Partei.**

a) Wer Mitglied einer vom BVerfG gemäß Art. 21 Abs. 2 GG als verfassungswidrig **verbotenen Partei** oder ein gemäß § 9 Abs. 2 GG i. V. m. § 3 Abs. 1 Satz 1 VereinsG verbotenen sonstigen Vereinigung angehört, bietet regelmäßig keine Gewähr i. S. d. § 7 Abs. 1 Satz 1 Nr. 2 BBG (§ 7 Abs. 1 Satz 1 Nr. 2 BeamtStG). So verhält es sich um Fall des *A*.

b) Die Frage, ob die Mitgliedschaft in einer nicht verbotenen Partei, die die Einstellungsbehörde für verfassungsfeindlich hält, wegen des Parteienprivilegs nach Art. 21 Abs. 2 GG bei der Einstellung nicht berücksichtigt werden darf oder umgekehrt der Ernennung entgegensteht, hat das BVerfG in seinem Extremistenbeschluss vom 22.5.1975 (BVerfGE 39, 334 Ls. 8) wie folgt beantwortet: „Ein Teil des Verhaltens, das für die Beurteilung der Persönlichkeit eines Beamtenanwärters erheblich sein kann, kann auch der Beitritt oder die Zugehörigkeit zu einer politischen Partei sein, die verfassungsfeindliche Ziele verfolgt – unabhängig davon, ob ihre Verfassungswidrigkeit durch Urteil des Bundesverfassungsgerichts festgestellt ist oder nicht." Konkret bedeutet die bundesverfassungsgerichtliche Rechtsprechung, dass die Haltung des Beamtenbewerbers *B* und seine Zugehörigkeit zu etwaigen Flügeln oder Unterorganisationen der Partei in einer Einzelfallprüfung genau zu bestimmen sind (vgl. BVerfG, DöD 2002, 96 f.; BVerwGE 114, 258/267 f.).

c) Bei Tätigkeiten als Funktionär einer **verfassungsfeindlichen** Partei oder Kandidaturen für Wahlen hat die Rechtsprechung Zweifel an der Gewähr des Bewerbers nach § 7 Abs. 1 Satz 1 Nr. 2 BBG (§ 7 Abs. 1 Satz 1 Nr. 2 BeamtStG) bejaht, und zwar selbst dann, wenn der Funktionär selbst innerhalb der Partei verfassungskonforme Ziele verfolgt. „Zum Inhalt der politischen Treuepflicht gehört [...] auch, dass sich der Beamte eindeutig von Gruppen und Bestrebungen distanziert, die diesen Staat und die geltende Verfassungsordnung bekämpfen und diffamieren. Mit dieser Distanzierungspflicht ist es unvereinbar, wenn sich ein Beamter in einer Partei für eine Abkehr von der Verfassung widerstreitenden Zielen einsetzt, durch die Übernahme von Kandidaturen und Ämtern aber nach außen hin deren Programm und Politik voll unterstützt und als deren Repräsentant erscheint" (BVerwG, NJW 1986, 3096/3099 – NPD).

cc) Vorbildung oder Befähigung

85. Zwischen welchen Arten von Bewerbern unterscheidet § 7 Abs. 1 Satz 1 Nr. 3 BBG (§ 7 Abs. 1 Satz 1 Nr. 3 BeamtStG)?

§ 7 Abs. 1 Satz 1 Nr. 3 BBG (§ 7 Abs. 1 Satz 1 Nr. 3 BeamtStG) unterscheidet zwischen „Laufbahnbewerbern" und „anderen Bewerbern".

a) **Laufbahnbewerber** müssen nach § 7 Abs. 1 Satz 1 Nr. 3 Buchst. a BBG (vgl. § 7 Abs. 1 Satz 1 Nr. 3 Buchst. a BeamtStG) die für die entsprechende Laufbahn vorgeschriebene Vorbildung besitzen. Laufbahnbewerber, die über die entsprechende Vorbildung verfügen, werden in das Beamtenverhältnis auf Widerruf zur Ableistung des Vorbereitungsdienstes berufen, um so die für die jeweilige Laufbahn erforderliche Befähigung zu erlangen. Der Laufbahnbewerber soll der „Regeltyp des Berufsbeamten" (*Battis*, in: ders., BBG, 6. Aufl. 2022, § 7 Rn. 2) sein.

b) Von den **anderen Bewerbern** verlangt das Gesetz keine bestimmte Vorbildung. Vielmehr erwerben sie die für die Berufung in das Beamtenverhältnis erforderliche Befähigung gemäß § 7 Abs. 1 Satz 1 Nr. 3 Buchst. b BBG (vgl. § 7 Abs. 1 Satz 1 Nr. 3 Buchst. b BeamtStG) durch Lebens- oder Berufserfahrung. Damit sollen Fachkräfte, die bereits eine einem Laufbahnbewerber gleichwertige Befähigung besitzen, im Interesse der Verwaltung für die Beamtenlaufbahn gewonnen werden.

86. Wo und wie sind die Anforderungen an die von § 7 Abs. 1 Satz 1 Nr. 3 Buchst. b BBG verlangte Vorbildung geregelt (vgl. auch § 7 Abs. 1 Satz 1 Nr. 3 Buchst. b BeamtStG)?

Die Mindestanforderungen an die **Vorbildung von Laufbahnbewerbern** werden in § 17 BBG festgelegt:

- Ein Bewerber für eine Laufbahn des einfachen Dienstes (Laufbahngruppe 1, erstes Einstiegsamt) muss den erfolgreichen Besuch einer Hauptschule oder einen als gleichwertig anerkannten Bildungsstand nachweisen (§ 17 Abs. 2 Nr. 1 BBG).
- Für Laufbahnen des mittleren Dienstes (Laufbahngruppe 1, zweites Einstiegsamt) ist als Vorbildung mindestens der Abschluss einer Realschule, der erfolgreiche Abschluss einer Hauptschule und eine abgeschlossene Berufsausbildung, der erfolgreiche Abschluss einer Hauptschule und eine Ausbildung in einem öffentlich-rechtlichen Ausbildungsverhältnis oder ein als gleichwertig anerkannter Bildungsstand zu fordern (§ 17 Abs. 3 Nr. 1 BBG).
- Beamter in einer Laufbahn des gehobenen Dienstes (Laufbahngruppe 2, erstes Einstiegsamt) kann nur werden, wer über eine zu einem Hochschulstudium berechtigende Schulbildung oder über einen als gleichwertig anerkannten Bildungsstand verfügt (§ 17 Abs. 4 Nr. 1 BBG).
- Als Einstellungsvoraussetzung für eine Laufbahn des höheren Dienstes (Laufbahngruppe 2, zweites Einstiegsamt) fordert § 7 Abs. 5 Nr. 1 BBG als Vorbildung ein mit einem Mastergrad abgeschlossenes Hochschulstudium oder einen gleichwertigen Abschluss.

87. Nach bestandener Abiturprüfung bewirbt die *A* sich beim Bundesamt für das Personalmanagement der Bundeswehr um Aufnahme in den Vorbereitungsdienst für den gehobenen nichttechnischen Verwaltungsdienst. Es haben sich jedoch mehr Abiturienten beworben als Ausbildungsplätze zur Verfügung stehen. Kann das Bundesamt die Berufung der *A* in das Beamtenverhältnis auf Widerruf verweigern, weil sie ihre Allgemeine Hochschulreife in Bremen erworben hat?

Nein, das Bundesamt darf die Berufung in das Beamtenverhältnis nicht ablehnen. *A* hat die für ihre Laufbahn erforderliche Vorbildung in Gestalt der Allgemeinen Hochschulreife erworben (vgl. § 17 Abs. 4 Nr. 1 Buchst. a BBG). Eine Benachteiligung von Abiturienten aus bestimmten Bundesländern ist nicht zulässig (BVerwGE 68, 109/110 ff.; 64, 142/144).

dd) Äußeres Erscheinungsbild

88. ***K*** **ist Kommissaranwärterin bei der Bundespolizei. Darf sie nach erfolgreich bestandener Laufbahnprüfung in das Beamtenverhältnis auf Probe berufen werden, wenn sie sich im Zeitraum zwischen der Laufbahnprüfung und der Ernennung großflächige, farbige Totenköpfe gut sichtbar auf beide Hände, Arme und den Hals tätowieren lässt?**

Nein, *K* darf nicht in das Beamtenverhältnis auf Probe berufen werden. Einer Berufung in das Beamtenverhältnis steht nach § 7 Abs. 1 Satz 2 BBG (§ 7 Abs. 1 Satz 2 BeamtStG) entgegen, wenn bestimmte **unveränderliche Merkmale des Erscheinungsbilds** der zu ernennenden Person mit der Erfüllung der Pflichten nach § 61 Abs. 2 BBG (§ 34 Abs. 2 BeamtStG) nicht vereinbar sind. Gemäß § 62 Abs. 2 BBG (§ 34 Abs. 2 BeamtStG) haben Beamte bei Ausübung des Dienstes oder bei einer Tätigkeit mit unmittelbarem Dienstbezug hinsichtlich ihres Erscheinungsbilds Rücksicht auf das ihrem Amt entgegengebrachte Vertrauen zu nehmen. Insbesondere das Tragen von **Tätowierungen** im sichtbaren Bereich kann von der obersten Dienstbehörde eingeschränkt oder untersagt werden, soweit die Funktionsfähigkeit der Verwaltung oder die Pflicht zum achtungs- und vertrauenswürdigen Verhalten dies erfordert.

Mit der Erfüllung der Pflichten nach § 61 Abs. 2 BBG (§ 34 Abs. 2 BeamtStG) nicht vereinbar sind „Merkmale des Erscheinungsbilds, die auf Grund ihrer ungewöhnlich expressiven Gestaltung in Form, Farbe oder Größe das Gesamterscheinungsbild der oder des Betroffenen maßgeblich prägen" (Entwurf eines Gesetzes zur Regelung des Erscheinungsbilds von Beamtinnen und Beamten sowie zur Änderung weiterer dienstrechtlicher Vorschriften vom 19.2.2021, BT-Drucks. 19/26839, 38). Großflächige, farbige Totenköpfe im sichtbaren Körperbereich der *K* dürften von breiten Teilen der Bevölkerung als besonders auffällig und individualisierend empfunden werden. *K* dürfte damit weniger als Repräsentantin des Staates, sondern erheblich stärker als Privatperson wahrgenommen werden.

„Unveränderlich sind alle Merkmale des Erscheinungsbilds, die nicht ohne wesentlichen Aufwand derart verändert oder beseitigt werden können, dass sie die an das Erscheinungsbild von Beamtinnen und Beamten nach § 61 Abs. 2 BBG gestellten Anforderungen […] erfüllen" (BT-Drucks. 19/26839, 38). Zwar können Tätowierungen heutzutage wieder entfernt werden. Erforderlich ist jedoch eine je nach Größe der Tattoos umfangreiche Laserbehandlung durch Ärzte oder geschulte Lasertherapeuten mit eingehender Untersuchung und Nachsorge. Infolge des zu ihrer Entfernung notwendigen Aufwands sind die großflächigen Tätowierungen der *K* somit auch als unveränderliche Merkmale des Erscheinungsbilds im Sinne von § 7 Abs. 1 Satz 2 BBG (§ 7 Abs. 1 Satz 2 BeamtStG) zu qualifizieren.

89. Wie ist die Rechtslage, wenn ***K*** **sich anstelle der Tätowierung ein Piercing durch eine Augenbraue stechen lässt, das sie ohne medizinischen Eingriff wieder entfernen kann?**

Zwar kann auch das **Tragen von Schmuck oder Symbolen** das Erscheinungsbild der Trägerin maßgeblich prägen. Die von § 7 Abs. 1 Satz 2 BBG (§ 7 Abs. 1 Satz 2 BeamtStG) geforderte Unveränderlichkeit des äußeren Merkmals liegt allerdings nicht vor, wenn die Bewerberin zum Zeitpunkt der Berufung in das Beamtenverhältnis „ein sichtbares Piercing trägt, das für die Ausübung des Dienstes oder für Tätigkeiten mit unmittelbarem Dienstbezug ohne wesentlichen Aufwand und ohne medizinischen Eingriff entfernt werden kann" (BT-Drucks. 19/26839, 38). Das Tragen eines Piercings steht der Ernennung der *K* somit nicht entgegen.

ee) Bewährung in der Probezeit

90. Nach § 11 Abs. 1 Satz 1 BBG (§ 10 Satz 1 BeamtStG) darf zum Beamten auf Lebenszeit nur ernannt werden, wer sich in einer Probezeit in vollem Umfang bewährt hat. Für die Feststellung der Bewährung gilt gemäß § 11 Abs. 1 Satz 2 BBG ein strenger Maßstab. Welchem Zweck dient die Probezeit?

Während der Probezeit muss der Beamte zeigen, dass er in der Lage ist, nach Eignung, Befähigung und fachlicher Leistung wechselnde Aufgaben seiner Laufbahn eigenverantwortlich zu erfüllen (vgl. § 28 Abs. 2 BLV). Genügt er diesen Anforderungen, stellt der Dienstherr seine **Bewährung** fest. Mit der Beurteilung der Bewährung trifft der Dienstherr eine Prognose über die bis zum Erreichen der Altersgrenze zu erwartende Leistung des Beamten. Die unter Anlegung eines strengen Maßstabs anzustellende Prognose ist erforderlich, weil ein Beamter auf Lebenszeit nur noch sehr schwer aus dem Beamtenverhältnis entfernt werden kann.

91. Wie lange dauert die Probezeit?

Die **Probezeit** von Bundesbeamten bewegt sich nach den Vorgaben des § 11 Abs. 1 Satz 4, Abs. 2 Satz 1 BBG in einem Rahmen von mindestens einem Jahr und höchstens fünf Jahren. Beamte der Länder und Gemeinden müssen sich gemäß § 10 Satz 1 BeamtStG in einer Probezeit von mindestens sechs Monaten und höchstens fünf Jahren bewährt haben. Bundesbeamte auf Probe haben sich regelmäßig in einer Probezeit von drei Jahren zu bewähren, wie § 11 Abs. 1 Satz 3 BBG festlegt und § 28 Abs. 1 BLV wiederholt. Die Einzelheiten sind in der BLV und den Laufbahnverordnungen der Länder geregelt.

92. Regierungsinspektoranwärterin *A* bestand die Laufbahnprüfung an der Hochschule des Bundes für öffentliche Verwaltung mit der Gesamtnote „sehr gut". Beim Bundesverwaltungsamt wird sie unter Berufung in das Beamtenverhältnis auf Probe zur Regierungsinspektorin ernannt. Kurz nach ihrer Ernennung lässt *A* sich für fünf Monate ohne Besoldung beurlauben, um ihren Traum von einer Weltreise verwirklichen zu können. Nach ihrer Rückkehr in den Dienst bewährt sie sich vorbildlich. *A* fragt sich, wie lange ihre Probezeit dauert.

Gemäß § 11 Abs. 1 Satz 3 BBG und § 28 Abs. 1 BLV dauert die regelmäßige Probezeit der *A* drei Jahre. Weder ihr weit überdurchschnittliches Prüfungsergebnis („sehr gut") noch ihre besondere Bewährung in der Probezeit („vorbildlich") erlauben eine Verkürzung der Probezeit; es fehlt insoweit an einer Rechtsgrundlage. Allerdings verlängert sich die Probezeit gemäß § 30 Abs. 1 BLV um die Zeit ihrer Beurlaubung ohne Besoldung. Insgesamt beträgt die Probezeit der *A* daher drei Jahre und fünf Monate.

4. Auswahl von Bewerbern

a) Eignung, Befähigung und fachliche Leistung

93. Nach welchen Kriterien richtet sich die Auswahl von Bewerbern um ein öffentliches Amt?

Nach dem in Art. 33 Abs. 2 GG verfassungsrechtlich verankerten Leistungsprinzip richtet sich die Auswahl der Bewerber ausschließlich nach **Eignung, Befähigung und fachlicher Leistung.** Art. 3 Abs. 3 GG verbietet zudem die Berücksichtigung von Geschlecht, Abstammung, Rasse oder ethnischer Herkunft, Behinderung, Religion oder Weltanschauung, politischen Anschauungen, Beziehungen oder sexueller Identität. Art. 33 Abs. 2 GG enthält eine abschließende Positivliste der Maßstäbe, nach denen ausgewählt werden muss (BVerwGE 122, 147/150). Auf einfachgesetzlicher Ebene werden die Auswahlkriterien in § 9 Satz 1 BBG und § 9 BeamtStG wiederholt.

94. Regierungsinspektoranwärter *R* absolviert ein Studium zum Dipl.-Verwaltungswirt (FH) an der Hochschule des Bundes für öffentliche Verwaltung. Noch während des Studiums bewirbt er sich um eine ausgeschriebene Stelle des gehobenen nichttechnischen Verwaltungsdienstes im Bundesministerium für Ernährung und Landwirtschaft. Die Stelle soll zum 1.4.2022 besetzt werden. Die Auswahlgespräche finden bereits am 15.2.2022 statt. Seine Laufbahnprüfung wird *R* voraussichtlich am 24.3.2022 ablegen. Dürfte *R* ausgewählt werden?

Nein, eine Auswahl des *R* verstieße gegen das **Leistungsprinzip** nach Art. 33 Abs. 2 GG und § 9 Satz 1 BBG (§ 9 BeamtStG). Die Auswahlkriterien der Eignung, Befähigung und fachlichen Leistung müssen spätestens zum Zeitpunkt der Auswahlentscheidung erfüllt sein. Auf den Zeitpunkt der Ernennung kommt es insoweit nicht an. Zum Zeitpunkt der Auswahlentscheidung verfügt *R* jedoch nicht über die in der Stellenausschreibung geforderte Laufbahnbefähigung für den gehobenen nichttechnischen Verwaltungsdienst. Ob und ggf. mit welcher Note er die Laufbahnprüfung bestehen wird, ist noch ungewiss. Bei einer Auswahl des *R* könnte der Dienstherr daher nicht den im Vergleich mit anderen Bewerbern am besten geeigneten Kandidaten ermitteln.

95. Was ist unter
a) Eignung,
b) Befähigung und
c) fachlicher Leistung
i. S. d. Art. 33 Abs. 2 GG zu verstehen?

a) Unter **Eignung** i. S. d. Art. 33 Abs. 2 GG wird die körperliche (gesundheitliche), geistige und charakterliche Eignung verstanden. Körperlich geeignet ist ein Bewerber, wenn er den körperlichen Belastungen des Amtes gewachsen ist. Die körperliche Eignung wird durch ein amtsärztliches Gesundheitszeugnis festgestellt. Unter die geistige Eignung fallen Persönlichkeitsmerkmale, wie z. B. Begabung und intellektuelle Fähigkeiten. Die geistige Eignung wird im Rahmen von Einstellungsgesprächen oder durch wissenschaftlich fundierte Auswahlverfahren überprüft (BVerwG, DVBl. 1982, 198 f.). Zur charakterlichen Eignung gehören etwa die Zuverlässigkeit und die Gewähr, für die freiheitlich-demokratische Grundordnung einzutreten. Zweifel an der charakterlichen Eignung begründen u. a. disziplinarische oder staatsanwaltschaftliche Ermittlungen oder strafgerichtliche Verurteilungen.

b) Die **Befähigung** besteht zum einen aus der allgemeinen Laufbahnbefähigung des Bewerbers (§ 17 BBG), zum anderen aus seinen individuellen Fähigkeiten, Fertigkeiten und Kenntnissen, einen bestimmten Dienstposten auszufüllen (BVerwGE 122, 147/150 f.). Art. 33 Abs. 2 GG fordert, nur solche Bewerber auszuwählen, deren Befähigungsprofil mit dem Anforderungsprofil des Dienstpostens weitgehend übereinstimmt.

c) **Fachliche Leistungen** sind in der beruflichen Praxis erbrachte und in Zukunft zu erwartende Arbeitsergebnisse. Sie basieren auf Fachwissen und Fachkönnen unter Berücksichtigung der Anforderungen des bisher ausgeübten Amtes (BVerwGE 122, 147/150). Fachliche Leistungen werden weniger bei Einstellungen, sondern vornehmlich bei Beförderungen berücksichtigt.

96. Oberregierungsrat *A* und Oberregierungsrätin *B* konkurrieren um einen Beförderungsdienstposten im Bundesministerium der Finanzen. Sie sind kürzlich gleich gut beurteilt worden. Darf der Dienstherr die *B* auswählen, weil
a) sie ein höheres Dienst- und Lebensalter hat?
b) sie mehr Kinder als der *A* hat?

a) Ja. Gemäß Art. 33 Abs. 2 GG und § 9 Satz 1 BBG (§ 9 BeamtStG) ist jedes öffentliche Amt nach Eignung, Befähigung und fachlicher Leistung zu vergeben. § 22 Abs. 1 Satz 1 BBG verdeutlicht dabei (deklaratorisch), dass das verfassungsrechtliche Prinzip der Bestenauslese nicht nur bei Einstellungen, sondern auch bei Beförderungen Anwendung findet. Unterscheiden sich die Beurteilungen und Qualifikationen zweier Beförderungsbewerber jedoch nicht, darf das **Dienst- und Lebensalter** im Rahmen der Auswahl als Hilfskriterium herangezogen werden (BVerwG, NVwZ-RR 1997, 41; BVerwG, NJW 1989, 538 f.; kritisch

Buß/Schulte zu Sodingen, DVBl. 1998, 1315 ff.). Dem liegt die Annahme zugrunde, dass sich der mit einem höheren Dienstalter einhergehende Zugewinn an Berufserfahrung positiv auf die künftigen Arbeitsergebnisse auswirken wird.

b) Nein. Der Kinderreichtum ist kein zulässiges Auswahlkriterium im Rahmen der Bestenauslese (OVG Münster, ZBR 1999, 387 f.).

97. Im Bundesverwaltungsamt ist die Stelle eines Regierungsdirektors ausgeschrieben. Regierungsdirektorin *A* ist Versetzungsbewerberin aus der Generalzolldirektion. Oberregierungsrat *B,* der sich ebenfalls beworben hat, arbeitet bereits im Bundesverwaltungsamt. Darf die *A* ausgewählt werden, obwohl beide Bewerber gleich gut geeignet sind?

Ja. Der Dienstherr darf die Beförderungsstelle vorrangig an einen **Versetzungsbewerber** vergeben. Gegenüber einem **Beförderungsbewerber** besteht keine Pflicht, die Auswahl nach Eignung, Befähigung und fachlicher Leistung vorzunehmen (OVG Koblenz, NVwZ-RR 2002, 364; OVG Münster, NVwZ-RR 2002, 362 f.; OVG Lüneburg, DVBl. 2001, 1703). Denn die Personalhoheit, insbesondere das dem Dienstherrn in § 28 Abs. 2 BBG (§ 15 Abs. 1 BeamtStG) eingeräumte Versetzungsermessen, wird insoweit nicht eingeschränkt (dazu auch *Ziekow,* DöD 1999, 7 ff.).

98. Bewerber *C* bewirbt sich um eine ausgeschriebene Stelle in einem Landesministerium. Der Dienstherr erteilt ihm nach erfolgreich verlaufenem Auswahlverfahren eine Zusage, verlangt vor der Ernennung jedoch einen Aids-Test im Rahmen der amtsärztlichen Untersuchung. *C* weigert sich.

a) Darf der Dienstherr den Aids-Test verdeckt durchführen lassen, um die gesundheitliche Eignung des *C* festzustellen?

b) Darf der Dienstherr die Ernennung des *C* allein wegen seiner Weigerung, sich einem Aids-Test zu unterziehen, ablehnen?

a) Nein. Nach der Rechtsprechung des Europäischen Gerichtshofs umfasst das in Art. 8 EMRK verankerte Recht auf Achtung des Privatlebens auch das Recht einer Person, ihren Gesundheitszustand geheim zu halten (EuGH, Urt. v. 5.10.1994 – Rs. C-404/92 P, Slg. 1994, I-4737 Tz. 17). Entsprechendes gilt hinsichtlich des Grundrechts auf informationelle Selbstbestimmung nach Art. 2 Abs. 1 i. V. m. Art. 1 Abs. 1 GG. Zwar dient die **Einstellungsuntersuchung** einem legitimen Zweck, da der Staat in der Lage sein muss, seine Aufgaben zu erfüllen. Jedoch rechtfertigt dieses Interesse nicht, eine Untersuchung gegen den Willen des Betroffenen vorzunehmen (vgl. EuGH, Urt. v. 5.10.1994 – Rs. C-404/92 P, Slg. 1994, I-4737 Tz. 20: Einstellung bei der Europäischen Kommission).

b) Im Fall der Einstellung eines Bewerbers bei der Europäischen Kommission hat der Europäische Gerichtshof nicht nur das legitime Interesse der Unionsorgane an einer ärztlichen Untersuchung anerkannt, sondern darüber hinaus Schlussfolgerungen aus der verweigerten Mitwirkung des Bewerbers für zulässig erachtet: „Verweigert der Betroffene, nachdem er aufgeklärt worden ist, seine Zustimmung zu einer Untersuchung, die nach Auffassung des Vertrauensarztes erforderlich ist, um beurteilen zu können, ob der Bewerber für die Ausübung des von ihm angestrebten Amtes geeignet ist, können die Gemeinschaftsorgane nicht verpflichtet sein, das mit seiner Einstellung verbundene Risiko einzugehen" (EuGH, Urt. v. 5.10.1994 – Rs. C-404/92 P, Slg. 1994, I-4737 Tz. 21). Auf den deutschen öffentlichen Dienst übertragen bedeutet dies, dass der Dienstherr die Ernennung des *C* allein wegen seiner Weigerung, sich einem Aids-Test zu unterziehen, ablehnen durfte. Im beamtenrechtlichen Schrifttum ist die Zulässigkeit von Aids-Tests zur Feststellung der gesundheitlichen Eignung freilich umstritten (dafür *Wichmann,* in: Wichmann/Langer, Öffentliches Dienstrecht, 8. Aufl. 2017, Rn. 113; dagegen *Lichtenberg/Winkler,* DVBl. 1990, 10/12 ff.).

99. *B* ist als angestellter Berufsschullehrer tätig. Er ist an Multipler Sklerose erkrankt, gegenwärtig jedoch symptomfrei. Seine Leistungsfähigkeit ist auf absehbare Zeit nicht beeinträchtigt. Unter Berufung auf seine Erkrankung lehnt die zuständige Schulbehörde seine Verbeamtung wegen fehlender gesundheitlicher Eignung ab. Als an Multipler Sklerose Erkrankter wiese *B* statistisch ein erhöhtes Risiko auf, vor Erreichen der gesetzlichen Altersgrenze dienstunfähig zu werden. *B* fragt sich, ob die Schulbehörde seine gesundheitliche Eignung verneinen durfte.

Nach der früheren ständigen Rechtsprechung des BVerwG musste der Eintritt dauernder Dienstunfähigkeit vor Erreichen der gesetzlichen Altersgrenze mit einem „hohe(n) Grad an Wahrscheinlichkeit" ausgeschlossen sein, um die **gesundheitliche Eignung eines Bewerbers** bejahen zu können (vgl. BVerwGE 92, 147/149; 19, 344/346 f.). Der Zugang zum Beamtenverhältnis konnte Bewerbern demnach schon deshalb verwehrt werden, weil ihr gesundheitlicher Zustand vom Regelzustand abwich. Dies galt auch dann, wenn die Leistungsfähigkeit der Bewerber auf absehbare Zeit nicht beeinträchtigt war. Die negative Eignungsprognose konnte allein mit statistischen Wahrscheinlichkeiten begründet werden.

Der Ausschluss des Zugangs zum Beamtenverhältnis aus gesundheitlichen Gründen – ungeachtet der fachlichen Eignung – stellt jedoch eine Einschränkung der durch Art. 33 Abs. 2 GG geschützten Zugangsmöglichkeit dar, die einer subjektiven Berufswahlschranke im Anwendungsbereich des Art. 12 Abs. 1 GG entspricht. Aufgrund dieser grundrechtlichen Bedeutung des Ausschlusses und der sich über Jahrzehnte erstreckenden, mit erheblichen Unsicherheiten behafteten medizinischen Prognose hat sich das BVerwG mit Urteil vom 27.7.2013 von seiner bisherigen Rechtsprechung verabschiedet und wie folgt ausgeführt (BVerwGE 147, 244 Rn. 16):

„Solange der Gesetzgeber keinen kürzeren Prognosezeitraum bestimmt, kann der Dienstherr die gesundheitliche Eignung aktuell dienstfähiger Bewerber nur verneinen, wenn tatsächliche Anhaltspunkte die Annahme rechtfertigen, dass **mit überwiegender Wahrscheinlichkeit vor Erreichen der gesetzlichen Altersgrenze Dienstunfähigkeit eintreten wird.**"

Die Einschätzung der Schulbehörde, der *B* werde vor Erreichen der gesetzlichen Altersgrenze dienstunfähig, beruht nun nicht auf der vom BVerwG geforderten hinreichenden Tatsachenbasis. Die gesundheitliche Eignung des *B* wurde daher zu Unrecht verneint.

100. Nach erfolglos durchgeführtem Vorverfahren erwägt *B*, verwaltungsgerichtlichen Rechtsschutz gegen den Ablehnungsbescheid in Anspruch zu nehmen. Er ist sich jedoch nicht sicher, ob ein behördlicher Beurteilungsspielraum besteht und die Verwaltungsgerichte die Eignungsprognose der Behörde überhaupt überprüfen dürfen.

Der Dienstherr hat die **gesundheitliche Eignungsprognose** auf der Grundlage einer fundierten medizinischen Tatsachengrundlage zu treffen. Es ist kein Grund dafür ersichtlich, dass die Verwaltungsgerichte im Gegensatz zum Dienstherrn gehindert wären, sich auf dieser Grundlage ein Urteil über die voraussichtliche Entwicklung des Gesundheitszustandes und die Erfüllung der dienstlichen Anforderungen zu bilden. Die Verwaltungsgerichte haben deshalb eigenverantwortlich über die gesundheitliche Eignung von Beamtenbewerbern zu entscheiden, ohne an tatsächliche oder rechtliche Wertungen des Dienstherrn gebunden zu sein. Dem Dienstherrn steht insoweit **kein Beurteilungsspielraum** zu. Seine früher anderslautende Rechtsprechung hat das BVerwG mit Urteil vom 27.7.2013 ausdrücklich aufgegeben (BVerwGE 147, 244 Rn. 16).

Dagegen besteht im Hinblick auf den Vergleich der fachlichen Eignung der Bewerber weiterhin ein behördlicher Beurteilungsspielraum, der vor allem die Gewichtung der leistungsbezogenen Auswahlkriterien des Art. 33 Abs. 2 GG umfasst (vgl. BVerwGE 147, 244 Rn. 29; 138, 102 Rn. 45; 122, 147/150 f.).

101. Die Präsidentin einer Bundesoberbehörde möchte die Personalauswahl für Beförderungsdienstposten künftig im Rahmen von Assessment Centern durch die Deutsche Gesellschaft für Personalwesen e. V. – ein privates Beratungsinstitut – vornehmen lassen. Aus Datenschutzgründen werden keine Personalakten und keine dienstlichen Beurteilungen zur Auswahl herangezogen. Ist ein solches Auswahlverfahren zulässig?

Nein. Der Grundsatz der Bestenauslese gemäß Art. 33 Abs. 2 GG und § 9 Satz 1 BBG (§ 9 BeamtStG) gebietet, Eignung, Befähigung und fachliche Leistungen der Bewerber umfassend zu ermitteln und zu vergleichen. Grundlage der Auswahlentscheidung sind zunächst dienstliche Beurteilungen und weitere aussagekräftige Inhalte der Personalakten. Ein **psychologisch gestütztes Assessment Center** könnte lediglich die Beurteilung der Eignungs- und Befähigungsmerkmale ergänzen, ohne jedoch den notwendigen Vergleich der Bewerber zu ersetzen (vgl. OVG Berlin, NVwZ-RR 2001, 395/396; OVG Münster, NVwZ-RR 1995, 100). Die Auswahl der Bewerber ist zudem eine eigene hoheitliche Aufgabe der Ernennungsbehörde, die nicht an andere Behörden oder gar private Einrichtungen delegiert werden darf (vgl. BayVGH, NVwZ 1990, 285/286).

b) Gleichberechtigung

102. Oberregierungsrat *A* und Oberregierungsrätin *B* konkurrieren um einen Beförderungsdienstposten im Bundesministerium der Finanzen. Beide sind kürzlich gleich gut beurteilt worden. Darf der Dienstherr die *B* auswählen, weil es in der Stellenausschreibung hieß, dass der Bewerbung von Frauen „mit Interesse entgegengesehen wird"?

Nein. Aus einer solchen Formulierung kann nicht geschlossen werden, dass Frauen bei weitgehend gleicher Eignung männlichen Bewerbern bevorzugt werden dürften (OVG Schleswig, NVwZ 1994, 1229/1230). Allenfalls könnte eine zulässige Bevorzugung durch eine – hier aber nicht vorliegende – **Frauenförderungsregelung** im Sinne des § 9 Satz 2 BBG und § 8 Abs. 1 BGleiG gerechtfertigt werden. Nichtdiskriminierend wäre eine solche Frauenförderungsregelung freilich nur, wenn sie eine **Öffnungsklausel** enthielte. Bei einer Öffnungsklausel entfällt der den weiblichen Bewerbern eingeräumte Vorrang, sofern der männliche Konkurrent im Hinblick auf mindestens ein Auswahlkriterium besser geeignet ist (EuGH, Urt. v. 28.3.2000 – Rs. C-158/97, Slg. 2000, I-1875 Tz. 23; Urt. v. 17.10.1995 – Rs. C-450/93 (Kalanke), Slg. 1995, I-3051 Tz. 16; ferner OVG Lüneburg, NVwZ 1996, 497/498 f.; OVG Münster, ZBR 2000, 287; vgl. auch § 8 Abs. 1 Satz 2 BGleiG).

c) Schwerbehinderung

103. Volljurist *A* und Volljuristin *B* konkurrieren um eine ausgeschriebene Referentenstelle im Bundesministerium des Innern und für Heimat. Beide sind fachlich gleich gut geeignet. Darf der Dienstherr die *B* auswählen, obwohl sie schwerbehindert und deshalb nicht uneingeschränkt gesundheitlich geeignet ist?

Grundsätzlich ja. Nach § 154 Abs. 1 SGB IX sind öffentliche Arbeitgeber verpflichtet, die Einstellung und Beschäftigung schwerbehinderter Menschen zu fördern und einen bestimmten Anteil schwerbehinderter Menschen unter den Beschäftigten zu erreichen. Dieser Auftrag ist in den Beamtengesetzen des Bundes und der Länder (vgl. § 9 Satz 2 BBG) aufgegriffen und in den Laufbahnverordnungen (vgl. § 5 Abs. 1 BLV) umgesetzt worden.

Während bei der Einstellung von Beamten die körperliche Eignung für die gesamte Laufbahn mit allen zugehörigen Ämtern und den diesen zugeordneten Dienstposten vorausgesetzt wird (BVerfGE 108, 282/296 f.; BVerwGE 147, 244 Rn. 12 f.), gilt dies bei Schwerbehinderten nicht. Von ihnen darf „**nur das Mindestmaß an körperlicher Eignung** verlangt werden" (§ 5 Abs. 1 BLV), sodass der Schwerbehinderte nicht für alle Dienstposten körperlich geeignet sein muss. Maßgeblich ist daher, ob die körperliche Eignung ausreicht, um dem Bewerber irgendeine amtsangemessene Beschäftigung zuweisen zu können, die mit den dienstlichen Bedürfnissen in Einklang steht (BVerfG, NVwZ 2009, 389 f.). Nur wenn ein schwerbehinderter Bewerber auch diese Anforderungen nicht erfüllen kann – wofür im Fall der *B* keine Anhaltspunkte ersichtlich sind –, scheidet eine Übernahme in das Beamtenverhältnis aus.

5. Anspruch auf Ernennung

104. Nach einem gelungenen Auswahlverfahren erhält Bewerberin *B* vom Personalreferat der Einstellungsbehörde einen Anruf, wonach sie in das Beamtenverhältnis auf Probe übernommen werden solle.

a) **Hat *B* einen Anspruch auf Ernennung zur Beamtin?**
b) **Zwischenzeitlich hat *B* ein Schreiben der Einstellungsbehörde erhalten, in dem ihr die Ernennung zum nächsten Monatsersten zugesagt wird. Noch vor ihrer Ernennung bewirbt sich jedoch ein besser geeigneter Bewerber, den die Behörde anstelle der *B* einstellen möchte. Kann *B* dennoch auf ihrer Ernennung beharren?**

a) Nein. Die Begründung eines Beamtenverhältnisses steht gemäß § 7 Abs. 1 BBG (§ 7 Abs. 1 BeamtStG) im pflichtgemäßen Ermessen des Dienstherrn („darf"). Ein Ernennungsanspruch der *B* kommt daher nur in Betracht, wenn ihr die Ernennung rechtswirksam zugesichert wurde. Hierfür bedarf es jedoch der Schriftform (vgl. § 38 Abs. 1 Satz 1 VwVfG), an der es vorliegend mangelt. Die der *B* telefonisch erteilte Zusicherung ist daher unwirksam.
a) Ja. Die Behörde ist weiterhin an ihre Zusicherung gegenüber *B* gebunden. Zwar kann eine Zusicherung gemäß § 38 Abs. 2 VwVfG i. V. m. §§ 48, 49 VwVfG zurückgenommen oder widerrufen werden. Allerdings sind im Fall der *B* weder die Voraussetzungen einer Rücknahme noch eines Widerrufs gegeben. Insbesondere stellt die verspätete Bewerbung einer besser geeigneten Person keine nachträglich eingetretene Tatsache i. S. d. § 49 Abs. 2 Satz 1 Nr. 3 VwVfG dar. Mangels Änderung der Sach- und Rechtslage entfällt die Wirksamkeit der Zusicherung ebenfalls nicht nach Maßgabe des § 38 Abs. 2 VwVfG (vgl. *Günther,* ZBR 1982, 193/201 f.).

105. Oberregierungsrat *O* (BesGr. A 14 BBesO) hat sich im Bundesverwaltungsamt um einen ausgeschriebenen Referatsleiterposten (BesGr. A 15 BBesO) beworben. *O* erfüllt alle in der Ausschreibung genannten Anforderungen. Hat *O* einen Anspruch gegen seinen Dienstherrn auf Beförderung?

Nein. Zwar folgt aus dem in Art. 33 Abs. 2 GG verfassungsrechtlich verankerten Leistungsprinzip, dass nur der am besten geeignete Bewerber ernannt bzw. befördert werden darf. Daraus folgt jedoch lediglich ein sog. **Bewerbungsverfahrensanspruch.** Demnach hat der einzelne Bewerber einen Rechtsanspruch darauf, dass über seine Bewerbung ausschließlich auf Grundlage der in Art. 33 Abs. 2 GG sowie § 9 Satz 1 und § 22 Abs. 1 Satz 1 BBG (§ 9 BeamtStG) niedergelegten Auswahlkriterien beurteilungs- und ermessensfehlerfrei entschieden wird. Im Rahmen der Kontrolle einer Auswahlentscheidung kann ein nicht zum Zuge gekommener Bewerber somit eine rechtswidrige Benachteiligung seiner selbst oder eine unzulässige Bevorzugung des ausgewählten Konkurrenten rügen (exemplarisch BVerfG, NVwZ 2003, 200 f.; BVerwGE 118, 370/373 f.).

106. *S* ist als Oberstudienrat (BesGr. A 14 LBesO) tätig. Er bewirbt sich um die ausgeschriebene Stelle eines Schulrats (BesGr. A 15 LBesO) in der Schulaufsichtsbehörde. Da nur sehr wenige Bewerbungen eingegangen sind, fällt es *S* leicht, sich im Auswahlverfahren als bestgeeigneter Bewerber zu präsentieren. Die Schulaufsichtsbehörde entscheidet dennoch, das Auswahlverfahren abzubrechen und die Stelle erneut auszuschreiben, um einen erweiterten Bewerberkreis anzusprechen. *S* ist empört und macht geltend, der Abbruch verletze ihn in seinem Bewerbungsverfahrensanspruch. Trifft seine Auffassung zu?

Nein. Nach dem aus Art. 33 Abs. 2 GG hergeleiteten Bewerbungsverfahrensanspruch dürfen öffentliche Ämter im statusrechtlichen Sinne zwar nur nach Kriterien vergeben werden, die unmittelbar Eignung, Befähigung und fachliche Leistung betreffen. Der Bewerbungsverfahrensanspruch erlischt jedoch, wenn das **Auswahlverfahren wirksam abgebrochen** worden ist (BVerwGE 151, 14 Rn. 16 f.).

Wirksam abbrechen darf der Dienstherr ein Auswahlverfahren (BVerwG, NVwZ 2019, 724/725; OVG Berlin-Brandenburg, NVwZ-RR 2021, 1022 f.), wenn

1. er zu der Einschätzung gelangt, dass der ausgeschriebene Dienstposten mit dem ursprünglich festgelegten Zuschnitt oder der ursprünglichen besoldungsrechtlichen Einstufung nicht mehr besetzt werden soll (Organisationsermessen),
2. das bisherige Auswahlverfahren nach seiner Einschätzung an nicht behebbaren Mängeln mit der Folge leidet, dass eine den Anforderungen des Art. 33 Abs. 2 GG gerecht werdende Entscheidung allein in einem weiteren Auswahlverfahren denkbar erscheint, oder
3. er den unverändert bleibenden Dienstposten zwar weiterhin vergeben will, den Ausgang des ersten Auswahlverfahrens aber als unbefriedigend empfindet.

Zur dritten Gruppe zählt der Fall des *S*.

6. Fehlerhafte Ernennung

107. Welche Rechtsfolgen entfalten fehlerhafte Ernennungen?

Infolge der Formstrenge des Beamtenrechts sind die Rechtsfolgen fehlerhafter Ernennungen abschließend geregelt:

- Nichternennung (vgl. § 12 BBG),
- nichtige Ernennung nach § 13 BBG (§ 11 BeamtStG) und
- rücknehmbare Ernennung nach § 14 BBG (§ 12 BeamtStG), wobei zwischen einer obligatorischen Rücknahme gemäß § 14 Abs. 1 BBG (§ 12 Abs. 1 BeamtStG) und einer fakultativen Rücknahme gemäß § 14 Abs. 2 BBG (§ 12 Abs. 2 BeamtStG) unterschieden wird.

108. Wann liegt der Fall einer Nichternennung vor?

Eine **Nichternennung** liegt vor, wenn eine tatbestandliche Voraussetzung einer Ernennung fehlt. Insbesondere an folgende Fälle ist zu denken:

- Dem ernennenden Rechtsträger kommt keine Dienstherrenfähigkeit zu (vgl. § 2 BBG, § 2 BeamtStG).
- Die Ernennungsurkunde wird nicht ausgehändigt (vgl. § 12 Abs. 2 Satz 1 BBG, § 8 Abs. 2 Satz 1 BeamtStG). Erforderlich sind auf Seiten des Dienstherrn der Besitzverschaffungswille und auf Seiten des zu Ernennenden der Besitzergreifungswille.
- Für den Dienstherrn handelt bei der Unterzeichnung oder der Aushändigung der Ernennungsurkunde eine unbefugte Person (vgl. § 12 Abs. 1 BBG).
- Die Ernennungsurkunde lässt den Namen des zu Ernennenden, die Ernennungsbehörde oder die Unterschrift nicht erkennen.
- In der Ernennungsurkunde fehlen die Worte „unter Berufung in das Beamtenverhältnis" (vgl. § 10 Abs. 2 Satz 2 Nr. 1 BBG, § 8 Abs. 2 Satz 2 Nr. 1 BeamtStG).
- Bei der Verleihung eines Amtes fehlt die (zutreffende) Amtsbezeichnung (vgl. § 10 Abs. 2 Satz 2 Nr. 3 BBG, § 8 Abs. 2 Satz 2 Nr. 3 BeamtStG).

109. Welche Rechtsfolgen entfaltet eine Nichternennung?

Keine. Eine Nichternennung begründet weder ein Beamtenverhältnis noch verleiht sie ein Amt im statusrechtlichen Sinne. Die Amtshandlungen des „Scheinbeamten" entfalten keine Wirksamkeit. Eine Nichternennung wird deshalb auch als „Nichtakt" bezeichnet.

110. Wann ist eine Ernennung nichtig?

Eine Ernennung ist **nichtig,** wenn eine der Voraussetzungen des § 13 Abs. 1 BBG (§ 11 Abs. 1 BeamtStG) erfüllt ist, konkret wenn

- sie nicht der in § 10 Abs. 2 BBG (§ 8 Abs. 2 BeamtStG) vorgeschriebenen Form entspricht,
- sie von einer sachlich unzuständigen Behörde ausgesprochen wurde,
- zum Zeitpunkt der Ernennung nach § 7 Abs. 1 Satz 1 Nr. 1 BBG (§ 7 Abs. 1 Satz 1 Nr. 1 BeamtStG) keine Ernennung erfolgen durfte und keine Ausnahme nach § 7 Abs. 3 BBG (§ 7 Abs. 3 BeamtStG) zugelassen war,
- die Fähigkeit zur Wahrnehmung öffentlicher Ämter nicht vorlag oder
- eine der Ernennung zu Grunde liegende Wahl (z. B. bei einem Bürgermeister) unwirksam war.

111. Kann eine nichtige Ernennung geheilt werden?

Ja. Eine Ernennung ist **von Anfang an als wirksam anzusehen,** wenn eine der in § 13 Abs. 2 BBG (§ 11 Abs. 2 BeamtStG) genannten Ausnahmen gegeben ist.

- Nach § 13 Abs. 2 Nr. 1 BBG (§ 11 Abs. 2 Nr. 1 BeamtStG) ist eine nichtige Ernennung heilbar, wenn im Fall des Abs. 1 Satz 1 Nr. 1 aus der Urkunde oder dem Akteninhalt eindeutig hervorgeht, dass die für die Ernennung zuständige Stelle ein bestimmtes Beamtenverhältnis begründen oder ein bestehendes Beamtenverhältnis in ein solches anderer Art umwandeln sollte, für das die sonstigen Voraussetzungen vorliegen.

- Wurde die Ernennung von einer sachlich unzuständigen Behörde ausgesprochen, wird sie dennoch gemäß § 13 Abs. 2 Nr. 2 BBG (§ 11 Abs. 2 Nr. 2 BeamtStG) als von Anfang an wirksam angesehen, wenn sie von der sachlich zuständigen Behörde rückwirkend bestätigt wird.
- Eine nach § 13 Abs. 1 Nr. 3 Buchst. a BBG (§ 11 Abs. 1 Nr. 3 Buchst. a BeamtStG) nichtige Ernennung kann zudem geheilt werden, indem eine Ausnahme nach § 7 Abs. 3 BBG (§ 7 Abs. 3 BeamtStG) nachträglich zugelassen wird (§ 13 Abs. 2 Nr. 3 BBG, § 11 Abs. 2 Nr. 3 BeamtStG). Der spätere Erwerb der deutschen Staatsangehörigkeit heilt die Nichtigkeit nicht.

Unheilbar nichtig ist eine Ernennung, wenn der Ernannte im Zeitpunkt der Ernennung auf Grund gerichtlicher Entscheidung die Fähigkeit zur Bekleidung öffentlicher Ämter nicht besaß.

112. Findet § 44 VwVfG neben § 13 BBG (§ 11 BeamtStG) auf nichtige Ernennungen Anwendung?

Nein. § 13 BBG (§ 11 BeamtStG) ist gegenüber § 44 VwVfG eine abschließende Sondervorschrift zugunsten des zu Ernennenden (BVerwGE 81, 282/284; *Günther*, DöD 1990, 281/286).

113. *N* ist in einem Bundesministerium zur Regierungsrätin ernannt worden. Leider ist ihre Ernennung gemäß § 13 Abs. 1 BBG (§ 11 Abs. 1 BeamtStG) nichtig. Wie ist mit der Besoldung zu verfahren, die *N* bis zur Feststellung der nichtigen Ernennung erhalten hat?

Wegen der Rückwirkung der Nichtigkeit sind die der Ernannten gezahlten Bezüge ohne Rechtsgrund geleistet worden. Dem Dienstherrn steht also grundsätzlich ein **Rückzahlungsanspruch gemäß § 12 Abs. 2 Satz 1 BBesG** gegen *N* zu. Die gezahlte Besoldung kann der *N* jedoch nach § 15 Satz 4 BBG belassen werden. Bei der Ermessensentscheidung über die teilweise oder gänzliche Belassung der Dienstbezüge hat der Dienstherr alle Umstände, die zur Nichtigkeit führten, zu berücksichtigen. Ein sachgerechtes Kriterium für die Belassung der Besoldung ist, ob und inwieweit die *N* tatsächlich Dienst geleistet hat (vgl. BVerwGE 109, 365/368 f.).

114. Wann „muss" eine vollzogene Ernennung zurückgenommen werden? Wann „soll" sie zurückgenommen werden?

Gemäß § 14 Abs. 1 BBG (§ 12 Abs. 1 Nr. 1–3 BeamtStG) ist die Ernennung mit Wirkung auch für die Vergangenheit zurückzunehmen,

1. wenn sie sie durch Zwang, arglistige Täuschung oder Bestechung herbeigeführt wurde,

2. wenn dem Dienstherrn nicht bekannt war, dass der Beamte vor seiner Ernennung wegen einer Straftat rechtskräftig verurteilt worden ist und daher für die Berufung in das Beamtenverhältnis als unwürdig erscheint, oder
3. wenn für die von dem Beamten wahrzunehmenden Aufgaben die deutsche Staatsangehörigkeit zwingende Voraussetzung ist und eine Ausnahme nach § 7 Abs. 3 BBG (§ 7 Abs. 3 BeamtStG) nicht zugelassen wird.

In den Ländern und Gemeinden muss eine Ernennung ferner zurückgenommen werden, wenn eine durch Landesrecht vorgeschriebene Mitwirkung einer unabhängigen Stelle oder einer Aufsichtsbehörde unterblieben ist und nicht nachgeholt wurde (§ 12 Abs. 1 Nr. 4 BeamtStG).

Die Ernennung soll gemäß § 14 Abs. 2 Satz 1 (§ 12 Abs. 2 Satz 1 BeamtStG) zurückgenommen werden, wenn dem Dienstherrn nicht bekannt war, dass gegen den Beamten in einem Disziplinarverfahren auf Entfernung aus dem Beamtenverhältnis oder auf Aberkennung des Ruhegehalts erkannt worden war. Eine Rücknahme ist unzulässig, wenn die Ernennungsbehörde zum Zeitpunkt der Ernennung die disziplinarische Verurteilung des Beamten kannte.

115. Was sind die Gemeinsamkeiten und die Unterschiede zwischen der Rücknahme einer Ernennung gemäß § 14 BBG (§ 12 BeamtStG) und der Rücknahme eines begünstigenden Verwaltungsakts, der keine Geldleistung oder teilbare Sachleistung gewährt, gemäß § 48 Abs. 1 Satz 1 und Abs. 3 und 4 VwVfG?

Sowohl bei einer Rücknahme nach § 14 BBG (§ 12 BeamtStG) als auch bei einer Rücknahme nach § 48 VwVfG schließen die Erwirkung des Verwaltungsakts durch unlautere Mittel (Zwang, arglistige Täuschung oder Bestechung) einen Schutz des Vertrauens des Betroffenen auf den Bestand des Verwaltungsakts aus. Während die zuständige Behörde aber im Rahmen des § 48 Abs. 1 und 4 VwVfG eine Ermessensentscheidung innerhalb einer Frist von einem Jahr zu treffen hat, ist die Rücknahme einer Ernennung gemäß § 14 Abs. 1 und 3 BBG (§ 12 Abs. 1 BeamtStG) eine innerhalb eines halben Jahres zu treffende gebundene Entscheidung.

116. Leiden die Ernennungen in den folgenden Fällen an Fehlern? Falls ja, welche Rechtsfolgen resultieren daraus?

a) **Regierungsrätin *A* besaß bei ihrer Ernennung nicht die deutsche, sondern die luxemburgische Staatsangehörigkeit.**
b) **Regierungsinspektor *B* war bei seiner Ernennung nicht deutscher, sondern russischer Staatsangehöriger.**
c) ***C* ist dänischer Staatsangehöriger und wird bei der Bundespolizei zum Kommissar ernannt.**
d) ***D* ist deutsche Staatsangehörige. Kurz vor ihrer Ernennung zur Regierungsrätin macht sie sich wegen einer Geldfälschung gemäß § 146 StGB strafbar. Nach ihrer Ernennung wird *D* deshalb rechtskräftig zu einer Freiheitsstrafe von einem Jahr auf Bewährung verurteilt.**

a) Die Ernennung der *A* ist wirksam. Sie ist zwar nicht Deutsche, besitzt aber die Staatsangehörigkeit eines anderen Mitgliedstaates der Europäischen Union (vgl. § 7 Abs. 1 Nr. 1 Buchst. a BBG, § 7 Abs. 1 Nr. 1 Buchst. a BeamtStG).
b) Die Ernennung des *B* ist gemäß § 13 Abs. 1 Nr. 3 Buchst. a BBG (§ 13 Abs. 1 Nr. 3 Buchst. a BeamtStG) nichtig, weil er keine Staatsangehörigkeit i. S. d. § 7 Abs. 1 Nr. 1 BBG (§ 7 Abs. 1 Nr. 1 BeamtStG) besitzt.
c) Die Ernennung des *C* muss gemäß § 14 Abs. 1 Nr. 3 BBG (§ 12 Abs. 1 Nr. 3 BeamtStG) zurückgenommen werden, falls das Bundesinnenministerium keine Ausnahme i. S. d. § 7 Abs. 3 BBG (§ 7 Abs. 3 BeamtStG) zugelassen hat oder nachträglich zulässt. Das Amt eines Bundespolizei-Kommissars wird derart durch die Ausübung hoheitlicher Befugnisse und die Wahrnehmung staatlicher Belange geprägt, dass es dem sog. Deutschenvorbehalt des § 7 Abs. 2 BBG (§ 7 Abs. 2 BeamtStG) unterfällt. Die dänische Staatsangehörigkeit reicht daher nicht aus. Die unionsrechtliche Arbeitnehmerfreizügigkeit steht dem nicht entgegen, denn gemäß Art. 48 Abs. 4 AEUV findet sie auf „die Ausübung hoheitlicher Befugnisse und die Wahrnehmung solcher Aufgaben, die auf die Wahrung der allgemeinen Belange des Staates gerichtet sind und deshalb ein Verhältnis besonderer Verbundenheit des jeweiligen Stelleninhabers zum Staats voraussetzen", keine Anwendung (EuGH, Urt. v. 27.11.1991 – Rs. C-4/91 (Bleis), Slg. 1991, I-5638 Tz. 6).
d) Die Ernennung der *D* ist gemäß § 14 Abs. 1 Nr. 1 und 2 BBG (§ 12 Abs. 1 Nr. 1 und 2 BeamtStG) zurückzunehmen, da *D* vor ihrer Ernennung eine Straftat begangen hat. Dass die *D* wegen dieser Tat erst nach ihrer Ernennung rechtskräftig zu einer Freiheitsstrafe verteilt worden ist, steht der Rücknahme nicht entgegen. Nach einer Verurteilung sind beide Rücknahmetatbestände in § 14 Abs. 1 Nr. 1 und 2 BBG (§ 12 Abs. 1 Nr. 1 und 2 BeamtStG) anwendbar (BVerwGE 59, 366/371).

IV. Änderung des Beamtenverhältnisses

1. Überblick

117. Regierungsoberamtsrat *R* ist als Sachbearbeiter im Bundesministerium für Wirtschaft und Klimaschutz tätig. Nach dem Dienstantritt eines neuen Referatsleiters kommt es zu ständigen Meinungsverschiedenheiten zwischen *R* und dem noch unerfahrenen Referatsleiter. Der zuständige Abteilungsleiter ordnet daher nach einiger Zeit an, dass *R* in ein anderes Referat der Abteilung zu wechseln und dort als Sachbearbeiter andere Aufgaben zu übernehmen habe. Beide Dienstposten sind als Planstellen der BesGr. A 13g BBesO ausgewiesen. Wie ist die Änderung der Tätigkeit des *R* beamtenrechtlich zu würdigen?

Die Änderung einer Tätigkeit kann durch Versetzung, Abordnung, Umsetzung, Zuweisung oder Geschäftsplanänderung erfolgen. Gesetzlich geregelt sind nur die Abordnung (§ 27 BBG, § 14 BeamtStG), Versetzung (§ 28 BBG, § 15 BeamtStG) und Zuweisung (§ 29 BBG, § 20 BeamtStG). Die Befugnis des Dienstherrn zur Umsetzung und Geschäftsplanänderung ergibt sich aus seiner Geschäftsleitungs- und Organisationshoheit.

1. Eine **Versetzung** ist die auf Dauer angelegte Übertragung eines anderen Amtes bei einer anderen Dienststelle bei demselben oder einem anderen Dienstherrn (§ 28 Abs. 1 BBG, § 15 Abs. 1 BeamtStG). Bei der Versetzung erhält der Beamte somit ein anderes Amt im abstrakt-funktionellen Sinne (vgl. BVerwG, NVwR-RR 1990, 88 f.). Bei *R* ist das Amt im abstrakt-funktionellen Sinne jedoch nicht betroffen. Denn *R* ist weiterhin als Sachbearbeiter im Bundesministerium für Wirtschaft und Klimaschutz tätig. Seine Dienststelle ist das Ministerium selbst und nicht ein bestimmtes Referat innerhalb des Ministeriums. Mangels Zuweisung zu einer anderen Behörde liegt keine Versetzung vor.
2. Auch eine **Abordnung** ist nicht gegeben. Eine Abordnung ist die nur vorübergehende Übertragung einer dem Amt des Beamten entsprechenden Tätigkeit bei einer anderen Dienststelle desselben oder eines anderen Dienstherrn, wobei die Zugehörigkeit zur bisherigen Stammdienststelle aufrechterhalten bleibt (§ 27 Abs. 1 BBG, § 14 Abs. 1 BeamtStG; dazu BVerwGE 69, 303/307). *R* wechselte nicht die Behörde. Zudem wurde ihm nicht nur vorübergehend, sondern auf Dauer ein neues Tätigkeitsgebiet in einem anderen Referat übertragen. Eine Abordnung ist also nicht erfolgt.
3. Eine **Zuweisung** (§ 29 BBG, § 20 BeamtStG) scheidet ebenfalls aus. *R* wird nicht aufgefordert, vorübergehend eine Tätigkeit bei einer öffentlichen Einrichtung ohne Dienstherrenfähigkeit oder bei einer anderen Einrichtung zu übernehmen.
4. In Betracht kommen folglich nur eine Umsetzung oder eine Geschäftsplanänderung. Bei der gesetzlich nicht normierten **Umsetzung** erhält der Beamte einen neuen Dienstposten innerhalb derselben Behörde (dazu *Allgaier,* ZBR 1989, 301 ff.). Der Beamte wird zu einer neuen Tätigkeit „gesetzt"; er wechselt die Organisationseinheit und damit das Amt im konkret-funktionellen Sinne. Bei der **Geschäftsplanänderung** „kommt" die neue Tätigkeit zum Beamten; seine

Organisationseinheit bearbeitet künftig andere oder erweiterte Aufgabenbereiche (vgl. BVerwG, NVwZ 1997, 72 f.). Vorliegend ist *R* folglich von seinem Abteilungsleiter umgesetzt worden.

2. Versetzung

118. Das Hauptamt (Zentrale Verwaltung) der Stadt Stuttgart beantragte beim Personalamt die „Versetzung" eines Stadtoberamtsrats in das Sportamt der Stadt Stuttgart, ohne die Personalvertretung zuvor zu unterrichten. Die Personalvertretung rief daraufhin das VG Stuttgart an und rügte eine Verletzung ihrer Rechte aus § 75 Abs. 2 Nr. 1 LPVG BW. Danach hat der Personalrat bei der Versetzung von Beschäftigten mitzubestimmen. Der Prozessvertreter der Stadt Stuttgart erwiderte hingegen, dass überhaupt keine Versetzung vorliege. Wer hat Recht?

Der Prozessvertreter der Stadt Stuttgart hat Recht. Die Versetzung eines Beamten nach § 15 BeamtStG (§ 28 BBG) erfordert regelmäßig die Veränderung des abstrakt-funktionellen Amts des Beamten, also des seiner statusrechtlichen Rechtsstellung entsprechenden abstrakten Aufgabenkreises bei einer bestimmten Behörde. Notwendigerweise geht die Veränderung des Amts im abstrakt-funktionellen Sinne mit einem Behördenwechsel einher (sog. **organisationsrechtliche Versetzung**). An einem solchen Behördenwechsel fehlt es hier jedoch. Der Begriff der „Behörde" bezeichnet, wie sich auch aus § 1 Abs. 4 VwVfG ergibt, eine tatsächlich organisatorisch verselbständigte Verwaltungseinheit, der ein örtlich und sachlich bestimmtes Aufgabengebiet zur Wahrnehmung zugewiesen ist und die ihren inneren Betriebsablauf eigenverantwortlich bestimmt (vgl. BVerwGE 34, 42/44 f.). Hieran fehlt es bei den einzelnen Ämtern von Kommunalverwaltungen (BayVGH, ZBR 1992, 111/112). Es handelt sich also um eine Umsetzung.

119. *O* ist als Obergerichtsvollzieher (BesGr. A 9 LBesO) im Gerichtsvollzieherdienst am Amtsgericht Bonn tätig. Beim Gerichtsvollzieherdienst handelt es sich um eine Sonderlaufbahn, die von der Laufbahn des mittleren Justizdienstes zu unterscheiden ist. Aufgrund erheblicher Unregelmäßigkeiten bei der Führung der Dienstgeschäfte enthob der Direktor des Amtsgerichts den *O* seines Dienstes als Gerichtsvollzieher und übertrug ihm einen anderen Aufgabenbereich im Innendienst des Amtsgerichts, der ebenfalls nach BesGr. A 9 LBesO bewertet war. Hat der Direktor des Amtsgerichts gegenüber *O* eine Versetzungsverfügung erlassen?

Im Regelfall ist die Versetzung mit einem Behördenwechsel verbunden (organisationsrechtliche Versetzung). Daran fehlt es vorliegend jedoch. Die Dienstbehörde des Gerichtsvollziehers ist das Amtsgericht, bei dem er beschäftigt ist. An der Dienstbehörde des *O* hat sich jedoch durch die Tätigkeit im Innendienst des Amtsgerichts Bonn, bei dem er bereits bisher als Gerichtsvollzieher tätig war, nichts geändert.

Das Rechtsinstitut der Versetzung beschränkt sich indes nicht auf die Fälle eines Behördenwechsels. Das folgt bereits aus § 28 Abs. 2 BBG (§ 15 Abs. 2 Satz 2

BeamtStG): Danach darf dem Beamten aus dienstlichen Gründen ohne seine Zustimmung ein anderes Amt übertragen werden, wenn das neue Amt – unabhängig von der Laufbahnzugehörigkeit – mit mindestens demselben Endgrundgehalt verbunden ist und die Tätigkeit aufgrund der Vorbildung oder Berufsausbildung zumutbar ist. Daraus folgt, dass eine Versetzung und nicht nur eine bloße Umsetzung vorliegt, wenn dem Beamten – bei unveränderter Behördenzugehörigkeit – ein anderes statusrechtliches Amt übertragen wird **(statusberührende Versetzung).** Hier hat der Direktor des Amtsgerichts dem *O* ein Amt einer anderen Laufbahn, der Laufbahn des mittleren Justizdienstes, und damit ein anderes statusrechtliches Amt übertragen. *O* ist deshalb versetzt worden.

120. Ist auch eine Versetzung in ein Amt derselben Laufbahn mit einem geringeren Endgrundgehalt möglich?

Prinzipiell ja. Bei einer Versetzung in ein Amt derselben Laufbahn mit einem geringeren Endgrundgehalt handelt es sich um eine sog. **Zurückstufung,** die in zwei Fällen zulässig ist:

1. Bei der Auflösung oder einer wesentlichen Änderung des Aufbaus oder der Aufgaben einer Behörde oder der Verschmelzung von Behörden können Beamte, deren Aufgabengebiet davon berührt wird, ohne ihre Zustimmung in ein anderes Amt derselben (oder einer anderen) Laufbahn mit geringerem Endgrundgehalt im Bereich desselben Dienstherrn versetzt werden, wenn eine dem bisherigen Amt entsprechende Verwendung nicht möglich ist. Das Endgrundgehalt muss mindestens dem des Amtes entsprechen, das der Beamte *vor* dem bisherigen Amt wahrgenommen hat (§ 28 Abs. 3 BBG; anders § 15 Abs. 2 Satz 2 BeamtStG: neues Amt mit mindestens demselben Grundgehalt des bisherigen Amtes).
2. Eine Zurückstufung ist zudem als Disziplinarmaßnahme denkbar (§ 9 BDiszG), die allerdings ein Dienstvergehen erfordert (vgl. § 2 Abs. 1 Nr. 1, § 5 Abs. 1 Nr. 4 BDiszG).

121. *R* arbeitet seit zehn Jahren im gehobenen Dienst als Sachbearbeiter in der Zentralabteilung des Bundesverwaltungsamts in Köln. Beim Präsidenten des Bundesverwaltungsamts beantragt er seine Versetzung zum Bundesministerium des Innern und für Heimat am Dienstsitz Berlin. Als Begründung führt *R* an, dass er sich beim Bundesverwaltungsamt unterfordert fühle. Muss seinem Antrag stattgegeben werden?

Nein. Gemäß § 28 Abs. 2 BBG (§ 15 Abs. 2 BeamtStG) ist eine **Versetzung auf Antrag eines Beamten** zwar möglich. Der für die Versetzung zuständige Dienstvorgesetzte hat über den Antrag jedoch nach pflichtgemäßem Ermessen zu entscheiden („ist zulässig"). Ein Anspruch des *R* auf Versetzung besteht deshalb nur dann, wenn die Schutz- und Fürsorgepflicht des Dienstherrn (§ 79 BBG, § 45 BeamtStG) eine Ermessensreduzierung auf Null bewirkt. Dies ist allenfalls bei schwerwiegenden persönlichen Gründen oder außergewöhnlichen Härten der Fall (vgl. BVerwG, RiA 2000, 85/86). Anhaltspunkte hierfür lassen sich jedoch nicht feststellen. Auch beim Bundesverwaltungsamt wird sich sicherlich ein den *R* in ausreichendem Maße fordernder Dienstposten finden.

122. Wie wäre es, wenn *R* als Sachbearbeiter im gehobenen Dienst in der Deutschen Botschaft Jaunde in Kamerun/Afrika arbeitete und seinen Versetzungsantrag mit seiner fehlenden gesundheitlichen Tropentauglichkeit infolge einer chronischen Erkrankung begründete?

In diesem Fall gebietet die Schutz- und Fürsorgepflicht aus § 79 BBG (§ 45 BeamtStG), den *R* von seinem aktuellen Dienstposten in Jaunde in Kamerun/Afrika auf einen anderen Dienstposten außerhalb der Tropen zu versetzen, da er tropendienstverwendungsunfähig ist. Das dem Dienstvorgesetzten in § 28 Abs. 2 BBG (§ 15 Abs. 1 BeamtStG) eingeräumte Ermessen wird deshalb reduziert.

123. *K* ist als Konrektorin an einer Grundschule tätig. Seit einem Elternabend, über dessen Ablauf sogar negativ in der Presse berichtet wurde, kommt es zu ständigen Spannungen zwischen *K* und dem Schulleiter der Grundschule, Rektor *R*. In mehreren Eingaben beschwert sich *K* sogar beim Kultusminister über die „ungerechtfertigten Angriffe" ihres Vorgesetzten *R*. Auf Weisung des Regierungspräsidenten versetzt das Schulamt die *K* daraufhin an eine Grundschule in einer 120 Kilometer entfernt gelegenen Gemeinde und überträgt ihr die Verwaltung der dortigen Konrektorstelle. *K* legt sofort Widerspruch ein und macht geltend, im Falle einer Versetzung könne sie ihr Mandat als Gemeinderatsmitglied wegen der räumlichen Entfernung nicht mehr wahrnehmen. Ist die Versetzung rechtmäßig?

Ja. Nach § 28 Abs. 2 BBG (§ 15 Abs. 1 BeamtStG) kann ein Beamter auf Antrag oder aus dienstlichen Gründen versetzt werden. Die Versetzung eines Beamten kann bei Vorliegen dienstlicher Gründe auch ohne seine Zustimmung erfolgen, wenn das neue Amt mit mindestens demselben Endgrundgehalt verbunden ist wie das bisherige Amt und die Tätigkeit aufgrund der Vorbildung oder Berufsausbildung zumutbar ist. Beides ist hier der Fall.

1. Da *K* ihre Versetzung nicht beantragt hat, kann sie folglich gemäß § 28 Abs. 2 BBG (§ 15 Abs. 1 BeamtStG) nur rechtmäßig sein, wenn **dienstliche Gründe** hierfür gegeben sind. Bei den „dienstlichen Gründen" handelt es sich um einen unbestimmten Rechtsbegriff ohne Beurteilungsspielraum, der der vollen gerichtlichen Kontrolle unterliegt (BVerwGE 26, 65/74 f.; BVerwG, NVwZ 1985, 831). Dienstliche Gründe können auf Seiten des Dienstherrn begründet sein, wie etwa Personalmangel bei einer anderen Behörde (OVG Koblenz, DVBl. 1958, 835). Sie können aber auch in der Person des Beamten vorliegen, wie z. B. bei mangelnder Eignung (BVerwG, DÖV 2000, 200/201). Bei *K* wird die Versetzung mit dem innerdienstlichen Spannungsverhältnis zwischen ihr und ihrem Vorgesetzten Rektor *R* begründet. Eine Störung der reibungslosen Zusammenarbeit innerhalb einer Dienststelle durch schwere persönliche Konflikte zwischen Vorgesetzten und

Untergebenen ist regelmäßig als Beeinträchtigung des täglichen Dienstbetriebes zu werten, um deren Abstellung der Dienstherr bemüht sein darf. Wenn hierfür die Versetzung eines der Streitbeteiligten erforderlich erscheint, sind dienstliche Gründe unabhängig von der Verschuldensfrage zu bejahen (BVerwGE 26, 65/69 f.). Dienstliche Gründe für die Versetzung der *K* liegen damit vor.

2. Sind die Voraussetzungen einer Versetzung gemäß § 28 Abs. 2 BBG (§ 15 Abs. 1 BeamtStG) erfüllt, steht die Entscheidung hierüber im **Ermessen des Dienstherrn**. Im Rahmen der Ermessensausübung sind auch die persönliche Situation des Beamten und die Folgen der Versetzung für seine etwaige Familie zu berücksichtigen (BVerwG, NVwZ 1985, 831). *K* führt an, sie könne infolge der Versetzung ihr Mandat als Gemeinderatsmitglied nicht mehr ausüben. Selbst wenn dieser Aspekt zutreffen sollte, resultierte daraus keine Ermessenseinschränkung des Dienstherrn dergestalt, dass eine Versetzung der *K* unzulässig würde (vgl. BVerwG, NVwZ 1985, 831).

Die Versetzung der *K* ist daher rechtmäßig.

124. Sind in folgenden Fällen „dienstliche Gründe" i. S. d. § 28 Abs. 2 BBG gegeben, die eine Versetzung auch gegen den Willen des betroffenen Beamten rechtfertigen?
a) **Personalüberschuss bei der Behörde des Beamten.**
b) **Auflösung einer Behörde.**
c) **Ablehnung eines Beamten von der Bevölkerung wegen persönlichen Fehlverhaltens.**
d) **Verdacht einer Straftat gegen einen Beamten.**
e) **Fehlende gesundheitliche Eignung eines Beamten aufgrund dauerhafter Gebrechen.**

a) Ja. Das Tatbestandsmerkmal des „dienstlichen Bedürfnisses" kann auch dann erfüllt sein, wenn eine dienstliche Notwendigkeit lediglich an der Versetzung irgendeines Beamten der Behörde besteht und deshalb die Entscheidung, welcher bestimmte Beamte versetzt wird, (erst) bei Ausübung des eingeräumten Ermessens getroffen werden kann (OVG Koblenz, DöD 1984, 203/204).
b) Ja. Gemäß § 28 Abs. 3 Satz 1 BBG kann der Beamte hierbei auch in ein anderes Amt derselben oder einer anderen Laufbahn mit geringerem Endgrundgehalt versetzt werden, wenn eine dem bisherigen Amt entsprechende Verwendung nicht möglich ist. Zur Wahrung des Besitzstandes erhält der Beamte u. U. eine Ausgleichszulage nach § 13 Abs. 3 BBesG.
c) Ja. Ein dienstlicher Grund für eine Versetzung kann sich auch aus einem persönlichen Fehlverhalten des Beamten ergeben, wenn dieses Verhalten zu seiner Ablehnung in der Bevölkerung führt (vgl. OVG Münster, ZBR 1976, 183/184; VGH Mannheim, ZBR 1961, 282/283).
d) Nein. Wenn die strafrechtlichen Ermittlungen öffentlich bekannt geworden sind und der Verbleib des Beamten auf seinem Dienstposten zu einem Ansehensverlust der Dienststelle und damit der Verwaltung insgesamt führen kann, ist zwar ein sachlicher Grund für die Veränderung des Aufgabenbereichs des Beamten gegeben (vgl. OVG Koblenz, NVwZ 2001, 1316/1317). Jedoch sind eine

Abordnung (§ 27 BBG, § 14 BeamtStG), eine Umsetzung oder das Verbot der Führung von Dienstgeschäften (§ 66 BBG, § 39 BeamtStG) mildere Mittel, den Beamten vorläufig bis zum Abschluss des Strafverfahrens von der Dienstausübung fernzuhalten.

e) Ja. Der Beamte kann auch gegen seinen Willen versetzt werden. Die Schutz- und Fürsorgepflicht des Dienstherrn nach § 79 BBG (§ 45 BeamtStG) rechtfertigt die Annahme dienstlicher Gründe für eine Versetzung (BVerwG, NVwZ-RR 1993, 420).

125. *K* ist als Konrektorin an einer Grundschule tätig. Aufgrund von Dauerspannungen zu dem Leiter ihrer Grundschule wird sie an eine andere Grundschule versetzt. *K* möchte wissen, ob der Versetzung Verwaltungsaktqualität zukommt.

Ja. Ein **Verwaltungsakt** i. S. d. § 35 Satz 1 VwVfG ist die rechtsverbindliche hoheitliche Regelung eines Einzelfalles mit unmittelbarer Außenwirkung durch eine Verwaltungsbehörde (BVerwGE 45, 39/42; 28, 145/146). Durch diese Außenwirkung unterscheidet sich der Verwaltungsakt von rein behördeninternen Maßnahmen. Behördeninterne Maßnahmen sind insbesondere die an einen Beamten allein in seiner Eigenschaft als Amtsträger gerichteten, auf organisationsinterne Wirkung zielenden Weisungen des Dienstherrn, wie z. B. die Umsetzung. Das Rechtsinstitut der Versetzung greift jedoch über den innerbehördlichen Bereich hinaus. Die Versetzung ist auch wegen des mit ihr verbundenen, über die konkrete Arbeitszuteilung wesentlich hinausgehenden Eingriffs in die individuelle Rechtssphäre des Beamten in den Beamtengesetzen des Bundes und der Länder (u. a. § 28 BBG, § 15 BeamtStG) ausdrücklich normiert. Ihre Rechtmäßigkeit ist an die Erfüllung bestimmter Voraussetzungen geknüpft. Sie ist deshalb ein Verwaltungsakt gemäß § 35 Satz 1 VwVfG (BVerwGE 60, 144/147 f.).

126. Welche Klageart ist statthaft, wenn *K* gegen ihre Versetzung an eine andere Schule verwaltungsgerichtlich vorgehen möchte?

Eine Versetzung ist ein Verwaltungsakt i. S. d. § 35 Satz 1 VwVfG. Statthafte Klageart ist daher eine Anfechtungsklage gemäß § 42 Abs. 1 Var. 1 VwGO. Zulässig ist eine **Anfechtungsklage** jedoch nur, sofern *K* der Versetzung nicht zugestimmt hat. Anderenfalls würde das Rechtsschutzbedürfnis fehlen.

127. Nach erfolglosem Widerspruchsverfahren hat *K* Klage gegen ihre Versetzung an eine andere Schule erhoben. Muss die *K* der Versetzungsverfügung gleichwohl Folge leisten?

Grundsätzlich ja. Gemäß § 126 Abs. 4 BBG (§ 54 Abs. 4 BeamtStG) haben Widerspruch und Anfechtungsklage gegen die Versetzung (oder die Abordnung) **keine aufschiebende Wirkung.** § 126 Abs. 4 BBG (§ 54 Abs. 4 BeamtStG) stellt einen „anderen, durch Bundesgesetz vorgeschriebenen Fall" im Sinne des § 80 Abs. 2 Satz 1 Nr. 3 VwGO dar. Will *K* der Versetzung während des laufenden verwaltungsgerichtlichen Verfahrens auf keinen Fall Folge leisten müssen, bleiben ihr nur zwei Möglichkeiten: Entweder stellt sie bei der Schulbehörde, die die Versetzungsverfügung erlassen hat, einen Antrag auf Aussetzung der Vollziehung (§ 80 Abs. 4 VwGO) oder sie beantragt beim Verwaltungsgericht die Anordnung der aufschiebenden Wirkung ihrer anhängigen Anfechtungsklage (§ 80 Abs. 5 Satz 1 Var. 1 VwGO). Letzteres ist in der Praxis regelmäßig erfolgversprechender.

128. Warum schließt § 126 Abs. 4 BBG (§ 54 Abs. 4 BeamtStG) die aufschiebende Wirkung von Widerspruch und Anfechtungsklage gegen die Versetzung aus?

Es sind verwaltungspraktische Gründe, die den Gesetzgeber dazu bewogen haben, die Ausschlussklausel in § 126 Abs. 4 BBG (§ 54 Abs. 4 BeamtStG) einzuführen. Die Beseitigung der aufschiebenden Wirkung von Rechtsbehelfen gegen die Versetzung (oder Abordnung) soll die Verwaltung in die Lage versetzen, personelle Planungen möglichst rasch und unabhängig von der Ungewissheit über die Dauer der Erledigung eines Rechtsmittels umzusetzen (vgl. die amtliche Begründung des Entwurfs eines Gesetzes zur Reform des öffentlichen Dienstrechts v. 6.3.1996, BT-Drucks. 13/3994, S. 35 zu Nr. 18). Zudem gehört die grundsätzliche Bereitschaft des Beamten zu seiner Versetzung (oder Abordnung) sogar zu seinen Dienstpflichten. Bei einer zurückstufenden Versetzung gemäß § 28 Abs. 3 BBG ist dies zwar nicht ganz unproblematisch, da diese Art der Versetzung besonders schwer in die Rechtsstellung des betroffenen Beamten eingreift. Bei erheblichen Zweifeln an der Rechtmäßigkeit der Versetzung kann das Verwaltungsgericht jedoch die aufschiebende Wirkung eines Rechtsbehelfs gegen die Versetzung nach § 80 Abs. 5 VwGO anordnen.

129. *S* arbeitet als Sachbearbeiter im Bundesministerium des Innern und für Heimat in Berlin. Auf seinen Antrag soll er zum Ministerium des Innern des Landes Nordrhein-Westfalen in Düsseldorf versetzt werden.

a) Ist eine Versetzung des *S* von einem Dienstherrn zu einem anderen Dienstherrn überhaupt möglich?

b) Sind die Personalvertretungen zu beteiligen?

a) Ja. Nach § 28 Abs. 1 und 2 BBG (§ 15 Abs. 1 BeamtStG) kann ein Beamter auch über den Bereich des Bundes oder eines Landes hinaus zu einem anderen Dienstherrn versetzt werden. Die Versetzung wird von dem abgebenden im Einverständnis mit dem aufnehmenden Dienstherrn verfügt; das Einverständnis ist schriftlich zu erklären (§ 28 Abs. 5 BBG, § 15 Abs. 3 Satz 1 BeamtStG). Ist dem abgebenden Dienstherrn die **Einverständniserklärung des aufnehmenden Dienstherrn** nicht oder nicht formgerecht zugegangen ist, ist die Versetzung unwirksam (BVerwG, NVwZ-RR 2003, 370).

b) Ja. Dass die Versetzungsverfügung zunächst der **Mitbestimmung des Personalrats** der abgebenden Dienststelle, hier des Bundesministeriums des Innern und für Heimat, bedurfte, folgt unmittelbar aus dem Wortlaut des § 76 Abs. 1 Nr. 4 BPersVG. Danach hat der Personalrat bei der Versetzung eines Beamten zu einer anderen Dienststelle mitzubestimmen. Zuständig für diese Mitbestimmung ist somit der Personalrat derjenigen Dienststelle, welche die Versetzung verfügt. Darüber hinaus ist auch die Personalvertretung der aufnehmenden Dienststelle zu beteiligen, wenn die Versetzung auf einem Zusammenwirken der aufnehmenden und der abgebenden Dienststelle beruht und die aufnehmende Dienststelle einen bestimmenden Einfluss auf die Versetzung ausübt. Einen bestimmenden Einfluss hat das BVerwG angenommen, wenn an der Versetzung eines Beamten Dienststellen unterschiedlicher Dienstherren beteiligt sind, sodass für die Versetzung gemäß § 28 Abs. 5 BBG (§ 15 Abs. 3 BeamtStG) das schriftlich zu erklärende Einverständnis des aufnehmenden Dienstherrn erforderlich ist (BVerwGE 78, 257/260 f.; OVG Münster, PersV 1995, 499). So verhält es sich hier. Gemäß § 72 Abs. 1 Satz 1 Nr. 5 LPVG NRW muss daher ebenfalls der Personalrat des nordrhein-westfälischen Innenministeriums mitbestimmen.

130. Lehrer *L* ist als Studienrat an einem Gymnasium in Niedersachsen beschäftigt. Aus privaten Gründen möchte er gerne nach Baden-Württemberg umziehen und dort an einem Gymnasium tätig werden. Das Land Baden-Württemberg ist mit einer Versetzung des *L* aus Niedersachsen jedoch nicht einverstanden.

a) Besteht ein Anspruch des *L* auf Übernahme in den Schuldienst des Landes Baden-Württemberg?

b) Wie ist eine Versagung des Einverständnisses rechtlich einzuordnen?

a) Nein. So wie der Dienstherr auch bei Vorliegen aller gesetzlichen Voraussetzungen grundsätzlich nicht auf Antrag des Beamten verpflichtet ist, eine Versetzungsverfügung zu erlassen, ist auch der aufnehmende Dienstherr nicht verpflichtet, sein Einverständnis zur Übernahme des jeweiligen Beamten zu erteilen. Er hat vielmehr seine Entscheidung nach pflichtgemäßem Ermessen zu treffen (BVerwGE 75, 133/135; bestätigt von BVerwGE 122, 58/61).

b) Die **Einverständniserklärung des aufnehmenden Dienstherrn** gemäß § 28 Abs. 5 BBG (§ 15 Abs. 3 Satz 1 BeamtStG) ist lediglich eine verwaltungsinterne Mitwirkungshandlung, hingegen kein Verwaltungsakt i. S. d. § 35 Satz 1 VwVfG. So fehlt dem Einverständnis an der für die Qualifizierung als Verwaltungsakt erforderlichen Außenwirkung, weil der Adressat der Erklärung allein der Dienstherr ist, in dessen Dienst der Beamte noch steht. Die Einverständniserklärung begründet auch keine unmittelbare Rechtsfolge, da sie dem Beamten keinen Anspruch auf Versetzung verschafft und den gegenwärtigen Dienstherrn nicht zur Versetzung verpflichtet. Zudem ist das dem abgebenden Dienstherrn gegenüber zu erklärende Einverständnis keine hoheitliche Maßnahme; denn die beteiligten Dienstherren stehen sich nicht in einem Über- und Unterordnungs-, sondern in einem Gleichordnungsverhältnis gegenüber (BVerwGE 122, 58/61; OVG Münster, ZBR 2015, 55 f.; a. A. noch BVerwGE 75, 133/135). Als bloße

Verfahrenshandlung ist das Einverständnis nach § 28 Abs. 5 BBG (§ 15 Abs. 3 Satz 1 BeamtStG) daher einer isolierten gerichtlichen Überprüfung gemäß § 44a VwGO entzogen.

3. Abordnung

131. Was unterscheidet die Abordnung von der Versetzung?

Eine Abordnung ist die vorübergehende vollständige oder teilweise Übertragung einer dem Amt des Beamten entsprechenden Tätigkeit bei einer anderen Dienststelle desselben oder eines anderen Dienstherrn unter Beibehaltung der Zugehörigkeit zur bisherigen Dienststelle (vgl. § 27 Abs. 1 BBG, § 14 Abs. 1 BeamtStG). Während der Beamte seine Behörde bei der Versetzung auf Dauer verlässt, übernimmt er bei der Abordnung nur vorübergehend ein Aufgabengebiet in einer anderen Behörde. Die Abordnung unterscheidet sich somit durch die Befristung von der Versetzung (*Reich,* BeamtStG, 3. Aufl. 2018, § 14 Rn. 3).

132. Inwieweit hat eine Abordnung Auswirkungen auf das Amt im statusrechtlichen, im abstrakt-funktionellen und im konkret-funktionellen Sinne?

Bei der Abordnung wird dem Beamten vorübergehend eine seinem Amt (im statusrechtlichen Sinne) entsprechende Tätigkeit bei einer anderen Dienststelle – unter Beibehaltung der Zugehörigkeit zur bisherigen Dienststelle – übertragen (§ 27 Abs. 1 Satz 1 BBG). Das Amt im statusrechtlichen Sinne ändert sich damit nicht. Der Beamte behält auch sein bisheriges Amt im abstrakt-funktionellen Sinne und wird weiter auf seiner Planstelle bei der abordnenden Behörde geführt (unzutreffend *Schmidt,* Beamtenrecht, 2017, Rn. 200, der die weiterhin bestehende Zugehörigkeit zur bisherigen Dienststelle übersieht; richtig hingegen *Wichmann,* in: ders./Langer, Öffentliches Dienstrecht, 8. Aufl. 2017, Rn. 180; dazu auch BVerwGE 126, 182/183 f.). Lediglich sein Amt im konkret-funktionellen Sinne ändert sich infolge der Abordnung an eine andere Behörde.

133. *A* ist als Sachbearbeiter im gehobenen Dienst des Ministeriums des Innern des Landes Nordrhein-Westfalen tätig. Er soll bis zu seinem Eintritt in den Ruhestand in drei Jahren zur Bezirksregierung in Köln abgeordnet werden. Ist die Abordnung des *A* materiell rechtmäßig?

Nein, die Abordnung des *A* ist materiell rechtswidrig. Die Abordnung ermöglicht es dem Dienstherrn, einem Beamten aus dienstlichen Gründen vorübergehend ganz oder teilweise eine seinem Amt entsprechende Tätigkeit bei einer anderen Behörde zu übertragen. In Abgrenzung zur Abordnung steht die (dauerhafte) Versetzung eines Beamten in ein anderes Amt einer Laufbahn, für die er die Befähigung besitzt. Dieser Unterschied zwischen Abordnung und Versetzung zwingt den Dienstherrn dazu, dass er zur dauerhaften Eingliederung eines Beamten in eine andere Dienststelle das Mittel der Versetzung wählt, im Falle der vorübergehenden Eingliederung hingegen auf die Maßnahme der Abordnung zurückgreift.

Die Dauer der Abordnung des *A* bis zum Eintritt in den Ruhestand lässt erkennen, dass er nicht nur vorübergehend bei einer anderen Dienststelle tätig sein soll. Zwar kann eine Abordnung grundsätzlich auch für einen mehrjährigen Zeitraum verfügt werden (vgl. § 27 Abs. 3 Satz 1 Nr. 1 BBG, § 14 Abs. 3 Satz 2 BeamtStG). Der Charakter der Abordnung als eine *vorübergehende* Maßnahme setzt indes voraus, dass die Rückkehr des Beamten zu seiner bisherigen Dienststelle beabsichtigt und absehbar ist oder dass eine andere Maßnahme an eine kurzfristige Abordnung anschließt (so z. B. im Falle der Abordnung mit dem Ziel der Versetzung). Diesen Anforderungen wird die Abordnung des *A* jedoch nicht gerecht. Denn seine Rückkehr zum Ministerium des Innern ist gerade nicht beabsichtigt.

134. Darf der Dienstherr einem Beamten beliebig vorübergehend neue Aufgaben in einer anderen Dienststelle übertragen?

Nein. Eine Abordnung ist nur „aus dienstlichen Gründen" (vgl. § 27 Abs. 2 Satz 1 BBG, § 14 Abs. 1 BeamtStG) zulässig. Dienstliche Gründe können – wie bei der Versetzung – sowohl in der Person des Beamten (z. B. besondere Eignung für einen Dienstposten) als auch in der Personalsituation (z. B. Personalmangel in der aufnehmenden oder Personalüberhang in der abgebenden Behörde) begründet sein.

135. *A* leitet als Ministerialrätin (BesGr. A 16 LBesO) das Referat „Europa/ Fördermittel" im Thüringer Ministerium für Infrastruktur und Landwirtschaft. Da *A* innerhalb des Ministeriums von ihrem Vorgesetzten als „überkritische" Mitarbeiterin empfunden wird, soll sie an das Amt Meiningen auf einen Dienstposten der BesGr. A 14 LBesO abgeordnet werden. Ist die Abordnung rechtmäßig?

Nein, die Abordnung ist rechtswidrig.

1. Zunächst kommt keine Abordnung auf Grundlage des § 14 Abs. 1 BeamtStG (§ 27 Abs. 1 BBG) in Betracht. § 14 Abs. 1 BeamtStG (§ 27 Abs. 1 BBG) ermöglicht die vorübergehende **Übertragung einer dem Amt des Beamten „entsprechenden Tätigkeit" bei einer anderen Dienststelle** desselben oder eines anderen Dienstherrn. Bei der Frage, ob dem Beamten eine seinem Amt „entsprechende Tätigkeit" übertragen worden ist, sind das Amt im konkret-funktionellen Sinne, zu dessen Wahrnehmung die Abordnung erfolgt, und sein statusrechtliches Amt in Beziehung zu setzen (OVG Münster, ZBR 2004, 397). Zwar gehört die konkrete Zuweisung des neuen Dienstpostens im Fall des § 14 Abs. 1 BeamtStG (§ 27 Abs. 1 BBG) grundsätzlich nicht zum Inhalt der Abordnungsverfügung, sondern erfolgt durch die neue Dienststelle. Allerdings muss eine amtsangemessene Tätigkeit bei der neuen Dienststelle überhaupt zu erwarten sein. Davon ist vorliegend nicht auszugehen. Denn die für *A* vorgesehenen Aufgaben im Amt Meiningen sind nur mit BesGr. A 14 LBesO bewertet und entsprechen somit nicht ihrem statusrechtlichen Amt.
2. Denkbar ist daher allenfalls eine Abordnung nach § 14 Abs. 2 BeamtStG (§ 27 Abs. 2 BBG). Nach § 14 Abs. 2 BeamtStG (§ 27 Abs. 2 BBG) ist die Abord-

nung eines Beamten auch zu einer dem Amt des Betreffenden „nicht entsprechenden Tätigkeit" dann zulässig, wenn diesem die Wahrnehmung der neuen Tätigkeit auf Grund seiner Vorbildung oder Berufsausbildung zuzumuten ist. Voraussetzung hierfür ist das Vorliegen „dienstlicher Gründe". Der Wortlaut des Gesetzes gibt keinen näheren Aufschluss, was unter dem Begriff der „dienstlichen Gründe" zu verstehen ist. Da die Intensität des Eingriffs in die subjektive Rechtsstellung des betroffenen Beamten bei der nicht amtsgemäßen Abordnung höher als bei einer amtsentsprechenden Abordnung ist, müssen an die Rechtmäßigkeit einer Abordnung nach § 14 Abs. 2 BeamtStG (§ 27 Abs. 2 BBG) zum Schutz des Beamten höhere Anforderungen als bei einer Abordnung nach § 14 Abs. 1 BeamtStG (§ 27 Abs. 1 BBG) gestellt werden. Die erhöhten Anforderungen betreffen namentlich den unbestimmten Rechtsbegriff der „dienstlichen Gründe", der eng ausgelegt werden muss. „**Dienstliche Gründe als Voraussetzung einer nicht amtsentsprechenden Abordnung** können sich danach nur aus einer besonderen, der dienstlichen Sphäre zuzurechnenden Sachlage ergeben, deren Beschaffenheit […] einen dringenden Handlungsbedarf in Richtung auf die Abordnung auslöst" (VGH Mannheim, ESVGH 58, 205/207; VG Gera, LKV 2014, 93 f.). Im vorliegenden Fall sind solche „dienstlichen Gründe" für die Abordnung zu einer um zwei Besoldungsstufen „unterwertigen" Tätigkeit nicht festzustellen. Denn das Rechtsinstitut der Abordnung nach § 14 Abs. 2 BeamtStG (§ 27 Abs. 2 BBG) soll offensichtlich zur Disziplinierung der *A* verwendet werden. Dazu dient es jedoch nicht.

136. ***G*** **wird aus dienstlichen Gründen zulässigerweise für drei Jahre von der Generalzolldirektion in Bonn an das Bundesministerium der Finanzen in Berlin abgeordnet. Bedarf die Abordnung seiner Zustimmung?**

Ja. Gemäß § 27 Abs. 3 Satz 1 BBG bedarf die Abordnung zu einer nicht dem bisherigen Amt entsprechenden Tätigkeit der **Zustimmung des Beamten,** wenn sie länger als zwei Jahre dauert oder zu einem anderen Dienstherrn erfolgt (anders § 14 Abs. 3 Satz 1 BeamtStG: stets Zustimmung erforderlich). Ausnahmsweise ist die Abordnung zu einem anderen Dienstherrn ohne Zustimmung zulässig, wenn die neue Tätigkeit einem Amt mit demselben Endgrundgehalt auch einer anderen Laufbahn entspricht und nicht länger als fünf Jahre dauert (§ 27 Abs. 3 Satz 2 BBG, § 14 Abs. 3 Satz 2 BeamtStG). Liegen die Voraussetzungen einer zustimmungsfreien Abordnung nicht vor, ist die Abordnung ein mitwirkungsbedürftiger Verwaltungsakt, der der Zustimmung des Beamten bedarf. Fehlt die Zustimmung, ist die Abordnung zwar rechtswidrig und anfechtbar, aber nicht nichtig (ausführlich *Hilg,* ZBR 2006, 109 ff.). Vorliegend dauert die Abordnung des *G* drei Jahre und ist deshalb gemäß § 27 Abs. 3 Satz 1 Nr. 1 BBG (§ 14 Abs. 3 Satz 1 BeamtStG) zustimmungspflichtig.

137. Wer ist bei einer Abordnung Dienstvorgesetzter des abgeordneten Beamten?

Bei einer Abordnung gehört der abgeordnete Beamte weiterhin seiner bisherigen Dienststelle an (vgl. § 27 Abs. 1 Satz 1 BBG). Er behält somit seinen alten **Dienst-**

vorgesetzten und bekommt zugleich bei seiner neuen Behörde einen neuen Dienstvorgesetzten. Die Zuständigkeit für beamtenrechtliche Entscheidungen wird zwischen beiden Dienstvorgesetzten aufgeteilt. Der Dienstvorgesetzte bei der Stammdienststelle ist weiterhin zuständig für grundlegende Entscheidungen über die statusrelevanten und persönlichen Angelegenheiten des Beamten, wie z. B. Beförderungen. Der neue Dienstvorgesetzte ist zuständig für Entscheidungen über die mit der konkreten Dienstausübung zusammenhängenden Angelegenheiten, wie etwa die Gewährung von Urlaub oder Sonderurlaub.

138. ***T*** **ist eine der Deutsche Telekom AG gesetzlich zur Beschäftigung zugewiesene Beamtin im Rang einer Postobersekretärin (BesGr. A 7 BBesO). Für die Dauer eines Jahres wird sie zur Bundesnetzagentur abgeordnet. In der Telekom-Arbeitszeitverordnung wurde die regelmäßige Arbeitszeit auf 34 Stunden pro Woche festgelegt. Ihr neuer Vorgesetzter bei der Bundesnetzagentur fordert nun von** ***T*** **– entsprechend der Arbeitszeitverordnung des Bundes – eine regelmäßige wöchentliche Arbeitszeit von 41 Stunden.** ***T*** **fragt sich, nach wessen Recht sich ihre Arbeitszeit richtet.**

Wird ein Beamter des Bundes zur vorübergehenden Beschäftigung zu einem Land, einer Gemeinde, einem Gemeindeverband oder einer sonstigen, nicht der Bundesaufsicht unterstehenden Körperschaft, Anstalt oder Stiftung des öffentlichen Rechts abgeordnet, sind, soweit zwischen den Dienstherren nichts anderes vereinbart ist, die für den Bereich des aufnehmenden Dienstherrn geltenden Vorschriften über die Pflichten und Rechte der Beamten mit Ausnahme der Regelungen über Diensteid, Amtsbezeichnung, Zahlung von Bezügen, Krankenfürsorgeleistungen und Versorgung entsprechend anzuwenden (§ 27 Abs. 5 BBG, § 14 Abs. 4 Satz 2 BeamtStG). Zwar regelt § 27 Abs. 5 BBG nicht die **Rechtsfolgen der Abordnung zu einem anderen Dienstherrn** auf Bundesebene, also etwa von der Deutsche Telekom AG zur Bundesnetzagentur. Entsprechendes gilt nach § 14 Abs. 4 Satz 2 BeamtStG für Dienstherrenwechsel innerhalb eines Landes. § 27 Abs. 5 BBG kann aber in solchen Fällen entsprechend angewendet werden. Entscheidend ist, dass die Vorschrift eine Normkollision regelt, die dadurch eintritt, dass für den Stammdienstherrn und für den Abordnungsdienstherrn unterschiedliches Recht gilt (VG Ansbach, ZBR 2010, 138/139). Aus dem Rechtsgedanken des § 27 Abs. 5 BBG (§ 14 Abs. 4 BeamtStG) folgt somit, dass sich die Besoldung der abgeordneten *T* nach dem Recht ihres Stammdienstherrn, die Arbeitszeit dagegen nach dem Recht des Abordnungsdienstherrn richtet. *T* hat daher bei der Bundesnetzagentur eine regelmäßige Wochenarbeitszeit von 41 Stunden.

139. ***T*** **hat gegen die Abordnung zur Bundesnetzagentur Widerspruch eingelegt, da ihr die regelmäßige Wochenarbeitszeit von 41 Stunden zu hoch erscheint. Muss** ***T*** **der Abordnungsverfügung gleichwohl Folge leisten?**

Ja, *T* muss der Abordnungsverfügung Folge leisten. Widerspruch und Anfechtungsklage gegen eine Abordnung entfalten keine aufschiebende Wirkung (§ 126 Abs. 4

BBG, § 54 Abs. 4 BeamtStG). *T* bleibt nur die Möglichkeit, bei der Bundesnetzagentur die Aussetzung der Vollziehung gemäß § 80 Abs. 4 VwGO oder beim Verwaltungsgericht die Anordnung der aufschiebenden Wirkung gemäß § 80 Abs. 5 Satz 1 Var. 1 VwGO zu beantragen.

4. Zuweisung

140. *P* ist als Polizeihauptkommissar bei der Bundespolizeidirektion 11 beschäftigt und gehört dort den Spezialkräften „Polizeiliche Schutzaufgaben Ausland der Bundespolizei" an. *P* soll für die Dauer eines Jahres Aufgaben in der ausländischen Niederlassung der Deutsche Lufthansa AG in São Paulo in Brasilien übernehmen, um Gefahren angesichts eines drohenden terroristischen Anschlags abzuwehren. Ist die Aufgabenübertragung an *P* beamtenrechtlich zulässig?

Ja. Es handelt sich um eine **Zuweisung** gemäß § 29 Abs. 1 Satz 1 Nr. 2 BBG (§ 20 Abs. 1 Nr. 2 BeamtStG). Eine Zuweisung i. S. d. § 29 BBG (§ 20 BeamtStG) ist ein Verwaltungsakt, durch den einem Beamten vorübergehend eine gleichwertige Tätigkeit bei einer nichtdienstherrenfähigen öffentlichen oder privaten Einrichtung im In- oder Ausland zugewiesen wird. Bei der Zuweisung handelt es sich um eine abordnungsähnliche Beurlaubung (OVG Koblenz, NVwZ-RR 2006, 804/805). Die Zuweisung muss im dienstlichen oder öffentlichen Interesse erforderlich sein. Aufgrund der Ausbildung und besonderen Fachkunde des *P* einerseits und dem Interesse der Öffentlichkeit an seiner Tätigkeit in der Niederlassung der Deutsche Lufthansa AG in São Paulo wird hier ein dienstliches Interesse an der Zuweisung zu bejahen sein (allgemein zur Zuweisung *Schönrock,* ZBR 2010, 222 ff.).

141. Welche Fälle der Zuweisung sind gesetzlich in § 29 BBG (§ 20 BeamtStG) geregelt?

§ 29 BGB (§ 20 BeamtStG) regeln drei Fälle einer Zuweisung. Gemäß § 29 BBG (§ 20 BeamtStG) kann einem Beamten eine Tätigkeit bei

1. einer öffentlichen Einrichtung ohne Dienstherrenfähigkeit (Abs. 1 Satz 1 Nr. 1),
2. einer anderen, also privaten Einrichtung ohne Dienstherrenfähigkeit im Bundesgebiet oder im Ausland (Abs. 1 Satz 1 Nr. 2) oder
3. einer Dienststelle, die ganz oder teilweise in eine öffentlich-rechtlich oder privatrechtlich organisierte Einrichtung der öffentlichen Hand ohne Dienstherrenfähigkeit umgewandelt worden ist (Abs. 2),

zugewiesen werden.

Bei „öffentlichen Einrichtungen" im Ausland handelt es sich in erster Linie um internationale, supranationale und zwischenstaatliche Einrichtungen (*Hebeler/Knappstein,* ZBR 2010, 217/221 f.).

142. Wie wirkt sich eine Zuweisung auf das Beamtenverhältnis des Betroffenen aus?

Bei einer Zuweisung wird dem Beamten eine seinem Amt entsprechende Tätigkeit bei der „Einrichtung" zugewiesen. Nicht jedoch wird der Beamte selbst zugewiesen. Seine Rechtsstellung bleibt vielmehr unberührt, wie § 29 Abs. 3 BBG (§ 20 Abs. 3 BeamtStG) klarstellt. Das bedeutet, dass er sowohl sein Amt im statusrechtlichen als auch im abstrakt-funktionellen Sinne behält. Insbesondere die Vorschriften über den Diensteid, die Amtsbezeichnung, die Besoldung, die Versorgung und die Krankenfürsorge richten sich weiterhin nach dem Recht der bisherigen Dienststelle. Der Dienstherr zahlt daher auch weiterhin die Besoldung (BVerwGE 150, 366 Rn. 21). Allerdings werden die Bezüge, die der Beamte aus seiner Verwendung nach § 29 BBG (§ 20 BeamtStG) erhält, gemäß § 9a Abs. 2 Satz 1 BBesG auf seine Besoldung angerechnet.

Im Übrigen werden mit der Zuweisung nur begrenzte fachliche Weisungsbefugnisse für die Erledigung laufender Aufgaben auf die „Einrichtung" übertragen, bei der dem Beamten eine Tätigkeit zugewiesen wird. Die reine Dienstleistungspflicht des Beamten gegenüber dieser „Einrichtung" beruht auf der Anordnung des Dienstherrn an den zugewiesenen Beamten, Weisungen der „Einrichtung" zu beachten (BayVGH, RiA 2007, 175/176).

143. *P* ist als Polizeihauptkommissar bei der Bundespolizei beschäftigt. *P* soll gegen seinen Willen vorübergehend Aufgaben in der ausländischen Niederlassung der Deutsche Lufthansa AG in São Paulo in Brasilien übernehmen, um Gefahren angesichts eines drohenden terroristischen Anschlags abzuwehren. Ist die Zuweisung rechtmäßig?

Nein, die Zuweisung einer Tätigkeit bei einer anderen Einrichtung i. S. d. § 29 Abs. 1 Satz 1 Nr. 2 BBG erfordert – neben dem öffentlichen Interesse – die **Zustimmung des betroffenen Beamten.** Fehlt die Zustimmung, ist die Zuweisung rechtswidrig, jedoch nicht nichtig (*Kathke,* ZBR 1999, 325/342). Lediglich die Zuweisung bei einer Privatisierung nach § 29 Abs. 2 BBG (§ 20 Abs. 2 BeamtStG) bedarf keiner Zustimmung des Beamten.

144. *P* möchte auf keinen Fall eine Tätigkeit in der ausländischen Niederlassung der Deutsche Lufthansa AG in São Paulo in Brasilien übernehmen und legt deshalb Widerspruch gegen die Zuweisung ein. Muss *P* dennoch seinen Dienst in São Paulo antreten?

Nein, muss *P* nicht. Die Zuweisung wird in § 126 Abs. 4 BBG (§ 54 Abs. 4 BeamtStG) nicht erwähnt. Widerspruch und Anfechtungsklage gegen eine Zuweisung entfalten daher aufschiebende Wirkung gemäß § 80 Abs. 1 VwGO. Die **aufschiebende Wirkung** entfiele allenfalls, wenn die sofortige Vollziehung der Zuweisung gemäß § 80 Abs. 2 Satz 1 Nr. 4, Abs. 3 VwGO besonders angeordnet worden wäre.

5. Umsetzung

145. Worin unterscheidet sich die Umsetzung von der Versetzung, Abordnung und Zuweisung?

Die **Umsetzung** ist die vorübergehende oder dauerhafte Übertragung eines anderen konkret-funktionellen Amtes innerhalb derselben Behörde. Der Beamte behält sein statusrechtliches und sein abstrakt-funktionelles Amt und übernimmt lediglich einen neuen Dienstposten, der nach seiner Wertigkeit dem Amt im statusrechtlichen Sinn zugeordnet ist (VGH Mannheim, NVwZ-RR 2010, 70). Während Versetzung, Abordnung und Zuweisung Verwaltungsakte sind, handelt es sich bei der Umsetzung um eine schlicht-hoheitliche Maßnahme ohne Verwaltungsaktqualität (BVerwGE 60, 144/146 f.).

146. Was ist die Rechtsgrundlage für die Umsetzung eines Beamten?

Die Umsetzung ist – im Gegensatz zur Versetzung, Abordnung und Zuweisung – gesetzlich nicht normiert. Eine gesetzliche Ermächtigungsgrundlage ist auch nicht erforderlich. Bei der Umsetzung handelt es sich um eine dienstliche Anordnung, der die betroffenen Beamten aufgrund ihrer Weisungsgebundenheit Folge zu leisten haben (vgl. § 62 Abs. 1 Satz 2 BBG, § 35 Satz 2 BeamtStG; dazu BVerwG, NVwZ-RR 2008, 547/548). Es ist allgemein anerkannt, dass die Berechtigung des Dienstherrn zur Vornahme von Umsetzungen aus der **Geschäftsleitungs- und Organisationsgewalt** folgt, die der Exekutive inhärent ist (vgl. Art. 65 Satz 2 GG).

147. *R* ist als Regierungsdirektor beim Bundesnachrichtendienst in Pullach bei München beschäftigt. Von seinem Dienstvorgesetzten erhält er die schriftliche Aufforderung, künftig Dienst in der Berliner Dienststelle des Bundesnachrichtendienstes zu verrichten. Da *R* nicht nach Berlin umziehen möchte, legt er gegen diese Aufforderung Widerspruch ein.
a) Um was für eine Maßnahme handelt es sich bei der Aufforderung?
b) Hat *R* einen Anspruch darauf, dass die Aufforderung wieder rückgängig gemacht wird?

a) Die Aufforderung stellt eine Umsetzung dar. *R* wird, ohne dass sein statusrechtliches und sein abstrakt-funktionelles Amt berührt werden, ein Dienstposten innerhalb des Bundesnachrichtendienstes in Berlin zugeordnet. Der Wechsel des Dienstortes ändert an der Qualifizierung der Maßnahme als Umsetzung nichts (vgl. BVerwG, DöD 2007, 172).
b) Nein, *R* hat keinen **Anspruch auf Rückgängigmachung der Umsetzung.** Der Dienstherr kann den Aufgabenbereich eines Beamten aus jedem sachlichen Grund ändern, solange dem Beamten ein amtsangemessener Aufgabenbereich verbleibt. Die Ermessenserwägungen des Dienstherrn können vom Verwaltungsgericht nur darauf überprüft werden, ob sie von Ermessensfehlern, insbesondere

von Willkür geprägt sind (vgl. BVerwG Buchholz 232 § 26 BBG Nr. 41). Der Grund für die Umsetzung des *R* besteht hier darin, dass sein Dienstposten in Pullach im Zuge der Verlagerung des Bundesnachrichtendienstes an den Regierungssitz Berlin ebenfalls dorthin verlagert wird. Die Verlagerung eines Dienstpostens ist aber ein nahe liegender und keinesfalls willkürlicher Grund, den Inhaber des verlagerten Dienstpostens umzusetzen (BVerwG, DöD 2007, 172 f.).

148. *F* ist als Hauptbrandmeister im Einsatzdienst „Brandschutz" einer Berufsfeuerwehr beschäftigt. Sein Dienstplan sah eine durchschnittliche wöchentliche Arbeitszeit von 54 Stunden vor. Unter Verweis auf die Rechtsprechung des Europäischen Gerichtshofs beantragte er, dass seine wöchentliche Arbeitszeit künftig die in Art. 6 Buchst. b der Richtlinie 2003/88/EG vorgeschriebene durchschnittliche Höchstgrenze von 48 Stunden nicht mehr überschreitet. Daraufhin setzte sein Dienstherr den *F* gegen seinen Willen in das Einsatzleitzentrum der Feuerwehr um. Seit seiner Umsetzung muss *F* zwar nur noch 40 Stunden pro Woche arbeiten, erhält aber zugleich eine geringere Erschwerniszulage und damit eine niedrigere Besoldung. War die Umsetzung rechtmäßig?

Nein, die Umsetzung war rechtswidrig. Zunächst stellt das Überschreiten der in Art. 6 Buchst. b der Richtlinie 2003/88/EG festgelegten durchschnittlichen wöchentlichen Höchstarbeitszeit unzweifelhaft einen Verstoß gegen europäisches Unionsrecht dar.

F kann sich gegenüber seinem Dienstherrn allerdings nur dann auf die Bestimmungen der Richtlinie 2003/88/EG berufen, wenn sich die Richtlinie als inhaltlich unbedingt und hinreichend genau darstellt und der Staat die Richtlinie innerhalb der Frist nicht oder nicht hinreichend in nationales Recht umgesetzt hat. Art. 6 Buchst. b der Richtlinie 2003/88/EG erfüllt alle Voraussetzungen, um eine unmittelbare Wirkung zu entfalten. Den Mitgliedstaaten wird eine Verpflichtung zur Erreichung eines eindeutig bestimmten Ergebnisses auferlegt, die durch keine Bedingungen eingeschränkt ist. Der Verpflichtung, für die durchschnittliche wöchentliche Arbeitszeit eine Höchstgrenze von 48 Stunden vorzusehen, ist der Dienstherr in Bezug auf im Einsatzdienst beschäftigte Feuerwehrleute nicht nachgekommen.

Aufgrund ihrer unmittelbaren Wirkung sind alle Träger öffentlicher Gewalt der Mitgliedstaaten verpflichtet, die praktische Wirksamkeit der den Arbeitnehmern in Art. 6 Buchst. b der Richtlinie 2003/88/EG verliehenen Rechte in vollem Umfang zu gewährleisten. Eine Umsetzung gegen den Willen des Arbeitnehmers führt dazu, dass das einem wie dem *F* im Einsatzdienst beschäftigten Feuerwehrmann in Art. 6 Buchst. b der Richtlinie 2003/88/EG verbriefte Recht, die Beschäftigung im Rahmen einer wöchentlichen Höchstarbeitszeit von 48 Stunden auszuüben, ausgehöhlt wird.

Die Umsetzung des *F* gewährleistet daher nicht die praktische Wirksamkeit von Art. 6 Buchst. b der Richtlinie 2003/88/EG und ist daher (unions-)rechtswidrig.

149. Stadtoberamtsrat *S* leitet seit einiger Zeit das städtische Hauptamt. Nach der Wahl des neuen Bürgermeisters *B* kommt es zu ständigen Spannungen zwischen *S* und dem unerfahrenen *B*. Der Bürgermeister ordnet darauf an, dass *S* als Leiter des Hauptamtes abgelöst wird und die Leitung des städtischen Friedhofsamtes zu übernehmen hat. Beide Stellen sind nach BesGr. A 13g LBesO bewertet. Verstößt die Umsetzung gegen Rechte des *S*?

Nein. Zwar hat jeder Beamte einen Anspruch auf Übertragung eines seinem Amt im statusrechtlichen und abstrakt-funktionellen Sinne entsprechenden Amtes im konkret-funktionellen Sinne, d. h. eines amtsgemäßen Aufgabenbereichs (grundlegend BVerwGE 49, 64/67 f.). Der Beamte hat jedoch keinen Anspruch auf unveränderte Ausübung des ihm übertragenen konkret-funktionellen Amtes. Er muss vielmehr eine **Änderung seines dienstlichen Aufgabenbereichs durch Umsetzung** nach Maßgabe seines Amtes im statusrechtlichen Sinne hinnehmen (vgl. BVerwGE 60, 144/150 f. m. w. N.). Danach kann der Dienstherr aus jedem sachlichen Grund den Aufgabenbereich des Beamten verändern, solange diesem ein amtsangemessener Aufgabenbereich verbleibt. Besonderheiten des bisherigen Aufgabenbereichs des Beamten, wie z. B. eine Vorgesetztenfunktion, Beförderungsmöglichkeiten oder ein besonderes gesellschaftliches Ansehen, kommt keine Relevanz zu (BVerwGE 89, 199/201).

Vorliegend wird das statusrechtliche Amt des *S* nicht berührt. Dass der Leiter eines städtischen Hauptamtes eine Tätigkeit mit einem deutlich höheren Ansehen in der Öffentlichkeit und in der Kommunalpolitik ausübt als der Leiter eines Friedhofsamtes, ist ohne Bedeutung. Die Umsetzung verletzt den *S* daher nicht in eigenen Rechten.

150. Bürgermeister *B* ordnet an, dass Stadtoberamtsrat *S* (BesGr. A 139 LBesO) als Leiter des städtischen Hauptamtes abgelöst wird und stattdessen eine „herausgehobene Sachbearbeitung" in der Kämmerei (bewertet nach BesGr. A 12 LBesO) zu übernehmen hat. Kann *S* die Rückumsetzung auf seinen bisherigen Dienstposten verlangen?

Ja. *S* hat einen Anspruch auf Rückgängigmachung der Umsetzung, der im Recht auf amtsangemessene Beschäftigung wurzelt. Das **Recht auf amtsangemessene Beschäftigung** verbietet die Umsetzung auf einen Dienstposten, mit dem gemessen am statusrechtlichen Amt eine „unterwertige" Tätigkeit verbunden ist (vgl. BVerwGE 87, 310/315). Es folgt unmittelbar aus dem Amt im statusrechtlichen Sinn. Dieses verleiht dem Beamten eine besondere subjektive Rechtsstellung, die der Dienstherr grundsätzlich bei allen den Beamten betreffenden Maßnahmen zu beachten hat (vgl. BVerwGE 49, 64/67 f.). Der Beamte kann deshalb die Beseitigung der Folgen von Eingriffen in das Recht auf amtsangemessene Beschäftigung verlangen. Ein solcher Anspruch stellt sich als Folgenbeseitigungsanspruch dar, in dessen Rahmen dem Dienstherrn kein Ermessen eingeräumt ist. Vielmehr ist der frühere Zustand durch Rückumsetzung wiederherzustellen. Dies gilt sogar dann, wenn der bisherige Dienstposten zwischenzeitlich einem anderen Beamten übertragen worden ist. In diesem Fall muss der Dienstherr auch die andere Umsetzung rückgängig machen (SächsOVG, ZBR 2002, 437/438).

151. ***S* erwägt, sich gegen seine Umsetzung in die städtische Kämmerei zur Wehr zu setzen.**

a) **Muss er zunächst Widerspruch gegen die Umsetzung einlegen?**
b) **Entfaltete ein Widerspruch aufschiebende Wirkung?**
c) **Welche Klageart wäre im Hauptsacheverfahren statthaft?**

a) Ja. Zwar ist die Umsetzung eine innerbehördliche Maßnahme ohne Verwaltungsaktqualität. Gemäß § 126 Abs. 2 Satz 1 BBG (§ 54 Abs. 2 Satz 1 BeamtStG) ist jedoch „vor allen Klagen" und damit auch vor Klagen gegen schlicht-hoheitliches Verwaltungshandeln ein **Vorverfahren** nach §§ 68 ff. VwGO durchzuführen.
b) Nein. Da eine Umsetzung kein Verwaltungsakt i. S. d. § 35 VwVfG ist, kommt einem Widerspruch **keine aufschiebende Wirkung** zu. § 80 Abs. 1 und 5 VwGO sind insoweit nicht anwendbar. Vorläufiger Rechtsschutz kommt nur über einen Antrag auf Erlass einer einstweiligen Anordnung gemäß § 123 Abs. 1 VwGO in Betracht.
c) Mangels Verwaltungsaktqualität der Umsetzung ist nur eine **allgemeine Leistungsklage** statthaft, die auf Rückumsetzung gerichtet ist.

V. Beendigung des Beamtenverhältnisses

1. Beendigungsgründe

152. Der Bundesminister der Finanzen fordert zur Gegenfinanzierung neuer Sozialleistungen den Wegfall von Planstellen für Beamtinnen und Beamte. Im Haushaltsplan für das nächste Haushaltsjahr werden deshalb zahlreiche Planstellen in der Bundesverwaltung gestrichen. Kann Regierungsoberamtsrat *B*, Beamter auf Lebenszeit im Bundesministerium für Arbeit und Soziales, deshalb entlassen werden?

Nein, denn das Beamtenverhältnis kann ausschließlich unter den Voraussetzungen beendet werden, die das Gesetz zulässt. Auf Bundesebene zählt § 30 BBG (§ 21 BeamtStG) die Beendigungsgründe abschließend auf. Außer durch den Tod eines Beamten wird ein Beamtenverhältnis in folgenden Fällen beendet:

- Entlassung,
- Verlust der Beamtenrechte,
- Entfernung aus dem Beamtenverhältnis wegen Dienstvergehens,
- Eintritt oder Versetzung in den Ruhestand,
- bei einem Beamtenverhältnis auf Zeit auch durch Zeitablauf.

Bei *B* ist keiner der genannten Beendigungsgründe gegeben.

2. Entlassung

153. Bedarf eine Entlassung aus dem Beamtenverhältnis immer eines Verwaltungsakts?

Nein. Namentlich unter den in § 31 BBG (§ 22 BeamtStG) genannten Voraussetzungen beruht die Entlassung aus dem Beamtenverhältnis nicht auf einem Verwaltungsakt, sondern wird unmittelbar durch das Gesetz angeordnet. In folgenden Fällen wird das Beamtenverhältnis kraft Gesetzes, also „automatisch" beendet:

- Verlust der deutschen Staatsangehörigkeit oder der Staatsangehörigkeit eines der in § 7 Abs. 1 Satz 1 Nr. 1 BBG (§ 7 Abs. 1 Satz 1 Nr. 1 BeamtStG) genannten ausländischen Staaten (§ 31 Abs. 1 Satz 1 Nr. 1 BBG, § 22 Abs. 1 Nr. 1 BeamtStG),
- öffentlich-rechtliches Dienst- oder Amtsverhältnis zu einem anderen Dienstherrn oder zu einer Einrichtung ohne Dienstherrenfähigkeit nach deutschem Recht (§ 31 Abs. 1 Satz 1 Nr. 2 BBG, § 22 Abs. 2 BeamtStG),
- Ernennung zum Berufssoldaten oder Soldaten auf Zeit (§ 31 Abs. 1 Satz 1 Nr. 2 BBG, § 22 Abs. 2 BeamtStG),
- Ableisten einer Probezeit in einer neuen Laufbahn und Ernennung zu Beamten auf Lebenszeit in der neuen Laufbahn (§ 31 Abs. 1 Satz 1 Nr. 3 BBG),
- Erreichen der gesetzlichen Altersgrenze (§ 51 BBG, § 22 Abs. 1 Nr. 1 BeamtStG),

  Beamte in Führungsämtern auf Probe unter den in § 35 BBG (§ 22 Abs. 5 BeamtStG) näher bestimmten Voraussetzungen,

– Bekanntgabe des Bestehens oder endgültigen Nichtbestehens einer Prüfung bei Beamten auf Widerruf im Vorbereitungsdienst (§ 37 Abs. 2 Satz 2 BBG, § 22 Abs. 4 BeamtStG).

154. ***N* ist Beamtin auf Lebenszeit im Ministerium des Innern des Landes Nordrhein-Westfalen. Nach einer für sie erfolgreichen Kommunalwahl in Rheinland-Pfalz wird sie Oberbürgermeisterin der Stadt Koblenz. Welche Konsequenzen ergeben sich daraus für ihr Beamtenverhältnis zum Land Nordrhein-Westfalen?**

Mit der Begründung des Beamtenverhältnisses auf Zeit als Oberbürgermeisterin der Stadt Koblenz endet das Beamtenverhältnis der *N* zum Land Nordrhein-Westfalen durch Entlassung kraft Gesetzes (§ 22 Abs. 2 Satz 1 BeamtStG, vgl. § 31 Abs. 1 Satz 1 Nr. 2 BBG). Der Zweck der Entlassung aus dem früheren Beamtenverhältnis besteht darin, das Bestehen eines „Doppelbeamtenverhältnisses" zu verschiedenen Dienstherren möglichst zu vermeiden. Ein Beamter soll nicht „Diener zweier Herren" sein.

155. Könnte *N* die Entlassung aus dem Beamtenverhältnis auf Lebenszeit zum Land Nordrhein-Westfalen verhindern?

Theoretisch ja. Zwar ist ein Beamter grundsätzlich entlassen, wenn ein öffentlich-rechtliches Dienst- oder Amtsverhältnis zu einem anderen Dienstherrn begründet wird. Etwas anderes gilt jedoch, sofern im Einvernehmen mit dem neuen Dienstherrn die Fortdauer des Beamtenverhältnisses neben dem neuen Dienst- oder Amtsverhältnis angeordnet wird (§ 22 Abs. 2 Satz 1 Halbs. 2 BeamtStG). In diesem Fall stehen zwei Beamtenverhältnisse nebeneinander. Die Anordnung über die Fortdauer des bisherigen Beamtenverhältnisses trifft der bisherige Dienstherr in Gestalt eines Verwaltungsakts. Dafür benötigt er die vorherige Zustimmung des neuen Dienstherrn.

156. Wie ist die Rechtslage, wenn *N* vor ihrer Wahl zur Oberbürgermeisterin der Stadt Koblenz Beamtin auf Lebenszeit im Bundesministerium des Innern und für Heimat gewesen wäre?

Treten Bundesbeamte in ein kommunales Wahlbeamtenverhältnis auf Zeit ein, findet die Vorschrift in § 31 Abs. 1 Satz 1 Nr. 2 BBG keine Anwendung (§ 40 Abs. 3 Satz 1 BBG). Das ursprüngliche Lebenszeitbeamtenverhältnis besteht dadurch weiter. Allerdings ruhen in diesem Fall die Rechte und Pflichten aus dem zuletzt im Beamtenverhältnis wahrgenommenen Amt für die Dauer des Wahlbeamtenverhältnisses (§ 40 Abs. 3 Satz 2 BBG). Wäre *N* also ursprünglich Bundesbeamtin gewesen, würde sie mit der Annahme der Wahl zur Oberbürgermeisterin der Stadt Koblenz nicht kraft Gesetzes aus dem Bundesbeamtenverhältnis entlassen.

157. ***K*** **ist als Beamter auf Lebenszeit in einem Bundesministerium in Berlin tätig. Erfolgreich bewirbt er sich um eine Tätigkeit bei der Europäischen Kommission in Brüssel. Nach einiger Zeit wird** ***K*** **durch die Kommission zum Beamten ernannt. Ist sein Beamtenverhältnis zum Bund damit kraft Gesetzes beendet?**

Ja, *K* wird durch die Ernennung zum Beamten bei der Europäischen Kommission gemäß § 31 Abs. 1 Satz 1 Nr. 2 BBG kraft Gesetzes aus dem Beamtenverhältnis zum Bund entlassen (vgl. § 22 Abs. 2 Satz 1 BeamtStG). Nach dieser Bestimmung ist der Beamte entlassen, wenn er in ein öffentlich-rechtliches Dienst- oder Amtsverhältnis zu einem anderen Dienstherrn oder zu einer Einrichtung ohne Dienstherrenfähigkeit nach deutschem Recht tritt, sofern gesetzlich nichts anderes bestimmt ist.

Das **Dienstverhältnis zur Europäischen Union** ist zwar kein öffentlich-rechtliches Dienst- oder Amtsverhältnis zu einem anderen Dienstherrn i. S. d. § 2 BBG (§ 2 BeamtStG). Denn unter diese Begriffe fallen nur Beamten- oder Amtsverhältnisse nach deutschem Recht und zu einem deutschen Dienstherrn, wie § 2 BBG (§ 2 BeamtStG) klarstellt (vgl. BVerwG, NVwZ-RR 2006, 193/194).

Ein Beamter ist allerdings gemäß der Erweiterung des § 31 Abs. 1 Satz 1 Nr. 2 BBG (§ 22 Abs. 2 Satz 1 Var. 2 BeamtStG) auch entlassen, wenn ein öffentlich-rechtliches Dienstverhältnis zu einer Einrichtung ohne Dienstherrenfähigkeit nach deutschem Recht begründet wird. Dazu zählen zwischenstaatliche, internationale und supranationale Einrichtungen, wie z. B. die Europäische Kommission (*Hebeler,* in: Battis, BBG, 6. Aufl., 2022, § 31 Rn. 5). Die Rechtsfolge des § 31 Abs. 1 Satz 1 Nr. 2 BBG (§ 22 Abs. 2 Satz 1 BeamtStG) tritt freilich nicht ein, wenn der Beamte der Einrichtung nach § 29 BBG (§ 20 BeamtStG) vorübergehend zugewiesen wird.

158. Wer entscheidet darüber, ob die Voraussetzungen der Beendigung eines Beamtenverhältnisses kraft Gesetzes gegeben sind?

Auf Bundesebene entscheidet die oberste Dienstbehörde, ob die Voraussetzungen der Entlassung kraft Gesetzes gegeben sind, und stellt den Tag der Beendigung des Beamtenverhältnisses fest (§ 31 Abs. 2 BBG). Bei der Feststellung handelt es sich nicht nur um einen unverbindlichen Hinweis auf die Rechtslage, sondern um einen **feststellenden Verwaltungsakt** (*Hebeler,* in: Battis, BBG, 6. Aufl., 2022, § 31 Rn. 9). Gegen den Verwaltungsakt kann der Entlassene Widerspruch und Anfechtungsklage erheben (§ 126 Abs. 2 Satz 2 BBG). In den Ländern fehlen entsprechende Regelungen teilweise, so etwa in Nordrhein-Westfalen.

159. Ist in den folgenden Fällen eine Entlassung des Bundesbeamten *B* zulässig?

a) ***B* verweigert aus religiösen Gründen den nach § 64 BBG vorgeschriebenen Diensteid.**
b) ***B* ist zum Zeitpunkt seiner Ernennung 65 Jahre alt.**
c) ***B* beantragt mündlich seine Entlassung.**
d) ***B* wird zum 1. Januar als Nachrücker über eine Landesliste Mitglied im Deutschen Bundestag.**

a) Gemäß § 32 Abs. 1 Nr. 1 BBG (§ 23 Abs. 1 Satz 1 Nr. 1 BeamtStG) ist er zwingend durch Verwaltungsakt zu entlassen (vgl. auch BayVGH, DVBl. 1988, 360 f.).
b) Nach § 32 Abs. 1 Nr. 2 BBG (§ 23 Abs. 1 Satz 1 Nr. 2 BeamtStG) muss *B* durch Verwaltungsakt entlassen werden. Denn er kann nicht in den Ruhestand oder einstweiligen Ruhestand versetzt werden, weil er die versorgungsrechtliche Wartezeit von fünf Jahren (§ 4 Abs. 1 BeamtVG) nicht erfüllt hat.
c) Eine Entlassung ist nicht zulässig. Beamte müssen ihre Entlassung nach § 33 Abs. 1 Satz 1 BBG (§ 23 Abs. 1 Satz 1 Nr. 4 BeamtStG) schriftlich beantragen. Das Entlassungsgesuch des B ist daher unwirksam (*Günther*, ZBR 1994, 197 ff.).
d) Gemäß § 40 Abs. 1 Satz 1 BBG müssen Beamte zwar aus ihrem Amt ausscheiden, wenn sie die Wahl zum Mitglied des Deutschen Bundestags annehmen. Eine Entlassung tritt dennoch nicht ein. Denn nach § 5 Abs. 1 AbgG ruhen die Rechte und Pflichten aus dem Dienstverhältnis eines in den Bundestag gewählten Beamten lediglich vom Tag der Feststellung des Bundeswahlausschusses oder der Annahme des Mandats für die Dauer der Mitgliedschaft. Im Umkehrschluss bleibt das Beamtenverhältnis als solches bestehen.

160. *S* ist Bundespolizei-Kommissarin im Beamtenverhältnis auf Probe. Mit einem Dienstfahrzeug wird *S* schuldhaft in einen Verkehrsunfall verwickelt, in dessen Folge sie wegen Gefährdung des Straßenverkehrs gemäß § 315c Abs. 1 Nr. 1a StGB und unerlaubten Entfernens vom Unfallort gemäß § 142 Abs. 1 StGB zu einer Geldstrafe verurteilt wird. Im Nachgang wird *S* aus dem Beamtenverhältnis entlassen. Ist die Entlassung zu Recht erfolgt?

Ja. Die Entlassung ist rechtmäßig, wenn die Voraussetzungen des § 34 Abs. 1 Satz 1 Nr. 1 BBG (§ 23 Abs. 3 Satz 1 Nr. 1 BeamtStG) gegeben sind. Danach kann ein Beamter auf Probe entlassen werden, wenn bei ihm ein **Verhalten** vorliegt, **das im Beamtenverhältnis auf Lebenszeit mindestens eine Kürzung der Dienstbezüge** zur Folge hätte. Diese Voraussetzungen sind hier erfüllt.

Gemäß § 61 Abs. 1 Satz 1 BBG (§ 34 Abs. 1 Satz 1 BeamtStG) hat sich die Beamtin mit vollem persönlichem Einsatz ihrem Beruf zu widmen. Ihr Verhalten innerhalb und außerhalb des Dienstes muss der Achtung und dem Vertrauen gerecht werden, die ihr Beruf erfordert. Nach § 77 Abs. 1 Satz 1 BBG (§ 47 Abs. 1 Satz 1 BeamtStG) begeht eine Beamtin ein Dienstvergehen, wenn sie schuldhaft die ihr obliegenden Pflichten verletzt. Ein Verhalten der Beamtin innerhalb des Dienstes ist ein Dienstvergehen, wenn es nach den Umständen des Einzelfalles in besonderem Maße geeignet ist, Achtung und Vertrauen in einer für sein Amt oder das Ansehen des Beamtentums bedeutsamen Weise zu beeinträchtigen. Bereits der Umstand, dass sich *S*, nachdem sie mit einem Polizeifahrzeug einen Unfall verursacht hatte, vom Ort des Geschehens entfernte, ohne zuvor angehalten zu haben, um sich über die Folgen des Unfalls zu vergewissern und die Feststellung der Personalien zu ermöglichen, stellt bei einem Polizeibeamten ein Dienstvergehen dar, welches bei einem Lebenszeitbeamten mindestens die Verhängung einer Gehaltskürzung zur Folge hätte. Daneben stellt auch die Gefährdung des Straßenverkehrs ein Dienstvergehen i. S. d. § 77 Abs. 1 BBG (§ 47 Abs. 1 BeamtStG) dar.

Ermessensfehler sind nicht ersichtlich. Dabei ist zu berücksichtigen, dass die Entlassung des Probebeamten bei Vorliegen der tatbestandlichen Voraussetzungen des § 34 Abs. 1 Satz 1 Nr. 1 BBG (§ 23 Abs. 3 Satz 1 Nr. 1 BeamtStG) die vom Gesetzgeber gewollte regelmäßige Rechtsfolge darstellt und deshalb in aller Regel ermessensgemäß ist (BVerwGE 66, 19/25).

161. Regierungsrat *R* ist seit einem Jahr im Beamtenverhältnis auf Probe in einer Bundesbehörde tätig. Er erweist sich als intellektuell schwerfällig sowie wenig belastbar und schafft trotz intensiver Einarbeitung nur ein unterdurchschnittliches Arbeitspensum. Ist eine Entlassung des *R* aus dem Beamtenverhältnis zulässig?

Ja. *R* könnte gemäß § 34 Abs. 1 Satz 1 Nr. 2 BBG (§ 23 Abs. 3 Satz 1 Nr. 2 BeamtStG) mit Ablauf der dreijährigen Probezeit (§ 28 Abs. 1 BLV) entlassen werden, wenn er sich nicht bewährt hat. Da sich allerdings schon nach einem Jahr **Zweifel an seiner Eignung, Befähigung und fachlichen Leistung** ergeben, muss der Dienstherr entscheiden, ob *R* schon vor Ablauf der Probezeit mangels Bewährung nach § 34 Abs. 1 Satz 1 Nr. 2 BBG (§ 23 Abs. 3 Satz 1 Nr. 2 BeamtStG) entlassen wird oder die Probezeit voll ausgeschöpft werden soll. Stehen die fachlichen und geistigen Mängel hinreichend sicher als unveränderlich fest, gebietet es die Schutz- und Fürsorgepflicht des Dienstherrn nach § 78 BBG (§ 45 BeamtStG), die Entlassung nicht hinauszuschieben (BVerwGE 92, 147/148). Andernfalls käme es zu unnötigen Verzögerungen bei der beruflichen Neuorientierung des *R*.

162. Wann ist bei einem Probebeamten eine Bewährung in gesundheitlicher Hinsicht zu verneinen, so dass er nach § 34 Abs. 1 Satz 1 Nr. 2 BBG (§ 23 Abs. 3 Satz 1 Nr. 2 BeamtStG) entlassen werden kann?

Nach früherer Rechtsprechung erforderte eine **Bewährung in gesundheitlicher Hinsicht,** dass sich nach der prognostischen Einschätzung des Dienstherrn künftige Erkrankungen des Beamten und vorzeitige dauernde Dienstunfähigkeit mit einem hohen Grad an Wahrscheinlichkeit ausschließen ließen (BVerwGE 92, 147/149). Diesen Prognosemaßstab hat das BVerwG zwischenzeitlich aufgegeben (BVerwGE 148, 204 Rn. 22 ff.). Daher kann der Dienstherr einem Bewerber die gesundheitliche Eignung für die angestrebte Laufbahn nur dann absprechen, wenn tatsächliche

Anhaltspunkte die Annahme rechtfertigen, er werde mit überwiegender Wahrscheinlichkeit vor Erreichen der gesetzlichen Altersgrenze wegen dauernder Dienstunfähigkeit vorzeitig in den Ruhestand versetzt oder bis zur Pensionierung über Jahre hinweg regelmäßig krankheitsbedingt ausfallen.

163. Ist der Entlassungsgrund der „fehlenden Bewährung" in § 34 Abs. 1 Satz 1 Nr. 2 BBG (§ 23 Abs. 3 Satz 1 Nr. 2 BeamtStG) verwaltungsgerichtlich überprüfbar?

Die frühere Rechtsprechung gestand dem Dienstherrn einen gerichtlich nur eingeschränkt überprüfbaren Beurteilungsspielraum bei der Auslegung und Anwendung des Begriffs der fehlenden Bewährung in § 34 Abs. 1 Satz 1 Nr. 2 BBG (§ 23 Abs. 3 Satz 1 Nr. 2 BeamtStG) zu (BVerwGE 106, 263/266). Die Gerichte kontrollierten lediglich, ob die Verwaltung die gesetzlichen Grenzen des Beurteilungsspielraums überschritten hatte. Konkret prüften die Gerichte, ob der Entlassungsentscheidung ein unrichtiger Sachverhalt zugrunde lag, Verfahrensvorschriften verletzt oder allgemeine Bewertungsmaßstäbe missachtet wurden.

An dieser Rechtsprechung hält das BVerwG jedoch mittlerweile nicht mehr fest, soweit die gesundheitliche Eignung von Beamten auf Probe in Rede steht. Grundsätzlich hat zwar der Dienstherr die gesundheitliche Eignungsprognose auf der Grundlage einer fundierten medizinischen Tatsachengrundlage zu treffen. Es sei aber kein Grund dafür ersichtlich, so das BVerwG, dass die Verwaltungsgerichte gehindert wären, sich auf dieser Grundlage ein eigenes Urteil über die voraussichtliche Entwicklung des Gesundheitszustands eines Probebeamten zu bilden. Demnach haben die Gerichte über die gesundheitliche Eignung von Beamten zu entscheiden, ohne an tatsächliche oder rechtliche Wertungen des Dienstherrn gebunden zu sein. Dem Dienstherrn steht insoweit **kein Beurteilungsspielraum** mehr zu (BVerwGE 147, 244 Rn. 24).

164. *B* ist als Beamter auf Probe im Bundespatentamt in München tätig. In einem vor Ablauf der Probezeit erstellten medizinischen Gutachten stellt der Amtsarzt fest, dass *B* zwar dienstfähig sei, jedoch an Bluthochdruck, Adipositas und Epilepsie leide. Die Berufung in das Beamtenverhältnis auf Lebenszeit befürworte er deshalb nicht. Der Dienstherr des *B* reagiert zunächst nicht. Erst mehr als ein Jahr nach Ablauf der Probezeit nimmt die zuständige Personalsachbearbeiterin *S* das amtsärztliche Gutachten bei Durchsicht der Personalakte des *B* zur Kenntnis. *S* fragt sich, ob der *B* noch entlassen werden kann.

B kann mehr als ein Jahr nach Ablauf der Probezeit gegen seinen Willen nicht mehr entlassen werden. Bei nachhaltigen Zweifeln an der Bewährung des Probebeamten hat der Dienstherr nur die Wahl, entweder die Probezeit zu verlängern oder die Entlassung zu verfügen. Dabei ist der Dienstherr auf Grund der Fürsorgepflicht gehalten, eine Entscheidung über die Frage der Bewährung des Beamten unverzüglich nach Ablauf der Probezeit zu treffen. Insbesondere die **Nichtbewährung des Beamten** muss stets ausdrücklich festgestellt und dem Beamten zur Kenntnis gebracht werden. Trifft der Dienstherr hingegen längere Zeit nach Ablauf der Probezeit keine Entscheidung über die Entlassung oder die Verlängerung der Probezeit, kann er sich nicht mehr mit Erfolg auf die angebliche Nichtbewährung des Beamten während der Probezeit berufen (BVerwGE 92, 147/151). Bei unangemessen langer Verzögerung der Entscheidung über die Bewährung darf der Beamte somit von seiner Bewährung ausgehen (BVerwGE 85, 177/183) und darauf vertrauen, in das Beamtenverhältnis auf Lebenszeit übernommen zu werden (BVerwGE 92, 147/151). Eine Entlassung des *B* gemäß § 34 Abs. 1 Satz 1 Nr. 2 BBG (§ 23 Abs. 3 Satz 1 Nr. 3 BeamtStG) mehr als ein Jahr nach Ablauf seiner Probezeit ist daher unzulässig. Eine Entlassung nach § 34 Abs. 1 Satz 1 Nr. 3 BBG scheitert daran, dass *B* dienstfähig ist. Da das geltende Recht kein Probebeamtenverhältnis auf Lebenszeit kennt (so bereits BVerwGE 19, 344/347 f.), hat *B* einen Anspruch auf Berufung in ein Beamtenverhältnis auf Lebenszeit.

165. *P* ist Beamter auf Widerruf im Vorbereitungsdienst und wird für den Polizeidienst ausgebildet. Zwar schneidet er in den Prüfungen während seines Studiums an der Polizeihochschule überdurchschnittlich ab. Jedoch neigt er dazu, in alkoholisiertem Zustand andere Menschen in ungewöhnlich aggressiver Weise körperlich zu misshandeln und dabei erheblich zu verletzen. Der Präsident der Polizeihochschule will deshalb verhindern, dass *P* im kommenden Jahr seine Laufbahnprüfung ablegt. Wie kann er sein Ziel erreichen?

Der Präsident kann sein Ziel erreichen, indem er den *P* aus dem Beamtenverhältnis entlässt. Rechtsgrundlage für die Entlassung ist § 37 Abs. 1 Satz 1 BBG (§ 23 Abs. 4 Satz 1 BeamtStG), wonach ein Beamter auf Widerruf jederzeit entlassen werden kann. Zwar schränkt § 37 Abs. 2 Satz 1 BBG (§ 23 Abs. 4 Satz 2 BeamtStG) das Ermessen insoweit ein, als dem Beamten im Vorbereitungsdienst Gelegenheit gegeben werden soll, den **Vorbereitungsdienst** abzuleisten und die Laufbahnprüfung abzulegen. Da der Zweck des Vorbereitungsdienstes im Erwerb der Laufbahnbefähigung besteht (vgl. § 7 Nr. 1 BLV), kann eine Entlassung vor dem Bestehen der Prüfung nur ausnahmsweise erfolgen. Anerkannt ist jedoch, dass die Entlassung aus dem Widerrufsbeamtenverhältnis schon vor Teilnahme an der erstrebten Laufbahnprüfung sachgerecht ist, wenn begründete Zweifel an der persönlichen Eignung für die betreffende Laufbahn bestehen (BVerwGE 62, 267/269 f.). So verhält es sich hier. Angesichts seines häufigen Fehlverhaltens fehlen dem *P* offensichtlich die für einen Polizeibeamten unabdingbaren charakterlichen Eigenschaften.

166. *I*, Beamtin auf Lebenszeit beim Bundesamt für Verfassungsschutz, heiratet einen Iraner, nimmt die iranische Staatsangehörigkeit an und verliert gemäß § 25 StAG die deutsche Staatsangehörigkeit. Nach § 32 Abs. 2 BBG wird *I* durch Verwaltungsakt aus dem Beamtenverhältnis entlassen. Der Verwaltungsakt wird ihr am 1. 2. zugestellt.

a) Wann wird die Entlassungsverfügung wirksam?

b) Wird der Zeitpunkt der Wirksamkeit hinausgeschoben, wenn *I* Widerspruch gegen die Entlassungsverfügung erhebt?

a) Die äußere **Wirksamkeit der Entlassungsverfügung** beginnt gemäß § 43 Abs. 1 VwVfG mit ihrer Bekanntgabe, hier also am 1. 2. Die innere Wirksamkeit (Gestaltungswirkung) der Entlassung tritt nach § 38 Satz 2 BBG mit dem Ablauf des Monats ein, der auf den Monat folgt, in dem der Beamtin die Entlassungsverfügung zugestellt wird. *I* ist daher mit Ablauf des 31. März aus dem Beamtenverhältnis entlassen.
b) Wird die Entlassungsverfügung durch Widerspruch oder Klage angefochten, wird ihre innere Wirksamkeit nicht hinausgeschoben. Nach der herrschenden Vollziehbarkeitstheorie ist der Dienstherr lediglich gehindert, belastende Folgerungen aus der Entlassung zu ziehen, solange über die Rechtsbehelfe noch nicht unanfechtbar entschieden ist.

3. Verlust der Beamtenrechte

167. Endet das Beamtenverhältnis in den folgenden Fällen?

a) *L* ist als verbeamtete Lehrerin an einer Grundschule tätig. Von ihrem alkoholabhängigen Ehemann wird sie jahrelang schwer misshandelt. Scheiden lassen will sie sich nicht. Eines Tages tötet *L* ihren erneut betrunkenen und aggressiven Ehemann aus Verzweiflung. Für die Tat wird sie wegen Totschlags gemäß § 212 Abs. 1 StGB zu einer Freiheitsstrafe von 17 Monaten verurteilt. Die Freiheitsstrafe wird zur Bewährung ausgesetzt.

b) Polizist *P* hat infolge des unsachgemäßen Gebrauchs seiner Dienstwaffe versehentlich einen Kollegen erschossen. Er wird wegen fahrlässiger Tötung gemäß § 222 StGB zu einer Freiheitsstrafe von zwölf Monaten verurteilt.

c) Beamter *B* ist in der Vergabestelle einer Behörde für die Beschaffung der IT-Ausrüstung zuständig. Weil er sich als Gegenleistung für den Kauf bestimmter Rechner und Monitore teure Urlaubsreisen von den Verkäufern „sponsern" ließ, wird er wegen Bestechlichkeit gemäß § 332 Abs. 1 StGB zu einer Freiheitsstrafe von sieben Monaten verurteilt.

Das Beamtenverhältnis kann durch **Verlust der Beamtenrechte** enden. Wird ein Beamter im ordentlichen Strafverfahren durch das Urteil eines deutschen Gerichts wegen bestimmter Straftaten verurteilt, endet das Beamtenverhältnis mit der Rechtskraft des Urteils (§ 41 Abs. 1 Satz 1 BBG, § 24 Abs. 1 Satz 1 BeamtStG). Der Sinn der Regelung besteht darin, ein aufwändiges Disziplinarverfahren zu vermeiden, das ohnehin zur Entfernung aus dem Beamtenverhältnis führte. Entsprechendes gilt, wenn die Fähigkeit zur Bekleidung öffentlicher Ämter (Amtsfähigkeit) nach § 45 Abs. 2 StGB aberkannt wird oder ein Beamter aufgrund einer Entscheidung des BVerfG nach Art. 18 GG ein Grundrecht verwirkt hat (§ 41 Abs. 1 Satz 2 BBG, § 24 Abs. 1 Satz 2 BeamtStG).

a) Der Verlust der Beamtenrechte tritt nach § 41 Abs. 1 Satz 1 Nr. 1 BBG (§ 24 Abs. 1 Satz 1 Nr. 1 BeamtStG) bei einer **Verurteilung wegen einer vorsätzlichen Tat zu einer Freiheitsstrafe von mindestens einem Jahr** ein. Im ersten Fall ist *L* wegen einer Vorsatztat zu einer entsprechenden Freiheitsstrafe verurteilt worden. Ihr Beamtenverhältnis endet deshalb mit der Rechtskraft des Strafurteils. Dass die Freiheitsstrafe zur Bewährung ausgesetzt wurde, ist unerheblich (BVerwG, ZBR 1981, 281).

b) *P* handelte „lediglich" **fahrlässig.** Die Voraussetzungen des § 41 Abs. 1 Satz 1 Nr. 1 BBG (§ 24 Abs. 1 Satz 1 Nr. 1 BeamtStG) für einen Verlust der Beamtenrechte sind daher nicht erfüllt. *P* muss allerdings mit einem Disziplinarverfahren rechnen.

c) Wer wegen einer vorsätzlichen Tat, die nach den **Vorschriften über Bestechlichkeit** strafbar ist, zu einer Freiheitsstrafe von mindestens sechs Monaten verurteilt wird, wird ebenfalls der Beamtenrechte verlustig, sofern sich die Tat auf eine Diensthandlung im Hauptamt bezieht (§ 41 Abs. 1 Satz 1 Nr. 2 BBG, § 24 Abs. 1 Satz 1 Nr. 2 BeamtStG). Eine Bestechlichkeit im Neben- oder Ehrenamt reicht folglich nicht aus. Die Voraussetzungen einer Beendigung des Beamtenverhältnisses sind im Fall des *B* erfüllt. Zusätzlich kann auch das Strafgericht neben der Verurteilung zu einer Freiheitsstrafe die Amtsfähigkeit des *B* gemäß § 45 Abs. 2 i. V. m. § 358 StGB aberkennen.

4. Entfernung aus dem Beamtenverhältnis wegen Dienstvergehens

168. Kann ein Beamter wegen eines Dienstvergehens aus dem Beamtenverhältnis entfernt werden?

Ja. Das Beamtenverhältnis kann durch **disziplinarrechtliche Entfernung** enden (§ 30 Nr. 3 BBG, § 21 Nr. 3 BeamtStG). Es handelt sich um die schwerste disziplinarrechtliche Maßnahme, die nur durch Urteil eines Disziplinargerichts verhängt werden darf (vgl. § 5 Abs. 1 Nr. 5 BDiszG). Nach § 13 Abs. 1 BDiszG ist die Entscheidung über die Disziplinarmaßnahme nach der Schwere des Dienstvergehens und unter angemessener Berücksichtigung des Persönlichkeitsbildes des Beamten sowie des Umfangs der Beeinträchtigung des Vertrauens des Dienstherrn oder der Allgemeinheit zu treffen. Die Entfernung aus dem Beamtenverhältnis als disziplinarrechtliche Höchstmaßnahme ist nur zulässig, wenn der Beamte wegen der schuldhaften Verletzung einer ihm obliegenden Pflicht das für die Ausübung seines Amtes erforderliche Vertrauen endgültig verloren hat (§ 13 Abs. 2 Satz 1 BDiszG).

169. Kommt in den folgenden Fällen eine Entfernung aus dem Beamtenverhältnis wegen Dienstvergehens in Betracht?

a) Lehrer *L*, Beamter auf Lebenszeit, erscheint versehentlich wegen eines defekten Weckers verspätet im Unterricht.

b) Lehrer *L*, der versehentlich wegen eines defekten Weckers verspätet im Unterricht erscheint, ist noch Beamter auf Probe.

c) Brandmeister *F* ist als Beamter auf Lebenszeit bei einer kommunalen Berufsfeuerwehr tätig. Wegen seiner Ausbildung zum Rettungsassistenten wird er auch im Rettungsdienst eingesetzt. Während eines Notfalleinsatzes entwendet er einem bewusstlosen Patienten im Rettungswagen einen 50 Euro-Schein.

a) Durch seine einmalige Verspätung hat *L* zwar schuldhaft gegen seine Dienstpflichten nach § 61 Abs. 1 BBG (§ 34 Satz 1 BeamtStG) verstoßen. Da es sich jedoch allenfalls um **leichte Fahrlässigkeit** handelt, liegt kein derart schweres

Dienstvergehen vor, das eine Entfernung des *L* aus dem Dienst rechtfertigen könnte.

b) Die Entlassung eines Beamten auf Probe ist gemäß § 5 Abs. 3 Satz 2 BDiszG i. V. m. § 34 Abs. 1 Satz 1 Nr. 1 BBG (§ 23 Abs. 3 Satz 1 Nr. 1 BeamtStG) wegen eines Verhaltens zulässig, das im Beamtenverhältnis auf Lebenszeit mindestens eine Kürzung der Dienstbezüge zur Folge hätte. Notwendig ist eine Prognose über die bei einem Lebenszeitbeamten verhängte Disziplinarmaßnahme. Eine Kürzung der Dienstbezüge (§ 8 BDiszG) ist, wie sich aus der Aufzählung in § 5 Abs. 1 BDiszG ergibt, eine mittelschwere Disziplinarmaßnahme. Da es sich bei der einmaligen fahrlässigen Verspätung des *L* jedoch nur um ein **leichtes Dienstvergehen** handelt, dürfte eine disziplinarrechtliche Sanktionierung allenfalls in Gestalt eines Verweises (§ 6 BDiszG) infrage kommen. Eine Entfernung des *L* aus dem Dienst ist unzulässig.

c) Feuerwehrbeamte, die zur Brandbekämpfung oder im Rettungsdienst eingesetzt werden, genießen wegen der von ihnen bekämpften Gefahren sowie der häufigen Selbstlosigkeit ihres Einsatzes eine **besondere Vertrauensstellung.** Dieses Vertrauen wird durch einen Diebstahl zerstört, bei dem der Beamte die hilflose Lage eines bewusstlosen Patienten, dessen Schutz ihm als dienstliche Verpflichtung auferlegt war, ausnutzt. Eine disziplinarrechtliche Entfernung des *F* aus dem Beamtenverhältnis ist daher gerechtfertigt (vgl. die Fallgestaltung in BVerwGE 154, 10 ff.).

5. Eintritt oder Versetzung in den Ruhestand

170. *B* ist Beamter auf Lebenszeit in der Verwaltung der Hochschule des Bundes für öffentliche Verwaltung. Am 3. April feiert er seinen 67. Geburtstag.

a) Wann kann *B* in den wohlverdienten Ruhestand treten?

b) Könnte *B* auch in den Ruhestand treten, wenn er erst seit vier Jahren im Dienst wäre?

a) Nach § 30 Nr. 4 BBG (§ 21 Nr. 4 BeamtStG) endet das Beamtenverhältnis durch **Eintritt oder Versetzung in den Ruhestand.** Im Fall des *B* ist ein Eintritt in den Ruhestand kraft Gesetzes gemäß § 51 Abs. 1 BBG (§ 25 BeamtStG) in Betracht zu ziehen. Danach treten Beamte auf Lebenszeit mit dem Ende des Monats in den Ruhestand, in dem sie die für sie jeweils geltende Altersgrenze erreichen. Die sog. Regelaltersgrenze wird mit Vollendung des 67. Lebensjahres erreicht. Somit wird *B* im aktuellen Jahr mit Ende des Monats April in den Ruhestand treten.

b) Der Eintritt in den Ruhestand setzt eine **versorgungsrechtliche Wartezeit** voraus, soweit gesetzlich nichts anderes bestimmt ist (§ 50 BBG, § 32 BeamtStG). Im Bund beträgt die versorgungsrechtliche Wartezeit mindestens fünf Jahre (§ 4 Abs. 1 Satz 1 Nr. 1 BeamtVG). Ist die Wartezeit bei Erreichen der Altersgrenze nicht erfüllt, endet das Beamtenverhältnis nicht durch Eintritt in den Ruhestand, sondern durch Entlassung gemäß § 32 Abs. 1 Nr. 2 BBG (§ 23 Abs. 1 Satz 1 Nr. 2 BeamtStG).

171. ***F,*** **65 Jahre alt und Beamtin auf Lebenszeit, ist in der Bundesbetriebsprüfung beim Bundeszentralamt für Steuern tätig. Da sie „Finanzbeamtin aus Leidenschaft" ist, sieht sie ihrem allmählich näher rückenden Ruhestand mit Schrecken entgegen. Wie könnte** ***F*** **auch nach Vollendung ihres 67. Lebensjahres weiter beim Bundeszentralamt für Steuern arbeiten?**

Wenn die konkreten Dienstgeschäfte nur durch die *F* fortgeführt werden können und ihre Arbeitszeit mindestens die Hälfte der regelmäßigen Arbeitszeit beträgt, kann die für die Versetzung in den Ruhestand zuständige Stelle den Eintritt in den Ruhestand von Amts wegen gemäß § 53 Abs. 2 BBG mit Zustimmung der *F* um bis zu drei Jahre hinausschieben. Darüber hinaus kann der Eintritt in den Ruhestand nach § 53 Abs. 1 BBG auf Antrag der *F* um bis zu drei Jahre hinausgeschoben werden, wenn dies im dienstlichen Interesse liegt und die Arbeitszeit mindestens die Hälfte der regelmäßigen wöchentlichen Arbeitszeit beträgt. Der Antrag ist spätestens sechs Monate vor dem Eintritt in den Ruhestand zu stellen. § 53 Abs. 1 BBG gewährt Beamten allerdings nur ein subjektives Recht auf ermessensfehlerfreie Entscheidung (OVG Münster, OVGE MüLü 55, 103/106; ablehnend BayVGH, NVwZ-RR 1994, 33 f.; dazu *Poguntke,* DÖV 2011, 561/562).

172. Könnte die 65-jährige ***F*** **auch vor Vollendung ihres 67. Lebensjahres in den Ruhestand versetzt werden?**

Ja, grundsätzlich müssen bzw. können Beamte in folgenden Konstellationen durch Verwaltungsakt in den vorzeitigen Ruhestand versetzt werden:

1. Beamte auf Lebenszeit sind in den Ruhestand zu versetzen, wenn sie **dienstunfähig,** d. h. wegen ihres körperlichen Zustands oder aus gesundheitlichen Gründen zur Erfüllung der Dienstpflichten dauernd unfähig sind (§ 44 Abs. 1 Satz 1 BBG, § 26 Abs. 1 Satz 1 BeamtStG).
2. Beamte auf Lebenszeit können auf ihren Antrag in den Ruhestand versetzt werden, wenn sie das 62. Lebensjahr vollendet haben und **schwerbehindert** im Sinne des § 2 Abs. 2 SGB IX sind (§ 52 Abs. 1 BBG).
3. Im Übrigen können Beamte auf Lebenszeit auf ihren Antrag in den Ruhestand versetzt werden, wenn sie das **63. Lebensjahr** vollendet haben (§ 52 Abs. 3 BBG).

173. Bundespolizist ***P*** **ist bei einer Auslandsverwendung an der Deutschen Botschaft in Bagdad/Irak durch einen Bombenanschlag so schwer verletzt worden, dass er dienstunfähig für den Polizeivollzugsdienst geworden ist.** ***P*** **möchte jedoch möglichst weiter aktiv für die Bundespolizei arbeiten. Wie kann sein vorzeitiger Ruhestand abgewendet werden?**

Die Versetzung des *P* in den Ruhestand wegen Dienstunfähigkeit gemäß § 44 Abs. 1 Satz 1 BBG (§ 26 Abs. 1 Satz 1 BeamtStG) kann abgewendet werden

1. durch eine anderweitige Verwendung (§ 44 Abs. 1 Satz 3 BBG, § 26 Abs. 1 Satz 3 BeamtStG), z. B. eine Verwendung des *P* im Innendienst der Bundespolizei, oder

2. bei nur begrenzter Dienstfähigkeit durch eine Minderung der regelmäßigen Arbeitszeit um höchstens die Hälfte unter Beibehaltung des übertragenen Amtes (§ 45 Abs. 1 BBG, § 27 Abs. 1 BeamtStG).
3. Zuletzt kann *P* im Falle der Wiederherstellung seiner Dienstfähigkeit nach Eintritt in den Ruhestand von Amts wegen oder auf Antrag erneut in das Beamtenverhältnis berufen werden (§ 46 Abs. 1 und 5 BBG).

174. Der 50-jährige beim Bundeszentralamt für Steuern tätige Finanzbeamte *F* ist wegen Dienstunfähigkeit gemäß § 44 Abs. 1 BBG (§ 26 Abs. 1 BeamtStG) vorzeitig in den Ruhestand versetzt worden. Da er im Ruhestand erfolgreich eine private Steuerberatungskanzlei betreibt, fordert ihn sein Dienstherr auf, sich zur Prüfung seiner Dienstfähigkeit beim zuständigen Gesundheitsamt einzufinden. *F* kommt der Aufforderung jedoch ohne hinreichenden Grund nicht nach. Daraufhin weist ihn sein Dienstherr an, sich zur Wiederberufung in das Beamtenverhältnis im Personalreferat des Bundeszentralamtes für Steuern einzufinden.

a) Ist *F* verpflichtet, einer erneuten Berufung in das Beamtenverhältnis Folge zu leisten?

b) Wie ist die Rechtslage, wenn *F* Widerspruch gegen die Anordnung einlegt, sich erneut in das Beamtenverhältnis berufen zu lassen?

c) Was kann sein Dienstherr tun, wenn *F* der Anordnung, sich zur Wiederberufung in das Beamtenverhältnis beim Bundeszentralamt für Steuern einzufinden, nicht Folge leistet?

a) Ja. Gemäß § 46 Abs. 1 Satz 1 BBG (§ 29 Abs. 2 Satz 1 BeamtStG) ist ein wegen Dienstunfähigkeit in den Ruhestand versetzter Beamter verpflichtet, einer erneuten Berufung in das Beamtenverhältnis Folge zu leisten. Die Aufforderung zur Reaktivierung setzt u. a. die Erwartung voraus, dass der Beamte den gesundheitlichen Anforderungen des neuen Amtes genügt. Dabei obliegt der Behörde die materielle **Beweislast für das Vorliegen der Voraussetzungen einer erneuten Berufung in das Beamtenverhältnis.** *F* trifft allerdings bei der Feststellung seiner Dienstfähigkeit eine Mitwirkungspflicht, die in § 46 Abs. 7 Satz 1 BBG (§ 29 Abs. 5 Satz 1 BeamtStG) ihren Ausdruck findet. Danach ist *F* zur Nachprüfung der Dienstfähigkeit verpflichtet, sich nach Weisung amtsärztlich untersuchen zu lassen. Ein Verstoß gegen die Mitwirkungspflicht bewirkt zwar keine Umkehr der Beweislast, ist jedoch entsprechend dem in § 444 ZPO enthaltenen allgemeinen Rechtsgrundsatz bei der Beweiswürdigung zu berücksichtigen. So stellt die unberechtigte Weigerung, sich einer amtsärztlichen Untersuchung zu unterziehen, ein erhebliches Indiz für die Dienstfähigkeit des Beamten dar (vgl. BVerwGE 76, 142/143 f.). Deshalb kann die für seine erneute Berufung in das Beamtenverhältnis notwendige Erwartung, *F* werde den gesundheitlichen Anforderungen des neuen Amtes genügen, darauf gestützt werden, dass er sich unentschuldigt einer nach § 46 Abs. 7 Satz 1 BBG (§ 29 Abs. 5 Satz 1 BeamtStG) angeordneten amtsärztlichen Untersuchung entzogen hat.

b) Auch ein Widerspruch berechtigte *F* nicht dazu, der erneuten Berufung in das Beamtenverhältnis nicht Folge zu leisten. Bei einer Aufforderung gemäß § 46

Abs. 1 Satz 1 BBG (§ 29 Abs. 2 Satz 1 BeamtStG) handelt es sich um eine **unselbstständige Verfahrenshandlung** im Sinne von § 44a Satz 1 VwGO, die den mit der angestrebten Reaktivierung einhergehenden Verwaltungsakt vorbereitet. Der Aufforderung fehlt es damit an einer Regelung als Merkmal eines Verwaltungsakts im Sinne von § 35 Satz 1 VwVfG. Der gegen die Aufforderung gerichtete Widerspruch kann daher keine aufschiebende Wirkung gemäß § 80 Abs. 1 VwGO entfalten.

c) Das Bundesministerium der Finanzen als oberste Dienstbehörde kann gemäß § 60 Satz 2 BeamtVG den **Verlust der Versorgungsbezüge** des *F* rechtsverbindlich feststellen. Nach § 60 Satz 1 BeamtVG verliert ein Beamter für die Zeit seine Versorgungsbezüge, in der er entgegen der Vorschrift des § 46 Abs. 1 BBG (§ 29 Abs. 2 Satz 1 BeamtStG) einer erneuten Berufung in das Beamtenverhältnis schuldhaft nicht nachkommt, obwohl er auf die Folgen eines solchen Verhaltens hingewiesen worden ist. Die Tatbestandsvoraussetzungen des § 60 Satz 1 BeamtVG liegen vor. *F* ist verpflichtet, der auf § 46 Abs. 1 BBG (§ 29 Abs. 2 Satz 1 BeamtStG) beruhenden Aufforderung, sich erneut in das Beamtenverhältnis berufen zu lassen, Folge zu leisten. Er handelt zumindest fahrlässig und damit schuldhaft im Sinne des § 60 Satz 1 BeamtVG. *F* muss allerdings gemäß § 60 Satz 1 BeamtVG schriftlich auf die Folgen seines Pflichtverstoßes hingewiesen werden.

175. Der 30-jährige Regierungsrat *R* ist seit einem Jahr im Beamtenverhältnis auf Probe bei einer Behörde beschäftigt. Bei einem Radrennen am Wochenende stürzt er mit seinem Rennrad so schwer, dass er dienstunfähig wird. Wann endet sein Beamtenverhältnis?

1. Da *R* erst 30 Jahre „jung" ist und somit die Regelaltersgrenze von 67 Lebensjahren noch nicht erreicht hat, kann sein Beamtenverhältnis nicht kraft Gesetzes durch Eintritt in den Ruhestand enden (vgl. § 51 Abs. 1 BBG, § 25 BeamtStG).
2. Bereits vor Vollendung des 67. Lebensjahres ist *R* durch Verwaltungsakt in den Ruhestand zu versetzen, wenn er infolge Krankheit, Verwundung oder sonstiger Beschädigung, die er sich ohne grobes Verschulden „bei Ausübung oder aus Veranlassung des Dienstes" zugezogen hat, dienstunfähig geworden ist (§ 49 Abs. 1 BBG, § 28 BeamtStG). Ein Sportunfall in der Freizeit eines Beamten führt allerdings nicht zu einer dienstlich zuzurechnenden Beschädigung (vgl. *Fleig,* ZBR 1993, 142 ff.).
3. Im Übrigen können Beamte auf Probe durch Verwaltungsakt in den Ruhestand versetzt werden, wenn sie aus anderen Gründen dienstunfähig geworden sind (§ 49 Abs. 2 BBG, § 28 Abs. 2 BeamtStG). Die Versetzung in den Ruhestand nach § 49 Abs. 2 BBG (§ 28 Abs. 2 BeamtStG) erfordert allerdings bei Bundesbeamten – im Unterschied zu einer Versetzung nach § 49 Abs. 1 BBG (§ 28 Abs. 1 BeamtStG) – eine Dienstzeit von mindestens fünf Jahren (vgl. § 4 Abs. 1 Satz 1 Nr. 1 und 2 BeamtVG), die sich *R* noch nicht erarbeitet hat.
4. Da sein Beamtenverhältnis auf Probe folglich nicht durch Versetzung in den Ruhestand enden darf, muss *R* zwingend durch Verwaltungsakt gemäß § 34 Abs. 1 Satz 1 Nr. 3 BBG (§ 23 Abs. 1 Satz 1 Nr. 3 BeamtStG) entlassen werden (BVerwG, NVwZ-RR 2002, 130/131).

176. Ministerialdirektor *M* leitet die Abteilung II („Bundeshaushalt") im Bundesministerium der Finanzen. Aufgrund haushaltspolitischer Differenzen möchte ihn der Finanzminister möglichst schnell „loswerden". Welche Möglichkeiten sieht das Beamtenrecht vor?

Der Bundespräsident kann Beamte auf Lebenszeit jederzeit in den **einstweiligen Ruhestand** versetzen, wenn es sich um politische Beamte handelt. Politische Beamte bekleiden ein Amt, bei dessen Ausübung sie in fortdauernder Übereinstimmung mit den grundsätzlichen politischen Ansichten und Zielen der Regierung bzw. des jeweiligen Verfassungsorgans stehen müssen (BVerwGE 115, 89/95). Auf Bundesebene werden politische Beamte in § 54 Abs. 1 BBG aufgezählt (vgl. § 30 BeamtStG). Gesetzliche Vorschriften, nach denen andere politische Beamte in den einstweiligen Ruhestand versetzt werden können, bleiben nach § 54 Abs. 2 BBG unberührt (vgl. etwa § 129 Abs. 2 BBG zum Direktor beim Deutschen Bundestag). *M* unterfällt als Ministerialdirektor dem Katalog in § 54 Abs. 1 BBG. Die Versetzung politischer Beamter ist in das Ermessen des Bundespräsidenten gestellt. Allerdings ist sein Ermessen nicht unbegrenzt, sondern orientiert sich am Zweck des § 54 Abs. 1 BBG (dazu BVerwGE 19, 332/335 f.). Eine Versetzungsentscheidung darf daher zwar nicht willkürlich sein, die politischen Ansichten des Beamten sind jedoch zu berücksichtigen (BVerwGE 115, 89/96 f.; 19, 332/336).

6. Abwahl kommunaler Wahlbeamter

177. *H* ist hauptamtlicher Bürgermeister einer Gemeinde in Nordrhein-Westfalen. Nach einiger Zeit wird die allgemeine Unzufriedenheit mit seiner Amtsführung immer größer. Könnte das Beamtenverhältnis des *H* vorzeitig durch Abwahl beendet werden?

Ja. Bürgermeister können von den Bürgern ihrer Gemeinde vor Ablauf der Amtszeit abgewählt werden. Voraussetzungen und Verfahren der Abwahl regeln die Gemeindeordnungen der Bundesländer. In Nordrhein-Westfalen ist der Bürgermeister abgewählt, wenn sich für die Abwahl eine Mehrheit der abgegebenen gültigen Stimmen der wahlberechtigten Bürger ergibt, sofern diese Mehrheit mindestens 25 Prozent der Wahlberechtigten beträgt (§ 66 Abs. 1 Satz 3 GO NRW). Der Bürgermeister scheidet mit Ablauf des Tages aus dem Amt, an dem der Wahlausschuss die **Abwahl** feststellt (§ 66 Abs. 1 Satz 5 GO NRW). Im Übrigen gilt der Bürgermeister als abgewählt, falls er binnen einer Woche nach dem Ratsbeschluss über die Einleitung eines Abwahlverfahrens oder nach der Feststellung der Zulässigkeit des Bürgerantrags durch den Rat auf die Entscheidung der Bürger über seine Abwahl verzichtet (§ 66 Abs. 2 Satz 3 GO NRW). Mit Ausnahme von Baden-Württemberg und Bayern sehen die Gemeindeordnungen aller Bundesländer vergleichbare Möglichkeiten zur Abwahl kommunaler Wahlbeamter vor.

VI. Pflichten der Beamten

1. Grundlagen

178. Was ist die verfassungsrechtliche Grundlage für die Regelung der Beamtenpflichten im BBG und BeamtStG?

Gemäß Art. 33 Abs. 4 GG ist die Ausübung hoheitsrechtlicher Befugnisse als ständige Aufgabe in der Regel Angehörigen des öffentlichen Dienstes zu übertragen, die in einem öffentlich-rechtlichen Dienst- und Treueverhältnis stehen. Die damit angesprochene **Dienst- und Treuepflicht der Beamten** ist das Gegenstück zur Fürsorgepflicht des Dienstherrn (vgl. § 78 BBG, § 45 BeamtStG). Sie zählt zu den hergebrachten Grundsätzen des Berufsbeamtentums i. S. d. Art. 33 Abs. 5 GG und bildet die verfassungsrechtliche Grundlage für die gesetzliche Ausgestaltung der Beamtenpflichten im BBG und BeamtStG. Konkretisiert wird die Dienst- und Treuepflicht der Beamten in §§ 60 ff. BBG und §§ 33 ff. BeamtStG. Wenngleich die einfachgesetzlichen Vorschriften über die Pflichten der Beamten nach überwiegender Meinung nicht abschließend sind (BVerfGE 15, 167/194 ff.), werden unmittelbar aus der Treuepflicht nur noch weniger bedeutende Obliegenheiten hergeleitet. Zu nennen ist etwa die Pflicht, Besoldungsmitteilungen oder Versorgungsfestsetzungsbescheide zu überprüfen (BVerwGE 40, 212/218).

179. Wozu verpflichtet die Treuepflicht die Beamten?

Die Treuepflicht begründet die Pflicht der Beamten, sich mit ihrem gesamten Verhalten sowohl innerhalb als auch außerhalb des Dienstes für die freiheitlich-demokratische Grundordnung einzusetzen. Sie fordert nicht nur die formale Beachtung des geltenden Rechts, sondern darüber hinaus eine positive innere Einstellung zur grundgesetzlichen Werteordnung. Die Treuepflicht erfasst die Beamten somit in ihrer ganzen Persönlichkeit.

180. Unterliegen auch Tarifbeschäftigte im öffentlichen Dienst einer der Treuepflicht der Beamten vergleichbaren Pflicht?

Nein. Zwar unterliegen auch Tarifbeschäftigte im öffentlichen Dienst dem Gebot der Gesetzmäßigkeit der Verwaltung nach Art. 20 Abs. 3 GG. Natürlich müssen auch sie gemäß § 106 GewO und § 315 BGB die Weisungen ihres Arbeitsgebers befolgen. Allerdings begründet das privatrechtliche Arbeitsverhältnis keine die gesamte Person des Arbeitnehmers umfassende Treuepflicht gegenüber seinem Dienstherrn und Arbeitsgeber (vgl. *Schmidt,* Beamtenrecht, 2017, Rn. 288).

2. Pflicht zum vollen persönlichen Einsatz

181. Regierungsoberamtsrat *G* hat das Endamt seiner Laufbahn erreicht und wird in einigen Jahren in den Ruhestand treten. Da er sich nur noch wenig motivieren kann, möchte er im Dienst ab sofort „kürzertreten" und allenfalls durchschnittliche Leistungen erbringen. Ist sein Verhalten mit der Pflicht zum vollen persönlichen Einsatz nach § 61 Abs. 1 Satz 1 BBG vereinbar?

Nein. Das Erfordernis, das Berufsbeamtentum im Interesse der ordnungsgemäßen Erfüllung der den Beamten übertragenen Aufgaben funktionsfähig zu erhalten, schließt es aus, den einzelnen Beamten die von ihm zu fordernden Leistungen selbst bestimmen zu lassen. Vielmehr verpflichtet § 61 Abs. 1 Satz 1 BBG (§ 34 Abs. 1 Satz 1 BeamtStG) den Beamten, sich **mit vollem persönlichem Einsatz** seinem Beruf zu widmen. Das erfordert – in jedem Fall in verantwortungsvollen Positionen, die nur aufgrund erwiesener Tüchtigkeit und Leistung besetzt werden – „den individuell optimalen und nicht nur einen generell durchschnittlichen dienstlichen Einsatz" (BVerwGE 73, 97/104). Deshalb ist die einseitige Reduzierung der eigenen Arbeitsleistung durch *G* ein Verstoß gegen die Pflicht zum vollen persönlichen Einsatz.

182. Beamtin *E* fühlt sich von ihrem Vorgesetzten unzureichend gewürdigt. Fortan verrichtet sie nur noch „Dienst nach Vorschrift". Bei ihrer täglichen Arbeit führt sie absichtlich alle Dienstvorschriften wortwörtlich aus, sodass die Effektivität der Aufgabenerledigung massiv leidet. Als ihre Vorgesetzte sie auf das schleppende Arbeitstempo anspricht, verweist *E* darauf, dass sie doch alle Gesetze und Richtlinien peinlich genau beachtet habe und ihr deshalb nichts vorgeworfen werden könne. Hat *E* Recht?

Nein. Streikähnliche Maßnahmen, die – wie das als **„Dienst nach Vorschrift"** bezeichnete absichtlich langsame Arbeiten – nicht den vollen Ausfall, sondern nur die teilweise Erfüllung der geforderten Arbeitsleistung zur Folge haben, verletzen die Pflicht zum vollen persönlichen Einsatz im Beruf nach § 61 Abs. 1 Satz 1 BBG (§ 34 Abs. 1 Satz 1 BeamtStG). Von einem Streik unterscheidet sich insbesondere der „Dienst nach Vorschrift" allenfalls graduell. Er wird durch die Anonymität seiner Träger, deren dadurch ermöglichte Flucht aus der Verantwortung und die so verursachte Hilflosigkeit des Dienstherrn charakterisiert. Dem streikähnlichen „Dienst nach Vorschrift" haftet zudem ein Element der Unwahrhaftigkeit und des mangelnden Vertrauens an, was dem in § 4 BBG (§ 3 Abs. 1 BeamtStG) ausdrücklich als „Treueverhältnis" bezeichneten Beamtenverhältnis in besonderem Maße abträglich ist (BVerwGE 53, 330/331 f.).

183. *K* ist als Kriminalkommissarin bei der Kriminalpolizei tätig. Da sie einigen Wochen in der Friedenbewegung aktiv ist, weigert sich *K* aus Gewissensgründen, eine Dienstwaffe zu tragen und an Schießübungen teilzunehmen. Ist ihre Weigerung zulässig?

Nein. Das Grundrecht der Gewissensfreiheit nach Art. 4 Abs. 1 GG wird durch die hergebrachten Grundsätze des Berufsbeamtentums aus Art. 33 Abs. 5 GG eingeschränkt. Zu den hergebrachten Grundsätzen des Berufsbeamtentums zählt auch die Pflicht zum vollen persönlichen Einsatz im Beruf nach § 61 Abs. 1 Satz 1 BBG (§ 34 Abs. 1 Satz 1 BeamtStG). Daher muss *K* grundsätzlich hinnehmen, dass ihr Handlungen obliegen, die dem durch ihre gewählte Laufbahn geprägten Berufsbild wesensgemäß sind. Für Beamte der Kriminalpolizei ist die Ausrüstung mit einer Dienstwaffe wesensgemäß (vgl. BVerwGE 56, 227/229).

184. *D* hat als Dipl.-Ingenieur (FH) für Nachrichtentechnik das statusrechtliche Amt eines Technischen Fernmeldeamtsrates (BesGr. A 12 BBesO) inne. Um seine Kenntnisse auf den neuesten Stand der Technik zu bringen, ordnet sein Dienstherr eine Teilnahme des *D* an der Qualifizierungsmaßnahme „Telekommunikationsinformatik" an der Hochschule für Telekommunikation in Leipzig an. Muss *D* die Qualifizierungsmaßnahme absolvieren?

Ja. Gemäß § 61 Abs. 2 BBG ist ein Beamter verpflichtet, an Maßnahmen der dienstlichen Qualifizierung zur Erhaltung oder Fortentwicklung seiner Kenntnisse und Fähigkeiten teilzunehmen (vgl. VG Regensburg, Beschl. v. 12.10.2012 – RO 1 E 12.1529, juris Tz. 25 ff.); im BeamtStG ist die **Fortbildungspflicht** nicht ausdrücklich normiert. Die angeordnete Teilnahme an der Qualifizierungsmaßnahme „Telekommunikationsinformatik" stellt ohne Weiteres eine Maßnahme i. S. d. § 61 Abs. 2 BBG dar. Denn mit dieser Qualifizierung soll das Fachwissen des *K* als Beamter der gehobenen technischen Laufbahn auf den neuesten Stand der Technik gebracht werden.

185. Polizeioberkommissar *P* leidet seit einiger Zeit an einer grundsätzlich heilbaren Erkrankung im Kniegelenk, die seine Verwendungsfähigkeit im Polizeivollzugsdienst erheblich einschränkt. Zur Wiederherstellung seiner vollen Verwendungsfähigkeit fordert ihn sein Dienstherr auf, sich einem ambulanten operativen Eingriff mit anschließender intensiver Krankengymnastik zu unterziehen. *P* möchte nicht „unters Messer" und fühlt sich in seinem Grundrecht auf körperliche Unversehrtheit nach Art. 2 Abs. 2 Satz 1 GG verletzt. Zu Recht?

Nein. § 61 Abs. 1 Satz 1 BBG (§ 34 Abs. 1 Satz 1 BeamtStG) verpflichtet Beamte, sich mit vollem persönlichem Einsatz ihrem Beruf zu widmen und ihrem Dienstherrn – grundsätzlich auf Lebenszeit – ihre volle Arbeitskraft zur Verfügung zu stellen (BVerwGE 55, 207/236 f.). Diese Pflicht setzt auch voraus, sich zur Erhaltung oder Wiederherstellung der vollen Dienstfähigkeit einer **zumutbaren Heilbehandlung** zu unterziehen (BVerwG, NJW 1991, 766). Ob eine Heilbehandlung zumutbar ist, kann nicht grundsätzlich, sondern nur nach Maßgabe der konkreten Umstände des Einzelfalles beantwortet werden (zur Anordnung einer Entziehungskur bei alkoholabhängigen Beamten BVerwGE 83, 283 ff.). Da es sich bei *P* allerdings „nur" um einen ambulanten Eingriff handelt, dürfte die Zumutbarkeit in seinem Fall gegeben sein. Insofern ist sein Recht auf körperliche Unversehrtheit aus Art. 2 Abs. 2 Satz 1 GG eingeschränkt.

3. Arbeitszeit

186. Leitender Regierungsdirektor *V* ist Vorgesetzter des Oberregierungsrates *O*. Als *V* den *O* eines Nachts um 0.30 Uhr aus dem Bett klingelt, um einen dienstlichen Vermerk am Telefon zu besprechen, ist *O* empört. *V* entgegnet nur, ein Beamter sei nach § 61 Abs. 1 Satz 1 BBG verpflichtet, sich mit vollem persönlichem Einsatz seinem Beruf zu widmen. Er müsse daher 24 Stunden am Tag für seinen Dienstherrn zur Verfügung stehen. Stimmt das?

Nein. Trotz der Pflicht zum vollen persönlichen Einsatz ist ein Beamter nicht „rund um die Uhr" im Dienst. Vielmehr begrenzen die Regelungen über die **Arbeitszeit** in §§ 87 ff. BBG, in der Arbeitszeitverordnung und der Erholungsurlaubsverordnung die Dienstleistungspflicht der Beamten. Gemäß § 3 Abs. 1 AZV beträgt die regelmäßige wöchentliche Arbeitszeit der Beamten des Bundes 41 Stunden (vgl. *Ziemske*, ZBR 2001, 1 ff.). Wenn zwingende dienstliche Gründe dies erfordern und sich die Mehrarbeit auf Ausnahmefälle beschränkt, sind Beamte verpflichtet, ohne Vergütung bis zu fünf Stunden über die regelmäßige wöchentliche Arbeitszeit hinaus Dienst zu tun (§ 88 Satz 1 BBG). Bei einer dienstlich angeordneten oder genehmigten Mehrarbeit von mehr als fünf Stunden im Monat über die regelmäßige Arbeitszeit hinaus, ist Beamten eine entsprechende Dienstbefreiung zu gewähren (§ 88 Satz 2 BBG).

187. Regierungsoberamtsrat *R* möchte sich stärker seinen Hobbies widmen und erwägt, seine wöchentliche Arbeitszeit auf 19 Stunden zu reduzieren. *R* möchte wissen, ob ihm ein Anspruch auf Bewilligung der Teilzeitbeschäftigung zusteht?

Nein. Nach § 91 Abs. 1 BBG kann Beamten, die Anspruch auf Besoldung haben, auf Antrag Teilzeitbeschäftigung bis zur Hälfte der regelmäßigen Arbeitszeit bewilligt werden, soweit dienstliche Belange dem nicht entgegenstehen (vgl. § 43 BeamtStG). Im Fall des § 91 BBG handelt es sich um sog. **voraussetzungslose Antragsteilzeitbeschäftigung.** Deren Bewilligung steht grundsätzlich im Ermessen des Dienstherrn (*Baßlsperger*, ZBR 2001, 417 ff.). Schon deshalb hat *R* keinen Anspruch auf Bewilligung der Teilzeitbeschäftigung. Ein Anspruch auf ermessensfehlerfreie Entscheidung besteht im Übrigen nur bei einer wöchentlichen Teilzeitbeschäftigung von mindestens 20,5 Stunden.

188. Beamter *B* ist Vater einer einjährigen Tochter, um die er sich stärker kümmern möchte. Kann *B* Teilzeit in Anspruch nehmen?

Ja, *B* stehen zwei Möglichkeiten zur Verfügung:

1. *B* hat zunächst gemäß § 92 Abs. 1 Satz 1 BBG einen Anspruch auf Gewährung von **familienbedingter Teilzeit.** Dem Beamten muss danach eine Teilzeit-

beschäftigung bewilligt werden, wenn ein Erziehungs- oder Pflegetatbestand vorliegt (mindestens ein minderjähriges Kind oder ein pflegebedürftiger Angehöriger). Die Höhe der Arbeitszeit kann bei familienbedingter Teilzeitbeschäftigung auch weniger als die Hälfte der regelmäßigen Arbeitszeit betragen, jedoch längstens bis zur Dauer von 15 Jahren.

2. Zudem muss dem *B* nach § 1 Elternzeitverordnung auf Antrag eine **Elternzeit** bewilligt werden, da er ein Kind von bis zu drei Jahren betreut und erzieht.

189. Oberregierungsrätin *R* wurde eine familienbedingte Teilzeitbeschäftigung nach § 92 Abs. 1 BBG gewährt. Als sich *R* um einen Beförderungsdienstposten bewirbt, wird ihre Bewerbung mit der Begründung zurückgewiesen, wegen ihrer Teilzeitbeschäftigung sei sie nicht so leistungsfähig wie die anderen vollzeitbeschäftigten Bewerber. Wurde die Bewerbung der *R* rechtmäßig abgelehnt?

Nein. Eine Teilzeitbeschäftigung darf sich gemäß § 25 BBG nicht nachteilig auf das berufliche Fortkommen von Beamten auswirken, sofern keine zwingenden sachlichen Gründe vorliegen. Die Reduzierung ihrer Arbeitszeit tangiert daher weder Eignung noch Befähigung oder fachliche Leistung der *R*.

4. Gehorsamspflicht

190. Unter welchen Voraussetzungen muss ein Beamter Weisungen seines Vorgesetzten befolgen?

Nach § 62 Abs. 1 Satz 2 BBG (§ 35 Abs. 1 Satz 2 BeamtStG) sind Beamte verpflichtet, dienstliche Anordnungen ihrer Vorgesetzen auszuführen. Die daraus resultierende **Gehorsams- oder Folgepflicht** besteht, wenn

- der anordnende Vorgesetzte sachlich und örtlich zuständig ist,
- die Weisung im Dienst oder im Zusammenhang mit dem Dienst ergeht,
- die Weisung hinreichend bestimmt ist und
- der angewiesene Beamte für die Ausführung der Weisung sachlich und örtlich zuständig ist.

191. *L* ist als Lehrer im Beamtenverhältnis an einer Realschule tätig. Die Rektorin der Schule weist ihn an, montags nach der 6. Stunde von 13.05 bis 13.25 Uhr an einer in der Nähe der Schule gelegenen Bushaltestelle Aufsicht zu führen. *L* hält die Verpflichtung zum Führen von Aufsichten an Schulbushaltestellen wegen des Fehlens einer gesetzlichen Grundlage für rechtswidrig und fragt sich, ob er der Weisung seiner Schulleiterin nachkommen muss.

Ja, *L* muss an der Bushaltestelle Aufsicht führen. Die Rechtsgrundlage für seine Verpflichtung findet sich in § 62 Abs. 1 Satz 2 BBG (§ 35 Abs. 1 Satz 2 BeamtStG), wonach *L* verpflichtet ist, dienstliche Anordnungen seines Vorgesetzten auszuführen, sofern sie zu seinem Aufgabenbereich gehören. Zum **Aufgabenbereich**

eines Beamten gehören über die gesetzlich geregelten Pflichten hinaus all diejenigen Handlungen und Verhaltensweisen, die dem durch die Laufbahn geprägten Berufsbild wesensgemäß sind (BVerwG, ZBR 1979, 202). Für einen Lehrer zählt hierzu auch das Führen von Aufsichten. Die Lehrkräfte werden insofern über die Unterrichtstätigkeit hinaus in zumutbarem Maße dafür in Anspruch genommen, um die der Schule anvertrauten Schüler vor vermeidbaren Gefahren zu bewahren, die sich aus dem Schulbetrieb ergeben (OVG Koblenz, NVwZ-RR 2004, 421 f.).

192. ***B*** **ist als Polizeivollzugsbeamter in der Bundespolizei beschäftigt und wird in einem sog. Zugbegleitkommando auf der Bahnstrecke zwischen Neubrandenburg und Rostock eingesetzt. Als** ***B*** **sich mit einem sperrigen Hartschalenkoffer für seine persönlichen Utensilien von der Dienststelle auf den Weg zum Zug macht, ruft ihm sein Vorgesetzter** ***V*** **zu: „Wo willst Du denn mit dem Koffer hin?“** ***B*** **versieht seinen Dienst trotzdem unbeirrt mit Koffer. Ist sein Verhalten pflichtgemäß?**

Ja. Nach § 62 Abs. 1 Satz 2 BBG (§ 35 Abs. 1 Satz 2 BeamtStG) hat ein Beamter die von seinen Vorgesetzten erlassenen „dienstlichen Anordnungen auszuführen und deren allgemeine Richtlinien zu befolgen“. Zum Wesen der Anordnung oder Weisung gehört, dass sie von dem Beamten ein bestimmtes Tun oder Unterlassen verlangt. Von dieser förmlichen Weisung sind bloße Anregungen oder Ratschläge zu unterscheiden. Sie sind nicht verbindlich, sodass ihre Nichtbefolgung keine Verletzung der Folgepflicht darstellt. Ob eine verbindliche Weisung oder ein unverbindlicher Ratschlag erteilt wird, ergibt sich aus dem nach dem **objektiven Empfängerhorizont** zu verstehenden Erklärungswert der Äußerung des Vorgesetzten (OVG Mecklenburg-Vorpommern, ZBR 2009, 313 f.). In diesem Zusammenhang kann auch die Anredeform eine Rolle spielen. *V* hat anstelle des distanzierteren „Sie“ das vertrautere „Du“ gewählt und zudem lediglich eine auch als kollegialen Ratschlag zu verstehende Frage gestellt. Eine eindeutige dienstliche Anordnung, zu deren Befolgung *B* verpflichtet gewesen wäre, ist darin nicht zu sehen.

193. Regierungsamtsrätin ***R*** **arbeitet als Sachbearbeiterin im Personalreferat ihrer Behörde. Eines Tages wird sie von ihrer Vorgesetzten Oberregierungsrätin** ***O*** **aufgefordert, sich auf andere Stellen in der Behörde zu bewerben, damit wieder „frischer Wind“ in das Referat komme.** ***R*** **möchte aber auf ihrem jetzigen Dienstposten verbleiben. Muss sie die Weisung ihrer Vorgesetzten befolgen?**

Nein. Zwar ist *R* gemäß § 62 Abs. 1 Satz 2 BBG (§ 35 Abs. 1 Satz 2 BeamtStG) sogar verpflichtet, rechtswidrige Anordnungen ihrer Vorgesetzten auszuführen, sofern sie nur einen **Bezug zur Dienstausübung** aufweisen (vgl. BVerfG, NVwZ 1995, 680 f.). Die Gehorsamspflicht bezieht sich aber nur auf Anordnungen, die der Beamtin die Wahrnehmung ihrer dienstlichen Aufgaben inhaltlich vorgeben, die Modalitäten und die äußeren Bedingungen der Dienstausübung regeln und sie zu Leistungen im Rahmen ihres Dienstes verpflichten. Dagegen fehlt der dienstliche

Bezug bei Anordnungen, die Beamten aufgeben, ihre persönlichen Angelegenheiten im Sinne des Dienstherrn zu regeln, etwa eigene Ansprüche geltend oder nicht geltend zu machen, Anträge zu stellen oder zurückzunehmen. Solche Anordnungen müssen Beamte nicht befolgen, weil sie außerhalb des Anwendungsbereichs der Weisungsbefugnis liegen (BVerwGE 132, 40 Rn. 17). Danach war die an *R* gerichtete Bewerbungsaufforderung von der Weisungsbefugnis nicht gedeckt, weil sie keinen dienstlichen Bezug aufwies.

194. Stadtamtsrat *S* leitet die Stadtkasse der Stadt K. Sein Dienstzimmer befand sich ursprünglich im ersten Stock des Rathauses. Eines Tages weist ihm die Bürgermeisterin *B* mit sofortiger Wirkung ein Dienstzimmer im Erdgeschoss des Rathauses zu. *S* ist empört, da er das neue Dienstzimmer für unzweckmäßig hält. Muss *S* der Weisung der Bürgermeisterin nachkommen?

Ja. Nach § 62 Abs. 1 Satz 2 BBG (§ 35 Abs. 1 Satz 2 BeamtStG) ist *S* verpflichtet, dienstliche Anordnungen seiner Vorgesetzten auszuführen. Unter dienstliche Anordnungen fallen ebenfalls Weisungen, näher bestimmte Dienstverrichtungen an einem bestimmten Ort, zu einer bestimmten Zeit, in einer bestimmten Form sowie unter Beachtung der allgemeinen oder konkreten rechtlichen oder fachlichen Vorgaben zu erfüllen. Derartige Weisungen konkretisieren die allgemeine amtsbezogene Dienstleistungspflicht. Sie sind an den Beamten als Teil der Verwaltung gerichtet und nach ihrer Zweckbestimmung dem innerdienstlichen Bereich zuzurechnen. *S* muss daher in das neue Dienstzimmer im Erdgeschoss des Rathauses umziehen.

195. *P* arbeitet als Beamter bei der Deutsche Post AG und ist dort mit der Briefzustellung befasst. Trotz Anordnung weigert er sich, Postwurfsendungen der Scientology-Organisation zuzustellen. Stattdessen vernichtet er die Sendungen, Kann *P* sich erfolgreich auf sein Grundrecht der Gewissensfreiheit aus Art. 4 Abs. 1 GG berufen?

Nein. *P* verstößt gegen seine Gehorsamspflicht gemäß § 62 Abs. 1 Satz 2 BBG (§ 35 Abs. 1 Satz 2 BeamtStG). Zwar ist das **Grundrecht der Gewissensfreiheit** gemäß Art. 4 Abs. 1 GG von seinem Wortlaut her keinen Schranken unterworfen. Es kann aber durch kollidierendes gleichrangiges Recht eingeschränkt werden. Dazu zählen neben den Grundrechten Dritter auch andere verfassungsrechtlich geschützte öffentliche Belange. Im vorliegenden Fall stehen der Gewissensfreiheit des *P* die beamtenrechtliche Gehorsamspflicht als einer der hergebrachten Grundsätze des Berufsbeamtentums i. S. d. Art. 33 Abs. 5 GG und die Funktionsfähigkeit des Postbetriebs gegenüber. Ein Beamter, der aus dienstlichem Anlass in einen Gewissenskonflikt gerät, darf sich deshalb nicht ohne Weiteres einseitig von seiner Gehorsamspflicht lösen. Vielmehr ist er verpflichtet, den Konflikt zunächst dienstintern zu lösen, z. B. im Wege der Remonstration oder Umsetzung (vgl. BVerwGE 113, 361/363). Dies hat *P* unterlassen, sodass er sich zur Rechtfertigung seiner Weigerung nicht mit Erfolg auf seine Gewissensfreiheit berufen kann.

196. Zollinspektor *Z*, ein bei der Zollabfertigung eingesetzter Beamter der Bundesfinanzverwaltung, trägt seine Haare in Form eines sog. Lagerfeld-Zopfes, der ungefähr 15 cm über den Hemdkragen reicht. Sein Vorgesetzter weist den *Z* an, seine Haare bis zum Hemdkragen zu kürzen. *Z* erhebt nach erfolglosem Widerspruchsverfahren Klage vor dem Verwaltungsgericht. Ist die Klage begründet?

Ja, die Klage des *Z* ist begründet. Zwar ist *Z* grundsätzlich verpflichtet, den Weisungen seines Vorgesetzten gemäß § 62 Abs. 1 Satz 2 BBG (§ 35 Abs. 1 Satz 2 BeamtStG) Folge zu leisten. Das angeordnete Gebot beschränkt den *Z* jedoch in seinem **Grundrecht auf freie Entfaltung seiner Persönlichkeit** gemäß Art. 2 Abs. 1 GG. Art. 2 Abs. 1 GG gewährleistet auch das Recht von Beamten, über die Gestaltung ihrer äußeren Erscheinung im Dienst eigenverantwortlich zu bestimmen. Allerdings kann das Grundrecht des Art. 2 Abs. 1 GG aufgrund eines Gesetzes eingeschränkt werden. Eine gesetzliche Grundlage findet sich in § 74 BBG, wonach der Bundespräsident oder eine von ihm beauftragte Stelle die Dienstkleidung festlegen kann. Im Zusammenhang mit der **Dienstkleidung** können grundsätzlich auch Vorgaben für die äußere Erscheinung im Dienst, wie z. B. für die Gestaltung der Haar- und Barttracht, das Tragen von Schmuck oder für Tätowierungen, gemacht werden (BVerwGE 84, 287/289; bestätigt durch BVerfG, NJW 1991, 1477 f.).

Beschränkungen des äußeren Erscheinungsbilds von Beamten müssen jedoch verhältnismäßig sein, insbesondere durch dienstliche Erfordernisse gerechtfertigt sein. Daran dürfte es hier fehlen. Denn weder schränkt ein sog. Lagerfeld-Zopf die Einsatzfähigkeit von Polizisten ein (anders als möglicherweise bei Soldaten) noch wird eine längere Haartracht von Männern nach den heutigen gesellschaftlichen Anschauungen als unseriös angesehen (BVerwGE 125, 85 Rn. 23 ff.; anders noch im Jahr 1990 BVerwGE 84, 287/291 f. zum Ohrring eines Zöllners).

197. *H* arbeitet als Polizeihauptmeister bei der Bundespolizei. Sein als ausländerfeindlich bekannter Vorgesetzter *V* ordnet an, beim heutigen Streifengang auf dem Kölner Hauptbahnhof bei allen Menschen mit schwarzer Hautfarbe die Personalien zu kontrollieren und eine Durchsuchung vorzunehmen. Ein besonderer Grund hierfür besteht nicht. *H* wundert sich. Wie kann er sich verhalten?

Nach dem in § 62 Abs. 1 Satz 2 BBG (§ 35 Abs. 1 Satz 2 BeamtStG) verankerten Gehorsamsgebot ist *H* grundsätzlich verpflichtet, die Anordnung seines Vorgesetzten auszuführen. Eine Ausnahme von der Gehorsamspflicht besteht nach § 62 Abs. 1 Satz 3 BBG (§ 35 Abs. 1 Satz 3 BeamtStG) nur dann nicht, soweit die Beamten nach besonderen gesetzlichen Vorschriften an Weisungen nicht gebunden und nur dem Gesetz unterworfen sind. Hierunter fallen z. B. die Mitglieder des Bundesrechnungshofes (§ 11 BRHG). Eine solche Ausnahme besteht hier nicht.

Da *H* für die Rechtmäßigkeit seiner Handlungen gemäß § 63 Abs. 1 BBG (§ 36 Abs. 1 BeamtStG) die **volle persönliche Verantwortung** trägt, hat er zunächst seine Bedenken gegen die Rechtmäßigkeit der Anordnung unverzüglich bei seinem unmittelbaren Vorgesetzten *V* geltend zu machen (§ 63 Abs. 2 Satz 1 BBG, § 36 Abs. 2 Satz 1 BeamtStG). Man sagt auch: *H* muss **remonstrieren**. Sofern *V* seine Anordnung aufrechterhält und *H* weiterhin Bedenken gegen deren Rechtmäßigkeit hat, muss H sich an den nächsthöheren Vorgesetzten wenden (§ 63 Abs. 2 Satz 2 BBG, § 36 Abs. 2 Satz 2 BeamtStG). Sollte der nächsthöhere Vorgesetzte die Anordnung bestätigen, muss *H* sie zwar ausführen, ist jedoch zugleich von der eigenen Verantwortung befreit (§ 63 Abs. 2 Satz 3 BBG, § 36 Abs. 2 Satz 3 BeamtStG). Dies gilt nur dann nicht, wenn das aufgetragene Verhalten die Würde des Menschen verletzt oder strafbar oder ordnungswidrig ist und die Strafbarkeit oder Ordnungswidrigkeit für den Beamten erkennbar ist (§ 63 Abs. 2 Satz 4 BBG, § 36 Abs. 2 Satz 4 BeamtStG).

Grundlose Personenüberprüfungen und Durchsuchungen von Menschen mit schwarzer Hautfarbe oder fremder Herkunft sind sachlich nicht gerechtfertigt. Sie sind willkürliche Hoheitsakte und verletzen die Menschenwürde der Betroffenen. *H* muss die Weisung seines Vorgesetzten *V* daher nicht befolgen.

198. Polizeihauptkommissar *H* greift mit der ihm unterstellten Polizeiobermeisterin *M* am Kölner Hauptbahnhof eine arabisch aussehende Person ohne Aufenthaltstitel auf. Als *H* die Person bittet, mit zur Dienststelle zu kommen, um die Identität festzustellen, leistet sie heftigen Widerstand. *H* weist die *M* darauf an, die Person mit Handschellen zu fesseln. *M* hat jedoch Mitleid und hält die Fesselung für rechtswidrig. Darf sie die Ausführung der Anordnung ihres Vorgesetzten *H* verweigern?

Nein. *M* muss die Anordnung trotz ihrer rechtlichen Bedenken ausführen. Bei der **Anwendung unmittelbaren Zwanges durch Vollzugsbeamte** des Bundes, bei dem schnelles Handeln geboten ist, sind die allgemeinen Vorschriften über das Remonstrationsverfahren in § 63 Abs. 2 und 3 BBG (§ 36 Abs. 2 BeamtStG) nicht anwendbar. Stattdessen gilt die Sondervorschrift in § 7 UZwG. Nach § 7 Abs. 1 Satz 1 UZwG sind Vollzugsbeamte verpflichtet, unverzüglich unmittelbaren Zwang anzuwenden, der im Vollzugsdienst von ihrem Vorgesetzten angeordnet wird. Einer Remonstration kommt somit keine aufschiebende Wirkung zu. Ausnahmen gelten nur dann, wenn die Anordnung die Menschenwürde verletzt oder nicht zu dienstlichen Zwecken erteilt worden ist (§ 7 Abs. 1 Satz 2 UZwG) oder wenn durch die Anordnung eine Straftat begangen würde (§ 7 Abs. 2 Satz 1 UZwG). Befolgt der Vollzugsbeamte die Anordnung trotzdem, so trifft ihn eine Schuld nur, wenn er erkennt oder wenn es nach den ihm bekannten Umständen offensichtlich ist, dass dadurch eine Straftat begangen wird (§ 7 Abs. 2 Satz 2 UZwG).

5. Staatspolitische Pflichten

a) Pflicht zur Verfassungstreue

199. ***K*** **ist als Beamter in der Bundesverwaltung beschäftigt. Verletzt** ***K*** **in den folgenden Fällen seine Pflichten als Beamter?**

a) **Seit mehreren Jahren ist** ***K*** **Mitglied der verfassungsfeindlichen, aber nicht verbotenen Deutschen Kommunistischen Partei. Als überzeugter Kommunist bekennt er sich uneingeschränkt zu den Zielen der DKP und setzt sich aktiv für sie ein. So ist** ***K*** **in seiner Freizeit ehrenamtlich als leitender Redakteur einer kommunistischen Parteizeitung tätig und lässt sich als Kandidat der DKP bei einer Landtagswahl in Baden-Württemberg aufstellen.**

b) ***K*** **ist bloß einfaches Mitglied der DKP. Leitungsfunktionen in der Partei übt er nicht aus.**

c) ***K*** **ist Mitglied der rechtsextremistischen Sozialistischen Reichspartei, die als verfassungswidrige Partei gemäß Art. 21 Abs. 2 und 4 GG vom BVerfG verboten wurde.**

a) Ja. *K* verstößt gegen seine Pflicht aus § 60 Abs. 1 Satz 3 BBG (§ 33 Abs. 1 Satz 3 BeamtStG). Gemäß § 60 Abs. 1 Satz 3 BBG (§ 33 Abs. 1 Satz 3 BeamtStG) müssen sich Beamte durch ihr gesamtes Verhalten zur freiheitlich-demokratischen Grundordnung im Sinne des Grundgesetzes bekennen und für deren Erhaltung eintreten. Die damit angesprochene **politische Treuepflicht** ist als hergebrachter Grundsatz des Berufsbeamtentums i. S. d. Art. 33 Abs. 5 GG sogar verfassungsrechtlich fundiert. Sie fordert mehr als eine nur formal korrekte, im Übrigen uninteressierte, kühle, innerlich distanzierte Haltung gegenüber Staat und Verfassung. Die Treuepflicht verlangt vom Beamten, dass er sich eindeutig von Bestrebungen distanziert, die den Staat, seine verfassungsmäßigen Organe und die geltende Verfassungsordnung angreifen und diffamieren. Vom Beamten wird erwartet, dass er den Staat und seine Verfassung als einen hohen positiven Wert anerkennt, für den einzutreten sich lohnt (BVerfGE 39, 334/348 f.). *K* hat die politische Treuepflicht verletzt, indem er aktiv in Führungspositionen der verfassungsfeindlichen DKP mitwirkt.
Ein Widerspruch zum **Parteienprivileg** in Art. 21 Abs. 2 und 4 GG eröffnet sich damit nicht. Nach Art. 21 Abs. 4 GG entscheidet allein das BVerfG über die Frage der Verfassungswidrigkeit einer Partei. Art. 33 Abs. 5 GG und – auf einfachgesetzlicher Ebene – § 60 Abs. 1 Satz 3 BBG (§ 33 Abs. 1 Satz 3 BeamtStG) fordern von jedem *Beamten* das Eintreten für die verfassungsmäßige Ordnung. Art. 21 Abs. 2 und 4 GG dagegen lässt dem *Bürger* die Freiheit, diese verfassungsmäßige Ordnung abzulehnen und sie politisch zu bekämpfen, solange er es innerhalb einer nicht verbotenen Partei mit allgemein erlaubten Mitteln tut. Die politische Treuepflicht der Beamten dient somit nicht der Behinderung der politischen Aktivitäten einer Partei, sondern der Sicherung des Grundgesetzes vor Gefahren aus dem Kreis seiner Beamten (BVerwGE 73, 263/266).

b) Bei Parteien, die zwar als verfassungsfeindlich einzustufen sind, aber vom BVerfG noch nicht verboten wurden, verstößt die einfache Mitgliedschaft eines Beamten nicht „automatisch“ gegen die politische Treuepflicht aus § 60 Abs. 1 Satz 3

BBG (§ 33 Abs. 1 Satz 3 BeamtStG). Entscheidend ist vielmehr das individuelle Verhalten des Beamten. Berücksichtigt werden muss z. B., ob er sich von extremistischen Äußerungen von Funktionsträgern der Partei distanziert oder nicht (BVerfG, NVwZ 2002, 847 f.).

c) In einer gemäß Art. 21 Abs. 2 und 4 GG vom BVerfG für verfassungswidrig erklärten Partei verstößt sogar die einfache Mitgliedschaft eines Beamten gegen seine politische Treuepflicht aus § 60 Abs. 1 Satz 3 BBG (§ 33 Abs. 1 Satz 3 BeamtStG) und ist daher stets verboten.

b) Mäßigungs- und Zurückhaltungspflicht bei der politischen Betätigung

200. ***W*** **ist als Beamter in der Bundeswehrverwaltung beschäftigt. Bei einer öffentlichen Veranstaltung der U-Partei hält er ein kritisches Referat über die Ausstattung der Bundeswehr. Sowohl in seinem Vortrag als auch in der anschließenden Diskussion fordert** ***W*** **den Rücktritt der Verteidigungsministerin. Darf** ***W*** **sich so verhalten?**

Ja. Zwar haben Beamte nach § 60 Abs. 2 BBG (§ 33 Abs. 2 BeamtStG) bei politischer Betätigung diejenige Mäßigung und Zurückhaltung zu wahren, die sich aus ihrer Stellung gegenüber der Allgemeinheit und aus der Rücksicht auf die Pflichten ihres Amtes ergeben. Das **Gebot der parteipolitischen Mäßigung** zielt nicht nur auf das dienstliche, sondern vor allem auf das außerdienstliche Verhalten der Beamten. Es besteht im Hinblick auf das Vertrauen der Bürger in eine sachliche und neutrale Beamtenschaft und in die Funktionsfähigkeit der Verwaltung (*Grigoleit,* in: Battis, BBG, 6. Aufl. 2022, § 60 Rn. 17). § 60 Abs. 2 BBG (§ 33 Abs. 2 BeamtStG) stellt damit ein „allgemeines Gesetz" i. S. d. Art. 5 Abs. 2 GG dar, welches das **Grundrecht auf Meinungsfreiheit** in Art. 5 Abs. 1 Satz 1 GG einschränkt.

Allerdings findet zwischen der Meinungsfreiheit und den „allgemeinen Gesetzen" eine Wechselwirkung in dem Sinne statt, dass die „allgemeinen Gesetze" zwar dem Grundrecht Schranken setzen, ihrerseits aber im Lichte der Meinungsfreiheit ausgelegt und so in ihrer das Grundrecht begrenzenden Wirkung selbst wieder eingeschränkt werden müssen (BVerfGE 7, 198/209). In der Konsequenz kann das in § 60 Abs. 2 BBG (§ 33 Abs. 2 BeamtStG) verankerte Gebot der parteipolitischen Mäßigung eine politische Betätigung von Beamten in der Öffentlichkeit nicht vollständig ausschließen (vgl. BVerfGE 28, 55/63). Erforderlich ist vielmehr eine Abwägung der Funktionsfähigkeit der Verwaltung und der Meinungsfreiheit im Einzelfall.

In der parlamentarischen Demokratie sind nun sowohl kritische Äußerungen gegenüber der Politik als auch die Forderung nach dem Rücktritt eines verantwortlichen Ministers ein legitimes Mittel im politischen Meinungskampf. Eine solche Forderung darf auch von einem Beamten wie dem *W* grundsätzlich erhoben werden, solange die Auseinandersetzung nur in besonnener, sachlicher und toleranter Form erfolgt (vgl. BVerwGE 63, 37/39 f. zu Meinungsäußerungen von Soldaten).

201. Regierungsdirektorin *R* ist Referatsleiterin im Bundesministerium der Finanzen. Bei ihrer Vorgesetzten beantragt sie, an der Tür ihres Dienstzimmers einen Aushang mit von ihr verfassten Stellungnahmen zu aktuellen Fragen der Steuerpolitik anbringen zu dürfen. Der Antrag der *R* wird jedoch abgelehnt. Zu Recht?

Ja. Bei der von *R* beabsichtigten Anbringung des Aushangs an der Dienstzimmertür handelt es sich um eine **private politische Meinungsäußerung im dienstlichen Bereich,** die nach § 60 Abs. 2 BBG untersagt ist. Zwar muss § 60 Abs. 2 BBG (§ 33 Abs. 2 BeamtStG) als „allgemeines Gesetz" i. S. d. Art. 5 Abs. 2 GG in seiner die Meinungsfreiheit beschränkenden Wirkung seinerseits im Lichte der Bedeutung dieses Grundrechts gesehen und so ausgelegt werden, dass der besondere Wertgehalt der Meinungsfreiheit gewahrt bleibt (BVerfGE 7, 198/208 f.). Allerdings wird der *R* das Recht der freien Meinungsäußerung nicht generell untersagt, sondern nur die Verbreitung ihrer politischen Auffassung innerhalb des dienstlichen Bereichs. Zudem gebietet die Pflicht zur politischen Neutralität und Zurückhaltung im dienstlichen Bereich jeder Beamtin eine klare Trennung zwischen der dienstlichen Stellung und der Teilnahme am politischen Meinungskampf, insbesondere wenn ihr – wie der *R* – eine Vorgesetztenfunktion zukommt. Zur Teilnahme am politischen Meinungskampf ist sie grundsätzlich nur als Staatsbürgerin, nicht als Beamtin berechtigt (BVerwGE 78, 216/220 f.). Durch das Anbringen des Aushangs an der Tür ihres Dienstzimmers setzt *R* somit ihre Stellung als Beamtin in unzulässiger Weise zur Werbung für eine von ihr vertretene politische Auffassung ein (vgl. BVerwGE 111, 51/53 f.).

202. Studienrat *S* unterrichtet an einem Gymnasium die Fächer Politik und Deutsch. Im Zusammenhang mit der Diskussion um Auslandseinsätze der Bundeswehr trägt *S* im Unterricht eine Plakette mit der Aufschrift „Bundeswehr? Abschaffen!". Darauf untersagt ihm seine Schulleiterin das sichtbare Tragen dieser Plakette während des Schuldienstes. *S* hält die Anordnung für einen unzulässigen Eingriff in sein Recht auf freie Meinungsäußerung. Muss *S* die Weisung befolgen?

Ja, *S* muss die Weisung seiner Schulleiterin nach § 62 Abs. 1 Satz 2 BBG (§ 35 Abs. 1 Satz 2 BeamtStG) befolgen. Seine gemäß Art. 5 Abs. 1 Satz 1 GG geschützte Meinungsfreiheit wird durch das Gebot zur politischen Mäßigung aus § 60 Abs. 2 BBG (§ 33 Abs. 2 BeamtStG) eingeschränkt. Als Maßstab für das politische Mäßigungsgebot kommen neben der Art und dem Inhalt der politischen Betätigung auch das jeweilige Amt im statusrechtlichen und funktionellen Sinn in Betracht (BVerwGE 84, 292/296 f.). Das Gebot der politischen Mäßigung von Beamten im Dienst entspricht bei Lehrern dem **Elternrecht gemäß Art. 6 Abs. 2 GG.** Art. 6 Abs. 2 Satz 1 GG gewährt zuvörderst den Eltern das Recht und die Pflicht, die Pflege und Erziehung ihrer Kinder frei und – vorbehaltlich des verfassungsrechtlich festgelegten Erziehungsauftrags der Schule nach Art. 7 Abs. 1 GG – vorrangig vor anderen Erziehungsträgern zu gestalten. Damit verträgt es sich jedoch nicht, wenn Eltern fürchten müssen, ihr Kind werde in gesellschaftspolitischen Kontroversen in der Schule einseitig indoktriniert. Der Staat hat daher die Pflicht, die **Neutralität der Schule** insoweit sicherzustellen, als jede einseitige Werbung politischer Art seitens der Lehrerschaft unterbunden wird (BVerwGE 84, 292/297 f.).

6. Amtsbezogene Pflichten

a) Unparteiische und gerechte Amtsführung

203. ***M*** **ist prominenter Fußballprofi des Fußballvereins FC B. Eines Tages gerät** ***M*** **mit seinem Pkw in eine stationäre Geschwindigkeitskontrolle an einer Baustelle in München. Der Pkw wird dabei mit einer Geschwindigkeit von 74 km/h statt der erlaubten 30 km/h gemessen.** ***M*** **lässt darauf bei Kriminaloberkommissar** ***K*** **anrufen und nachfragen, ob** ***K*** **„da nichts machen könne".** ***K,*** **der ein glühender Fan des FC B ist, bewirkt die Einstellung des Ordnungswidrigkeitenverfahrens gegen** ***M.*** **Handelt** ***K*** **pflichtgemäß?**

Nein. Gemäß § 60 Abs. 1 Satz 2 BBG (§ 33 Abs. 1 Satz 2 BeamtStG) haben Beamte ihre Aufgaben unparteiisch und gerecht zu erfüllen und bei ihrer Amtsführung auf das Wohl der Allgemeinheit Bedacht zu nehmen. Die **Pflicht zu unparteiischer Amtsführung** ist die einfachgesetzliche Konkretisierung eines hergebrachten Grundsatzes des Berufsbeamtentums im Sinne von Art. 33 Abs. 5 GG (vgl. BVerfGE 9, 268/286 f.). Aus ihr folgt das an den Beamten gerichtete Gebot, sich nicht in einer die Besorgnis der Parteilichkeit begründenden Weise zu verhalten (vgl. BVerwG, ZBR 1968, 279/280). Sie gewährleistet eine möglichst objektive, d. h. von den persönlichen Interessen der betroffenen Personen freie Verwaltung (*Schmidt,* Beamtenrecht, 2017, Rn. 322). Zudem schützt das Gebot der Unparteilichkeit den handelnden Beamten vor moralischen, finanziellen oder beruflichen Konflikten im Rahmen seiner Amtsführung (*Grigoleit,* in: Battis, BBG, 6. Aufl. 2022, § 60 Rn. 10). Vorliegend hat *K* sich durch die rechtlich haltlose Bevorzugung einer prominenten Einzelperson angemaßt, gewissermaßen nach Gutdünken Gunst und Missgunst zu verteilen. Er hat damit in gravierender Weise gegen seine beamtenrechtliche Pflicht zur Unparteilichkeit verstoßen.

204. Die Beauftragte der Bundesregierung für Kultur und Medien gewährt im Rahmen des Programms „Neustart Kultur" Förderhilfen für Filmverleih- und Filmvertriebsunternehmen, um die wirtschaftlichen Auswirkungen der Coronapandemie für die Filmbranche in Deutschland abzufedern. Nach der einschlägigen Förderrichtlinie dürfen die Zuwendungen höchstens 50.000 Euro pro Vertriebsmaßnahme betragen. Der bei der BKM tätige Regierungsamtsrat ***Z*** **gewährt einem Filmvertriebsunternehmen jedoch Fördermittel in Höhe von 90.000 Euro. Weil die Kulturschaffenden von der Coronapandemie besonders betroffen seien, habe er Mitleid mit der Filmbranche und eine großzügigere Förderung bewilligt – denn schließlich sei er zu gerechter Amtsführung verpflichtet. Ist die Auffassung des** ***Z*** **zutreffend?**

Nein. Zwar verpflichtet § 60 Abs. 1 Satz 2 BBG (§ 33 Abs. 1 Satz 2 BeamtStG) die Beamten, ihre Aufgaben gerecht zu erfüllen. Was gerecht ist, bestimmen jedoch die Gesetze und in ihrem Rahmen Verwaltungsvorschriften und Weisungen der Vorgesetzten (*Grigoleit,* in: Battis, BBG, 6. Aufl. 2022, § 60 Rn. 10). Beamte haben die Gerechtigkeitserwägungen des Gesetzgebers und der Vorgesetzten bei der Anwendung der Gesetze und der Verwaltungsvorschriften folglich nachzuvollziehen, ohne eigene subjektive Gerechtigkeitsvorstellungen einfließen zu lassen. Das **Gebot der gerechten Amtsführung** aus § 60 Abs. 1 Satz 2 BBG (§ 33 Abs. 1 Satz 2 BeamtStG) vermag deshalb weder das Prinzip der Gesetzmäßigkeit der Verwaltung nach Art. 20 Abs. 3 GG noch die Gehorsamspflicht nach § 62 Abs. 1 Satz 2 BBG (§ 35 Abs. 1 Satz 2 BeamtStG) auszuhebeln. Nur ausnahmsweise finden eigene Gerechtigkeitserwägungen bei der Anwendung unbestimmter Rechtsbegriffe mit Beurteilungsspielraum und bei der Ausübung des pflichtgemäßen Ermessens Raum, soweit dem handelnden Beamten nicht anderweitig Maßstäbe vorgegeben werden (*Schmidt,* Beamtenrecht, 2017, Rn. 327). Letzteres ist hier nicht der Fall. Denn die einschlägige Förderrichtlinie verbot dem *Z* die Gewährung von Fördermitteln in Höhe von mehr als 50.000 Euro.

b) Uneigennützige Amtsführung

205. Beamtin *S* ist als Sachbearbeiterin in der Bundesverwaltung tätig. In ihrer Dienststelle dürfen private Telefongespräche vom dienstlichen Fernsprechgerät geführt werden, wenn Kennziffer „05“ vorgewählt wird. Bei einer Überprüfung wird festgestellt, dass *S* regelmäßig private Ferngespräche führt, indem sie die für Dienstgespräche vorgesehene Kennziffer „01“ vorwählt. Ist ihr Verhalten dienstpflichtwidrig?

Ja. *S* hat gegen die **Pflicht zur uneigennützigen Amtsführung** gemäß § 61 Abs. 1 Satz 2 BBG (§ 34 Abs. 1 Satz 2 BeamtStG) und gegen die Folgepflicht gemäß § 62 Abs. 1 Satz 2 BBG (§ 35 Abs. 1 Satz 2 BeamtStG) verstoßen (vgl. BVerwG, NJW 1994, 3115 f.).

206. Der politisch aktive Regierungsrat *W* arbeitet in einer Bundesbehörde. Bei einer Wahl zum Deutschen Bundestag tritt er als Wahlkreiskandidat der X-Partei an. Auf seinen privaten Briefbögen und Wahlplakaten lässt *W* neben seinem Portrait auch seine dienstliche Telefonnummer abdrucken. Darf ihm sein Dienstherr die Angabe der dienstlichen Telefonnummer verbieten?

Ja. Gemäß § 61 Abs. 1 Satz 2 BBG (§ 34 Abs. 1 Satz 2 BeamtStG) haben Beamte das ihnen übertragene Amt uneigennützig nach bestem Gewissen wahrzunehmen. Das Gebot der Uneigennützigkeit ergänzt die Pflicht zur unparteilichen und gerechten Amtsführung nach § 60 Abs. 1 Satz 2 BBG (§ 33 Abs. 1 Satz 2 BeamtStG). Es soll den Beamten vor **Interessenkollisionen** schützen (*Wenzel,* DÖV 1976, 411/412). Hiernach ist es verboten, dienstliche Aufgaben mit privaten Interessen zu vermengen oder amtliche Befugnisse zum persönlichen Vorteil auszuüben (BVerwGE 43, 42/43 f.). Das schließt es aus, einem Beamten zu gestatten, sein Diensttelefon zur Wahlwerbung als Kandidat für einen Bundestagswahlkreis sowie im Rahmen seiner politischen Betätigung für eine Partei zu benutzen. *W* kann deshalb insbesondere nicht beanspruchen, in seiner Eigenschaft als Wahlbewerber während der Dienstzeit private Telefonanrufe entgegennehmen zu dürfen (vgl. BVerwG, NVwZ 1999, 424).

Auch das verfassungsrechtliche Gebot der freien Wahl in Art. 38 Abs. 1 Satz 1 GG führt zu keiner anderen Beurteilung. Das Gegenteil ist der Fall: Art. 38 Abs. 1 Satz 1 GG erlegt allen staatlichen Organen eine strikte Neutralitätspflicht gegenüber politischen Parteien und Wahlbewerbern auf. Es verbietet namentlich jede amtliche Unterstützung von Wahlwerbung (BVerwGE 104, 323/326 f. m. w. N.).

c) Verbot der Annahme von Vorteilen

207. Leitender Regierungsdirektor *L* leitet die IT-Abteilung einer oberen Bundesbehörde und ist dort u. a. für die Beschaffung von Soft- und Hardware zuständig. Nachdem ihm Großhändler *G* eine mehrwöchige Kreuzfahrt in die Karibik für sich und seine Familie (Wert 5.000 Euro) versprochen hat, bestellt *L* zahlreiche für den Dienstgebrauch benötigte Drucker bei *G*. Handelt *L* pflichtgemäß?

L verstößt gegen seine Pflicht zu uneigennützigem Verhalten gemäß § 61 Abs. 1 Satz 2 BBG (§ 34 Abs. 1 Satz 2 BeamtStG) sowie gegen das **Verbot der Annahme von Vorteilen** gemäß § 71 Abs. 1 Satz 1 BBG (§ 42 Abs. 1 Satz 1 BeamtStG). Nach § 71 Abs. 1 Satz 1 BBG (§ 42 Abs. 1 Satz 1 BeamtStG) dürfen Beamtinnen und Beamte keine Belohnungen, Geschenke oder sonstigen Vorteile in Bezug auf ihr Amt fordern, sich versprechen lassen oder annehmen. § 71 BBG (§ 42 BeamtStG) erfasst nicht nur Vorteile für den Beamten selbst, sondern auch für Dritte, wie z. B. Familienangehörige. Das Verbot konkretisiert die Pflicht zu unparteiischer und gerechter Amtsführung gemäß § 60 Abs. 1 Satz 2 BBG (§ 33 Abs. 1 Satz 2 BeamtStG) sowie die Pflicht zu uneigennützigem Verhalten gemäß § 61 Abs. 1 Satz 2 BBG (§ 34 Abs. 1 Satz 2 BeamtStG). § 71 BBG (§ 42 BeamtStG) schützt die Integrität der öffentlichen Verwaltung und ist konstitutiv für eine ausschließlich an Recht und Gesetz gebundene vollziehende Gewalt. Es soll bereits der Anschein vermieden werden, als ob der Beamte in seiner dienstlichen Tätigkeit durch Gefälligkeiten u. ä. beeinflussbar wäre oder sich bei seiner Dienstausübung von persönlichen Interessen leiten lasse (BVerwGE 100, 172/175).

208. *F* war zeit ihres Berufslebens als Beamtin im Bundesministerium für Bildung und Forschung tätig. Federführend wirkte sie u. a. am Ausbau der Polar- und der Meeresforschung sowie der Raumfahrt und der Weltraumforschung mit. Einige Jahre nach dem Eintritt in den Ruhestand soll *F* für ihre Verdienste um die Wissenschaft ein mit 100.000 Euro dotierter Preis verliehen werden. Darf *F* den Preis ohne Zustimmung des Bundesministeriums annehmen?

Nein. Gemäß § 71 Abs. 1 Satz 1 BBG (§ 42 Abs. 1 Satz 1 BeamtStG) dürfen Beamtinnen und Beamte, auch nach Beendigung des Beamtenverhältnisses, keine Belohnungen, Geschenke oder sonstigen Vorteile in Bezug auf ihr Amt annehmen. **Belohnungen und Geschenke** sind nach ständiger Rechtsprechung alle wirtschaftlichen Vorteile, die Beamten von anderer Seite als vom Dienstherrn selbst unmittelbar oder mittelbar gewährt werden (BVerwGE 103, 36/39; 73, 71/73 m. w. N.). Die Zuwendung von Sachwerten – insbesondere von Geld – ist dann als Geschenk anzusehen, wenn eine gleichwertige außerdienstliche Gegenleistung seitens der Beamten nicht vorliegt. Für den Begriff des Geschenks ist es unerheblich, mit welchem Motiv, aus welchem Anlass und mit welchem Ziel es erbracht wird. Es kommt auch nicht darauf an, ob die Zuwendung in einem weiteren Leistungszusammenhang steht, insbesondere ob sie mit einer wissenschaftlichen oder sonstigen immateriellen Ehrung verbunden ist (BVerwG, NVwZ 2000, 820). Der mit 100.000 Euro dotierte Preis ist daher ein Geschenk im Sinne des § 71 Abs. 1 BBG (§ 42 Abs. 1 BeamtStG).

Der nach dem Gesetz erforderliche **Zusammenhang zwischen der Amtsführung und der Vorteilsgewährung** besteht bereits dann, wenn die dienstliche Tätigkeit wesentliche Bedingung für die Gewährung des Vorteils ist, ohne dass es auf einen Kausalzusammenhang zwischen der Annahme des Vorteils und einer konkreten Diensthandlung ankommt (BVerwGE 103, 36/40 m. w. N.). Vorliegend konnte *F* nur aufgrund ihrer amtlichen Stellung als Beamtin des Bundesministeriums für Bildung und Forschung die durch die Preisverleihung gewürdigten Leistungen erbringen.

Dass *F* zum Zeitpunkt der Preisverleihung bereits in den Ruhestand versetzt war, ist nach der ausdrücklichen Bestimmung des § 71 BBG (§ 42 BeamtStG) ohne Belang. *F* bedarf deshalb gemäß § 71 Abs. 1 Satz 2 BBG (§ 42 Abs. 1 Satz 2 BeamtStG) der Zustimmung des Bundesministeriums für Bildung und Forschung. Ohne diese Zustimmung darf sie den Preis nicht annehmen.

209. Bauoberamtsrätin *B* arbeitet im Bauamt einer Kreisverwaltung. Die Erteilung einer Baugenehmigung lässt sie sich mit einer „Spende" in Höhe von 10.000 Euro entgelten. Hat ihr Dienstherr gegen *B* einen Anspruch auf Ablieferung des Schmiergeldes?

Ja. Das Verbot der Annahme von Belohnungen, Geschenken oder sonstigen Vorteilen in Bezug auf das Amt gemäß § 71 Abs. 1 BBG (§ 42 Abs. 1 BeamtStG) umfasst nicht nur ein **Behaltensverbot**, sondern auch ein **Herausgabegebot** (BVerwG, NJW 2002, 1968). Soweit in einem Strafverfahren keine Einziehung des rechtswidrig Erlangten gemäß § 73 StGB angeordnet wurde, muss *B* den erlangten Geldbetrag folglich abliefern.

d) Achtungswürdiges Verhalten im Dienst

210. Zollobersekretär *Z* arbeitet in einem Zollamt als Abfertigungsbeamter im Warenverkehr. Da *Z* cholerisch veranlagt ist, schreit er häufig Zollbeteiligte bei der Zollabwicklung an und beschimpft sie. Gegen welche Dienstpflicht hat *Z* verstoßen?

Z hat gegen seine **Pflicht zu achtungs- und vertrauenswürdigem Verhalten innerhalb des Dienstes** gemäß § 61 Abs. 1 Satz 3 BBG (§ 34 Abs. 1 Satz 3 BeamtStG) verstoßen. Hierzu zählt auch die Pflicht zu höflichem und zuvorkommendem Auftreten gegenüber dem Publikum. Denn ungehöriges Verhalten gegenüber Verfahrensbeteiligten kann zu einem schweren Ansehensverlust für den Beamten und die Verwaltung führen (VGH Mannheim, IÖD 1994, 89/91).

211. *W* ist beamteter Professor an der Wirtschaftswissenschaftlichen Fakultät einer Universität. In einer gut besuchten Vorlesung bezeichnet er seine Fakultät als einen „korrupten Sauhaufen". Ein Student „schwärzt" den *W* bei der Universitätsleitung an. *W* fragt sich, ob er wohl zu weit gegangen ist?

Ja. Die beamtenrechtliche Verpflichtung zu achtungs- und vertrauenswürdigem Verhalten im Dienst (§ 61 Abs. 1 Satz 3 BBG, § 34 Abs. 1 Satz 3 BeamtStG) beinhaltet auch eine Pflicht zu Achtung und Höflichkeit gegenüber Vorgesetzten und Kollegen. Sie wird verletzt durch Äußerungen der Nichtachtung und herabsetzende Kritik (*Grigoleit,* in: Battis, BBG, 6. Aufl. 2022, § 61 Rn. 11), wie der *W* sie in seiner Vorlesung über seine Kollegen geäußert hat.

212. Beamtin *E* ist in einer Bundesbehörde beschäftigt. Ihre Arbeitszeiten werden von einem Zeiterfassungsgerät registriert. Aufgrund einer fehlerhaften Einstellung zeigt das Gerät den täglich aktualisierten Arbeitsstundensaldo der *E* erkennbar zu hoch an. Aus Nachlässigkeit überprüft *E* die angezeigten Salden jedoch nicht und unterlässt deshalb eine Mitteilung an ihren Vorgesetzten. Hat *E* ihre Dienstpflichten verletzt?

Ja. Ein Beamter ist aufgrund der beamtenrechtlichen Treuepflicht und der Pflicht zu achtungs- und vertrauenswürdigem Verhalten im Dienst gemäß § 61 Abs. 1 Satz 3 BBG (§ 34 Abs. 1 Satz 3 BeamtStG) gehalten, die Anzeige eines Zeiterfassungsgerätes auf Fehler zu überprüfen und auf die Einhaltung der Arbeitszeit zu achten (vgl. zu Besoldungsmitteilungen OVG Weimar, ThürVBl 1999, 209 ff.). Falls der Beamte fehlerhafte Arbeitszeitsalden erkennen kann, ist er gegenüber seinem Dienstherrn zur Anzeige verpflichtet (vgl. OVG Mecklenburg-Vorpommern, NordÖR 2003, 79 ff.). Da der *E* eine Überprüfung ihrer ausgewiesenen Arbeitsstunden möglich und zumutbar war und sie die Fehlerhaftigkeit hätte erkennen können, hat sie ihre Pflicht zu achtungs- und vertrauenswürdigem Verhalten im Dienst sowie ihre Treuepflicht verletzt.

213. *P* ist beamteter Professor für Szenischen Unterricht am Fachbereich Musiktheater einer Hochschule. Er unterhält eine Liebesbeziehung zu einer Studentin seines Fachbereichs. Der Rektor der Hochschule wirft *P* eine Verletzung seiner Dienstpflichten vor. Hat der Rektor Recht?

Ja. Wie jeder Beamte muss auch ein beamteter Hochschullehrer dafür Sorge tragen, dass sein Verhalten der Achtung und dem Vertrauen gerecht wird, die sein Beruf erfordert (§ 61 Abs. 1 Satz 3 BBG, § 34 Abs. 1 Satz 3 BeamtStG). Das Eingehen von Liebesbeziehungen mit Studierenden steht grundsätzlich in Widerspruch zu dieser Pflicht und ist Hochschullehrern daher grundsätzlich untersagt. Ein solches aus § 61 Abs. 1 Satz 3 BBG (§ 34 Abs. 1 Satz 3 BeamtStG) hergeleitetes Verbot bezweckt zum einen, das Vertrauen der Studierenden in die Neutralität der Amtsführung des Hochschullehrers zu wahren. Es dient damit dem Erhalt der Funktionsfähigkeit des nur der Wissenschaft verpflichteten Hochschulbetriebs. Zum anderen schützt das Verbot die Studierenden selbst. Studierende stehen zu „ihrem" Professor in einem faktischen Abhängigkeitsverhältnis. Ohne dieses Abhängigkeitsverhältnis würde ein Verhältnis zwischen einem Professor und einer Studentin in den meisten Fällen wohl nicht begründet werden. Eine Liebesbeziehung mit einer Studentin ist daher ein Verhalten, das der Achtung, welches die Gesellschaft einem beamteten Hochschullehrer entgegenbringt, nicht gerecht wird (VG Frankfurt, Beschl. v. 7.5.2012 – 9 L 297/12.F, juris Tz. 13–16).

e) Verschwiegenheit

214. Regierungsoberamtsrätin *A* wirkt im Bundeskanzleramt an der Genehmigung von Waffenexporten deutscher Rüstungsunternehmen nach dem Kriegswaffenkontrollgesetz mit. Ein Journalist fragt bei ihr nach, ob Lieferungen von Infanteriewaffen in afrikanische Krisenregionen genehmigt worden seien. Verstieße *A* gegen beamtenrechtliche Pflichten, wenn sie dem Journalisten die Länder mitteilte, die Rüstungsgüter aus Deutschland erhalten werden?

Ja. *A* verstieße gegen ihre **Verschwiegenheitspflicht** aus § 67 Abs. 1 BBG (§ 37 Abs. 1 BeamtStG). Danach haben Beamtinnen und Beamte über die ihnen bei oder bei Gelegenheit ihrer amtlichen Tätigkeit bekannt gewordenen dienstlichen Angelegenheiten Verschwiegenheit zu bewahren. Dies gilt auch über den Bereich eines Dienstherrn hinaus sowie nach Beendigung des Beamtenverhältnisses. Auskünfte an Medien dürfen nur die Behördenleitung oder von der Behördenleitung bestimmte Personen erteilen (vgl. § 70 BBG, § 37 Abs. 3 BeamtStG). Ein Beamter, der nicht nach Maßgabe des § 70 BBG (§ 37 Abs. 3 BeamtStG) ermächtigt ist, darf für die Behörde keine Auskünfte erteilen.

215. Welche Ausnahmen von der Verschwiegenheitspflicht sieht das Gesetz vor?

Die Pflicht zur Verschwiegenheit besteht gemäß § 67 Abs. 2 BBG (§ 37 Abs. 2 BeamtStG) nicht, soweit

1. Mitteilungen im dienstlichen Verkehr geboten sind;
2. Tatsachen mitgeteilt werden, die offenkundig sind, d. h. allgemein bekannt sind oder einer unbegrenzten Zahl von Personen bekannt sein können;
3. Tatsachen mitgeteilt werden, die ihrer Bedeutung nach keiner Geheimhaltung bedürfen, d. h. unter keinem Gesichtspunkt private oder öffentlich Belange beeinträchtigen können;
4. ein durch Tatsachen begründeter Verdacht einer Korruptionsstraftat nach §§ 331–337 StGB angezeigt wird.

216. Steueroberamtsrätin *S* ist in der Bundesbetriebsprüfung des Bundeszentralamts für Steuern in Bonn tätig. Bei einer Dienstreise zu einem zu prüfenden Unternehmen beobachtet sie einen Verkehrsunfall. In dem folgenden Schadensersatzprozess zwischen den Unfallbeteiligten soll *S* als Zeugin vernommen werden. Ihr Dienstvorgesetzter *D* verweigert jedoch die Erteilung einer Aussagegenehmigung. Als Begründung führt *D* an, dass *S* aufgrund ihrer fachlichen Expertise in der laufenden Betriebsprüfung unabkömmlich sei. Durfte *D* die Aussagegenehmigung verweigern?

Nein. Gemäß § 376 Abs. 1 ZPO gelten für die **Vernehmung von Beamten als Zeugen** über Umstände, auf die sich ihre Pflicht zur Amtsverschwiegenheit bezieht, die besonderen beamtenrechtlichen Vorschriften. Dazu zählen u. a. die Vorschriften in §§ 67 und 68 BBG (§ 37 Abs. 1 bis 5 BeamtStG). Nach § 67 Abs. 3 Satz 1 BBG (§ 37 Abs. 3 Satz 1 BeamtStG) dürfen Beamte ohne Genehmigung über ihnen bei oder bei Gelegenheit ihrer amtlichen Tätigkeit bekannt gewordenen dienstlichen Angelegenheiten weder vor Gericht noch außergerichtlich aussagen. Da *S* den Unfall bei ihrer dienstlichen Tätigkeit beobachtet hat, handelt es sich um eine dienstliche Angelegenheit, über die sie grundsätzlich Verschwiegenheit zu bewahren hat (vgl. § 67 Abs. 1 Satz 1 BBG, § 37 Abs. 1 Satz 1 BeamtStG). Solange die Aussagegenehmigung nicht erteilt ist, steht *S* gemäß § 376 ZPO ein Zeugnisverweigerungsrecht zu.

Um die Wahrheitsfindung in einem Gerichtsverfahren zu fördern, darf die Genehmigung, als Zeuge auszusagen, gemäß § 68 Abs. 1 BBG (§ 37 Abs. 4 Satz 1 BeamtStG) freilich nur versagt werden, wenn die Aussage dem **Wohl des Bundes oder eines Bundeslandes Nachteile bereiten** oder die **Erfüllung öffentlicher Aufgaben ernstlich gefährden oder erheblich erschweren** würde. „(E)infache Nachteile“, wie z. B. rein fiskalische Interessen, genügen hingegen nicht (Entwurf eines Gesetzes zur Regelung des Statusrechts der Beamtinnen und Beamten in den Ländern v. 12.1.2007, BT-Drucks. 16/4027, S. 32: „Nachteile von bedeutendem Gewicht“). Liegt keiner der in § 68 Abs. 1 BBG (§ 37 Abs. 4 Satz 1 BeamtStG) genannten Gründe vor, muss die Genehmigung erteilt werden. In diesem Fall haben die Parteien eines Prozesses, in dem der Beamte als Zeuge aussagen soll, sogar einen Anspruch auf Erteilung der Aussagegenehmigung (*Grigoleit,* in: Battis, BBG, 6. Aufl. 2022, § 68 Rn. 4). Eine Aussage der *S* als Zeugin in einem privaten Schadenersatzprozess führte weder zu einer ernstlichen Gefährdung noch zu einer erheblichen Erschwerung der Erfüllung öffentlicher Aufgaben des Bundeszentralamts für Steuern. Dienstvorgesetzter *D* durfte die Aussagegenehmigung daher nicht verweigern.

217. Welche Vorschriften außerhalb des Beamtenrechts legen den Beschäftigten im öffentlichen Dienst ebenfalls Schweigepflichten auf?

Weitere Schweigepflichten sind sachbezogen z. B. in den folgenden Vorschriften verankert:

- § 30 AO, § 355 StGB: Steuergeheimnis (dazu *Sauerland/Roth,* AO-StB 2011, 176 ff.);

- § 35 SGB I: Sozialgeheimnis;
- Art. 10 GG, § 206 StGB: Post- und Fernmeldegeheimnis;
- § 203 StGB: (amts)ärztliche Schweigepflicht;
- § 22 Abs. 3 Satz 1 GOBReg: Geschäftsablaufgeheimnis (dazu BVerwG, NJW 1992, 1713 ff.).

7. Pflichten ohne Amtsbezug

a) Achtungswürdiges Verhalten außerhalb des Dienstes

218. Regierungsrat *F* ist Referent im Bundesministerium der Verteidigung und aktives Mitglied der Friedensbewegung. In einer Bonner Tageszeitung gibt er zusammen mit 35 Kolleginnen und Kollegen eine ganzseitige Anzeige auf, in der er sich gegen die Stationierung amerikanischer Atomraketen in Deutschland ausspricht. Die Anzeige hat folgende Überschrift „35 Regierungsdirektoren aus dem Verteidigungsministerium gegen die Raketenstationierung“. Darf *F* sich so verhalten?

Nein. Außerdienstliche Meinungsäußerungen eines Beamten in der Öffentlichkeit stehen grundsätzlich unter dem Schutz der Meinungsfreiheit gemäß Art. 5 Abs. 1 GG. Als Staatsbürger kann der Beamte seine Auffassungen äußern und verbreiten, und zwar unabhängig davon, ob andere Personen die von dem Beamten vertretene Meinung für richtig oder falsch halten. Gleiches gilt für ein (partei)politisches Engagement von Beamten (BVerfGE 39, 334/366 f.).

Ein Beamter muss allerdings gemäß § 61 Abs. 1 Satz 3 BBG (§ 34 Abs. 1 Satz 3 BeamtStG) auch außerhalb seines amtlichen Pflichtenkreises der Achtung und dem Vertrauen gerecht werden, die in sein Amt gesetzt werden. Die **Pflicht zum achtungswürdigen Verhalten außerhalb des Dienstes** gebietet eine klare Trennung zwischen dem Amt und der Teilnahme am politischen Meinungskampf. Ein Beamter darf bei seinen privaten Äußerungen nicht den Anschein einer amtlichen Stellungnahme erwecken. Er darf das Amt und das mit ihm verbundene Ansehen und Vertrauen nicht benutzen, um seiner persönlichen Meinung in der politischen Auseinandersetzung mehr Nachdruck zu verleihen (ausführlich BVerwGE 78, 216/222).

F hat in einer Zeitungsanzeige sein Amt und dessen Zuordnung zum Bundesministerium der Verteidigung an die Spitze eines politischen Beitrags gestellt. Damit hat er gemeinsam mit den übrigen Unterzeichnern – ausschließlich Regierungsdirektoren – sein Amt eingesetzt, um einer von ihm geteilten politischen Auffassung eine höhere Überzeugungskraft zu verschaffen. Er hat das ihm anvertraute Amt mit seiner privaten Meinung verbunden. Dies ist mit Pflicht des *F* zum achtungswürdigen Verhalten außerhalb des Dienstes nach § 61 Abs. 1 Satz 3 BBG (§ 34 Abs. 1 Satz 3 BeamtStG) nicht vereinbar.

219. Steueramtsinspektor *A* ist in einer Veranlagungsstelle des Finanzamts Trier tätig. Auf ein Konto in Luxemburg transferiert er eigene Wertpapiere im Wert von 400.000 Euro und hinterzieht auf diese Weise Zinsertragsteuer

in beträchtlicher Höhe. Aufgrund einer wirksamen Selbstanzeige gemäß § 371 AO wird das Strafverfahren gegen *A* eingestellt. Hat *A* beamtenrechtliche Pflichten verletzt?

Ja. Durch die wahrheitswidrige Nichterklärung von Zinseinkünften hat *A* die ihm nach § 61 Abs. 1 Satz 3 BBG (§ 34 Abs. 1 Satz 3 BeamtStG) obliegende Pflicht verletzt, auch außerhalb des Dienstes der Achtung und dem Vertrauen gerecht zu werden, die sein Beruf als Finanzbeamter erfordert. Zwar führt nicht jeder außerdienstliche Verstoß gegen die Rechtsordnung zu einer Ansehens- und Vertrauensschädigung des Beamten in seiner dienstlichen Eigenschaft (BVerwGE 112, 19/27). Ein Beamter ist kein „erzieherisches Vorbild für die Gesellschaft" (*Wichmann,* in: ders./Langer, Öffentliches Dienstrecht, 8. Aufl. 2017, Rn. 208). Anders verhält es sich jedoch, wenn das außerdienstliche Verhalten eine **Berufserforderlichkeit** aufweist, wenn es also Rückschlüsse auf die Dienstausübung zulässt oder den Beamten in seiner Dienstausübung beeinträchtigt (BVerwG, NVwZ-RR 2011, 413/414). Bei der von *A* begangenen Steuerhinterziehung ist die Berufserforderlichkeit zu bejahen. Denn die Steuerstraftat eines Finanzbeamten ist in jedem Fall geeignet, das Vertrauen in die Finanzverwaltung zu zerstören (OVG Koblenz, ZBR 2005, 430 f.).

220. Regierungsamtsfrau *R* ist alkoholabhängig und in ihrer Freizeit regelmäßig betrunken. Ihre Dienstfähigkeit ist durch die Alkoholsucht jedoch nicht beeinträchtigt. Verletzt *R* damit ihre Dienstpflichten?

Nein. Auch aus der Pflicht zum achtungswürdigen Verhalten *außerhalb* des Dienstes gemäß § 61 Abs. 1 Satz 3 BBG (§ 34 Abs. 1 Satz 3 BeamtStG) resultiert keine Verpflichtung eines Beamten gegenüber seinem Dienstherrn, ausnahmslos „trocken" oder nüchtern zu sein (vgl. BVerwG, ZBR 1991, 91). Sogar chronischer **Alkoholmissbrauch außerhalb des Dienstes** als solcher ist beamtenrechtlich grundsätzlich nicht relevant, solange er sich nicht in irgendeiner Weise negativ auf die Erfüllung dienstlicher Pflichten auswirkt (BVerwGE 93, 133/136; 83, 82/83). Die Rechtslage ändert sich erst, wenn die Alkoholabhängigkeit Folgen zeigt, die in den dienstlichen Bereich hineinreichen. Wenn der Beamte etwa im Dienst oder unangemessene Zeit vor Dienstbeginn Alkohol zu sich nimmt oder er mit der Folge zeitweiliger oder dauernder Dienstunfähigkeit Alkohol trinkt, verstößt er gegen seine Pflicht zum vollen persönlichen Einsatz nach § 61 Abs. 1 Satz 1 (§ 34 Abs. 1 Satz 1 BeamtStG), seine Gehorsamspflicht nach § 62 Abs. 1 Satz 2 BBG (§ 35 Abs. 1 Satz 2 BeamtStG) und seine Pflicht zum achtungswürdigen Verhalten *im* Dienst gemäß § 61 Abs. 1 Satz 3 BBG (§ 34 Abs. 1 Satz 3 BeamtStG; insgesamt dazu BVerwGE 93, 133/136). Letzteres ist bei *R* jedoch nicht der Fall.

221. Regierungsamtsfrau *R* wird rechtskräftig wegen Trunkenheit im Verkehr gemäß § 316 StGB zu einer Geldstrafe verurteilt. Knapp zwei Jahre später verursacht sie bei einer zweiten Trunkenheitsfahrt einen Verkehrsunfall mit erheblichem Sachschaden. Dienstlich ist *R* nicht mit dem Führen von Kraftfahrzeugen betraut. Hat *R* beamtenrechtliche Pflichten verletzt?

Ja. *R* hat sich außerhalb des Dienstes nicht achtungs- und vertrauenswürdig i. S. d. § 61 Abs. 1 Satz 3 BBG (§ 34 Abs. 1 Satz 3 BeamtStG) verhalten. Das BVerwG hat in seinem Urteil vom 30.8.2000 (ZBR 2001, 39 ff.) eine erstmalige außerdienstliche Trunkenheitsfahrt eines dienstlich nicht mit dem Führen von Kraftfahrzeugen befassten Beamten zu würdigen. Für diese Fallkonstellation ist das BVerwG zu dem Ergebnis gekommen, dass keine Dienstpflicht verletzt wurde.

Im Fall der *R* verhält es sich jedoch anders. Es handelt sich bereits um ihre **zweite außerdienstliche Trunkenheitsfahrt innerhalb von 24 Monaten**, wobei die Wiederholungstat sogar Sachschäden zur Folge hatte (vgl. § 315c Abs. 1 Nr. 1a StGB). *R* hat sich somit die kaum zwei Jahre zurückliegende strafrechtliche Sanktion, die ihr erstes Fehlverhalten zur Folge hatte, nicht zur Warnung dienen lassen. Eine solche Wiederholungstat stellt einen Verstoß gegen die Pflicht zum achtungswürdigen Verhalten außerhalb des Dienstes gemäß § 61 Abs. 1 Satz 3 BBG (§ 34 Abs. 1 Satz 3 BeamtStG) dar (BVerwGE 114, 212/215 ff.).

222. *V*, ein in der Bundesverwaltung beschäftigter Regierungsobersekretär, bestellt über eine Sammelbestellerin wiederholt Waren im Versandhandel, ohne zu bezahlen. Trotz Kenntnis seines Schuldenstandes von zunächst über 50.000 Euro erweckt er bei der Sammelbestellerin den Eindruck, dass er die eingegangenen Zahlungsverpflichtungen mit seinen monatlichen Dienstbezügen erfüllen könne. Dies ist jedoch nicht der Fall. Hat *V* Dienstpflichten verletzt?

Nach ständiger Rechtsprechung des BVerwG (BVerwGE 103, 343 ff. m. w. N.) stellt bereits **leichtfertiges Schuldenmachen** eine Dienstpflichtverletzung dar. Zwar kann auch ein Beamter wie jeder andere Staatsbürger Verbindlichkeiten eingehen, ohne zugleich eine Dienstpflichtverletzung zu begehen. Denn finanzielle Angelegenheiten fallen in die private Sphäre des Beamten, die der Dienstherr nicht zu überwachen hat.

Die Begründung von Schulden erlangt jedoch dienstrechtliche Relevanz, wenn eine vorwerfbare Störung der vertraglich vereinbarten Abwicklung eines Rechtsgeschäfts nach den Umständen voraussehbar ist. Auch wenn ein derartiges außerdienstliches Fehlverhalten den dienstlichen Bereich nicht unmittelbar berührt, offenbart eine unverantwortliche und vorwerfbare private Wirtschaftsführung erhebliche Charaktermängel, die die Achtungs- und Vertrauenswürdigkeit des Beamten beeinträchtigen und das Ansehen der Verwaltung insgesamt mindern (vgl. BVerwGE 103, 343/345 f.). *V* hat daher seine Pflicht zum achtungswürdigen Verhalten außerhalb des Dienstes gemäß § 61 Abs. 1 Satz 3 BBG (§ 34 Abs. 1 Satz 3 BeamtStG) verletzt.

b) Beschränkte Residenzpflicht

223. Oberregierungsrat *S* arbeitet beim Bundesnachrichtendienst in Pullach bei München, wo er auch mit seiner Familie wohnt. Nach einiger Zeit wird der Bundesnachrichtendienst nach Berlin verlagert. Muss *S* umziehen?

Ja. Eine allgemeine **Residenzpflicht** kennt das Beamtenrecht nicht mehr (BVerwG, NVwZ-RR 2004, 668/669). Gemäß § 72 Abs. 1 BBG haben Beamte ihre Wohnung allerdings so zu nehmen, dass die ordnungsgemäße Wahrnehmung der Dienstgeschäfte nicht beeinträchtigt wird. Trotz fehlender ausdrücklicher Verankerung im BeamtStG gilt diese Pflicht auch in den Ländern (z. B. Art. 74 Abs. 1 und 2 BayBG, § 52 HessBG). Beamte müssen nicht am Dienstort selbst, sondern nur in angemessener Entfernung in dessen Einzugsbereich wohnen (BVerwG, NVwZ-RR 1992, 87/88). Zudem haben Beamte dort lediglich eine **Wohnung** zu unterhalten, nicht hingegen ihren Wohnsitz, also den Mittelpunkt ihrer Lebensverhältnisse (vgl. § 72 Abs. 2 Var. 1 BBG). *S* wird daher zwar nicht seinen Familienwohnsitz in München aufgeben, zumindest aber in der Nähe von Berlin eine Zweitwohnung beziehen müssen.

8. Folgen von Pflichtverletzungen

a) Überblick

224. Wie können Pflichtverletzungen von Beamten sanktioniert werden?

Gemäß § 77 Abs. 1 Satz 1 BBG (§ 47 Abs. 1 Satz 1 BeamtStG) begehen Beamte ein **Dienstvergehen**, wenn sie schuldhaft die ihnen obliegenden Pflichten verletzen. Sanktioniert wird das Dienstvergehen

- vermögensrechtlich durch die Pflicht zum Schadenersatz gegenüber dem Dienstherrn nach § 75 Abs. 1 BBG (§ 48 Satz 1 BeamtStG),
- disziplinarrechtlich durch die Verhängung von Disziplinarmaßnahmen nach § 77 Abs. 3 BBG i. V. m. dem BDiszG (§ 47 Abs. 3 BeamtStG) und
- strafrechtlich durch eine Freiheits- oder Geldstrafe, z. B. wegen Vorteilsannahme oder Bestechlichkeit nach §§ 331 f. StGB.

225. Welche weiteren Sanktionsmöglichkeiten stehen dem Dienstherrn zur Verfügung, wenn ein Beamter ein Dienstvergehen begangen hat?

Außer ihrer vermögens-, disziplinar- und strafrechtlichen Ahndung können Dienstvergehen eines Beamten wie folgt sanktioniert werden:

- Entlassung aus dem Beamtenverhältnis bei Beamten auf Widerruf gemäß § 37 Abs. 1 Satz 1 BBG (§ 23 Abs. 4 Satz 1 BeamtStG) und bei Beamten auf Probe gemäß § 34 Abs. 1 Satz 1 Nr. 1 BBG (§ 23 Abs. 3 Satz 1 Nr. 1 BeamtStG);
- Feststellung des Verlusts der Bezüge bei schuldhaftem Fernbleiben vom Dienst ohne Genehmigung gemäß § 9 BBesG (dazu *Günther*, ZBR 2000, 368 ff.);
- Missbilligung durch Zurechtweisung, Ermahnung oder Rüge gemäß § 6 Satz 2 BDiszG;
- Vermerk in der Personalakte nach Anhörung des Beamten gemäß § 109 BBG (vgl. § 50 BeamtStG);
- Versetzung, Abordnung oder Umsetzung aus dienstlichen Gründen gemäß §§ 27 –28 BBG (§§ 14–15 BeamtStG);
- Verbot der Führung der Dienstgeschäfte gemäß § 66 BBG (§ 39 BeamtStG).

b) Vermögensrechtliche Folgen

226. Kassenbeamter *K* ist als Schalterbeamter bei einer Gemeindekasse tätig. In der Regel versieht er seine Dienstgeschäfte äußerst zuverlässig. Infolge Übermüdung zahlt er jedoch in einem Fall kurz vor dem Feierabend versehentlich 200 Euro zu viel aus. Kann die Gemeinde die Erstattung der 200 Euro von *K* verlangen?

Im Ergebnis nein. Rechtsgrundlage für den **Erstattungsanspruch** der Gemeinde ist § 48 Satz 1 BeamtStG (§ 75 Abs. 1 Satz 1 BBG). Danach haben Beamte, die vorsätzlich oder grob fahrlässig die ihnen obliegenden Pflichten verletzt haben, dem Dienstherrn den daraus entstehenden Schaden zu ersetzen. Die Dienstpflicht kann aus besonderen gesetzlichen Vorschriften, verwaltungsinternen Anordnungen und der beamtenrechtlichen Treuepflicht resultieren (vgl. BVerwG, NJW 1999, 3727/3728). Hier hat *K* jedenfalls seine beamtenrechtliche Treuepflicht verletzt, wonach er verpflichtet ist, unberechtigte Auszahlungen zu unterlassen.

Eine Schadenersatzpflicht trifft den *K* nach § 48 Satz 1 BeamtStG (§ 75 Abs. 1 Satz 1 BBG) jedoch nur, wenn er die ihm obliegenden Dienstpflichten vorsätzlich oder grob fahrlässig verletzt hat. Der Sinn dieses **Haftungsprivilegs** besteht darin, die Entscheidungsfreude der Beamten zu stärken: Die Beamten sollen auch unter Zeitdruck die erforderlichen Entscheidungen treffen, ohne von der Sorge vor persönlichen finanziellen Folgen einer Fehlentscheidung geleitet zu werden. Der Vorwurf der groben Fahrlässigkeit richtet sich nach den individuellen Fähigkeiten des handelnden Beamten (BVerwG, ZBR 1991, 246/247). Grob fahrlässig handelt ein Beamter, wenn er die erforderliche Sorgfaltspflicht in besonders schwerwiegender Weise verletzt und nicht beachtet, was im konkreten Fall jedem einleuchten muss (BVerwGE 19, 243/248; ausführlich dazu *Simianer,* ZBR 1993, 33 ff.). Vorliegend hat *K* nur versehentlich aufgrund einer Übermüdung kurz vor Dienstschluss seine Amtspflicht missachtet; im Übrigen hat er sich in der Vergangenheit immer als zuverlässig erwiesen. Ein grob fahrlässiger Pflichtverstoß des *K* i. S. d. § 48 Satz 1 BeamtStG (§ 75 Abs. 1 Satz 1 BBG) kann deshalb nicht angenommen werden.

227. Wer trägt im vorherigen Fall die Beweislast für ein etwaiges Verschulden des *K*?

Nach höchstrichterlicher Rechtsprechung findet § 280 Abs. 1 Satz 2 BGB analoge Anwendung. Das bedeutet, dass grundsätzlich der Beamte, hier also *K,* beweisen muss, dass ihm keine grobe Fahrlässigkeit vorgeworfen werden kann. Da ein solcher Beweis jedoch kaum geführt werden kann, greift in Erstattungsfällen eine Beweiserleichterung. Der Beamte kann sich auf den Beweis des ersten Anscheins beschränken, dass er seine Pflichten bis zum Schadensereignis ordnungsgemäß erfüllt hat. Denn nach Auffassung des BVerwG ist davon auszugehen, dass ein pflichtgetreuer Beamter jedenfalls nicht ganz ungewöhnlich stark, also grob fahrlässig gegen seine Dienstpflichten verstoßen hat (BVerwGE 52, 255/262; BVerwG, NVwZ 1999, 77/78). Im Ergebnis führt diese Rechtsprechung zu einer **Beweislastumkehr:** Bei pflichtgetreuen Beamten muss der Dienstherr die grobe Fahrlässigkeit beweisen, was ihm aber regelmäßig nicht gelingen dürfte.

228. Polizeihauptkommissar *H* ist als Dienstgruppenleiter bei der Bundespolizei beschäftigt. Für sich und seine Familie baut er ein schickes Einfamilienhaus. Um die Baukosten zu reduzieren, setzt *H* für die Arbeiten auf der Baustelle Beamte seiner Dienstgruppe während deren Arbeitszeit ein. Ist der Bundesrepublik Deutschland als Dienstherr ein Schaden entstanden, den *H* gemäß § 75 Abs. 1 Satz 1 BBG (§ 48 Satz 1 BeamtStG) ersetzen muss?

Eine Schadensersatzpflicht des *H* gemäß § 75 Abs. 1 Satz 1 BBG (§ 48 Satz 1 BeamtStG) setzt voraus, dass die Dienstpflichtverletzung zu einer Schädigung seines Dienstherrn geführt hat (BVerwGE 70, 296/300 f.). Maßgebend ist der § 249 BGB zugrundeliegende Schadensbegriff. Danach besteht der **Schaden** in dem Unterschied zwischen der Vermögenslage des Dienstherrn, wie sie sich infolge der schuldhaften Dienstpflichtverletzungen gestaltet hat, und seiner Vermögenslage, wie sie ohne diese bestehen würde (vgl. BVerwGE 69, 331/333).

Nach der **Differenzhypothese** hat die Bundesrepublik Deutschland durch den Einsatz der Bundespolizisten auf der Baustelle des *H* keinen Schaden erlitten. Da die Bundespolizisten im Dienst waren, hätten sie ihre Dienstbezüge „sowieso" erhalten. Ihnen wären die Bezüge folglich auch ausgezahlt worden, wenn sie in ihrer Dienststelle mangels Einsatzlage nichts getan hätten (vgl. BVerwGE 56, 315/319 f.). Ein Schaden kann nur ausnahmsweise bejaht werden, wenn Beamte vollständig zweckentfremdet eingesetzt werden, sodass sie auch im Bedarfsfall ihren eigentlichen Aufgaben nicht mehr nachkommen können. In dieser Situation ist der Schadenersatz auf die Erstattung der vom Dienstherrn zu viel gezahlten Dienstbezüge gerichtet. Anhaltspunkte für diesen Sonderfall liefert der Sachverhalt jedoch nicht.

229. Polizeihauptkommissar *H* ist immer noch als Dienstgruppenleiter bei der Bundespolizei beschäftigt. Um den Bau seines Familienheims zu beschleunigen, lässt *H* Baustoffe mit einem Streifenwagen der Bundespolizei vom Baumarkt zu seiner Baustelle transportieren. Ist seinem Dienstherrn dadurch ein Schaden gemäß § 75 Abs. 1 Satz 1 BBG entstanden?

Ja. Ob in der Verwendung der Streifenwagen für private Transportzwecke des *H* ein Schaden zu sehen ist, hängt von der Verkehrsauffassung ab (sog. normativer Schadensbegriff). Falls das Bereithalten eines Fahrzeugs einen wirtschaftlichen Wert für den Eigentümer darstellt, ist in der **Entziehung der Gebrauchsmöglichkeit** ein Schaden zu sehen (BGHZ 98, 212/216 ff.). Dieser Grundsatz gilt auch bei Behördenfahrzeugen (BVerwGE 69, 331/333 f.; BGH, NJW 1985, 2471). Bei der Nutzung von Fahrzeugen der Polizei ist zwischen speziellen Einsatzfahrzeugen, bei denen eine wirtschaftliche Nutzung praktisch undenkbar ist, und anderen Dienstfahrzeugen zu unterscheiden. Nur bei Letzteren verursacht die Nutzung für private Zwecke einen wirtschaftlichen Schaden des Dienstherrn, der zum Schadenersatz verpflichtet (BVerwGE 69, 331/333 f.). So verhält es sich hier: Denn *H* hat einen

Streifenwagen der Bundespolizei zum Transport von Baumaterialien genutzt. Daher hat er ein den Kosten eines Mietwagens entsprechendes Nutzungsentgelt als Schadenersatz zu entrichten (vgl. BGHZ 86, 128/131).

230. Seine Vorgesetzte, Polizeirätin *R*, hat den Einsatz des Streifenwagens für den privaten Hausbau des *H* geduldet und dadurch ebenfalls ihre Dienstpflichten verletzt. Mindert sich dadurch die Schadenersatzpflicht des *H*?

Nein. Das Mitverschulden eines anderen Beamten bewirkt keine Minderung der Schadenersatzverpflichtung analog § 254 Abs. 1 BGB (BVerwGE 56, 315/322). Vielmehr schreibt § 75 Abs. 1 Satz 2 BBG (§ 48 Satz 2 BeamtStG) eine **gesamtschuldnerische Haftung** vor. Der Dienstherr kann also von jedem der beteiligten Beamten den Ersatz des gesamten Schadens verlangen. Etwas anderes gilt nur, sofern der Dienstherr einen anderen Beamten ausdrücklich zur Unterstützung des zum Schadenersatz verpflichteten Beamten eingesetzt hat. In diesem – hier nicht vorliegenden – Sonderfall muss der Dienstherr die Dienstpflichtverletzung des anderen Beamten als Mitverschulden anspruchsmindernd gegen sich gelten lassen.

231. Der Dienstherr macht den Schadenersatzanspruch gegen *H* erst vier Jahre nach der Fertigstellung des Hauses geltend. Kann *H* sich auf Verjährung berufen?

Ja. Die Verjährung der Schadenersatzansprüche gemäß § 75 Abs. 1 BBG (§ 48 Satz 1 BeamtStG) richtet sich nach den Verjährungsvorschriften des BGB. Gemäß § 195 BGB beträgt die **regelmäßige Verjährungsfrist** drei Jahre. Sie beginnt mit dem Schluss des Jahres, in dem der Anspruch entstanden ist und der Dienstherr von den den Anspruch begründenden Umständen und der Person des Schuldners Kenntnis erlangt hat oder ohne grobe Fahrlässigkeit hätte erlangen müssen (§ 199 Abs. 1 BGB). Abzustellen ist auf die Kenntnis der Stellen, die die finanziellen Interessen des Dienstherrn im Zusammenhang mit der Dienstpflichtverletzung wahrzunehmen haben (BVerwG, NJW 1996, 2175/2176). Dies sind zum einen die für die Geltendmachung von Schadensersatzansprüchen zuständigen Stellen (BVerwGE 81, 301/305) sowie die Vorgesetzten des den Schaden verursachenden Beamten (OVG Münster, DVBl. 1974, 596/597). Da seine unmittelbare Vorgesetze, Polizeirätin *R*, Kenntnis von dem Einsatz des Streifenwagens für seinen privaten Hausbau hatte, kann *H* nunmehr die Verjährung des Schadenersatzanspruchs geltend machen.

232. Studienrat *L* (Landesbeamter) unterrichtet an einem Gymnasium in Bonn das Fach Chemie. Infolge grober Fahrlässigkeit läuft Salzsäure aus und beschädigt die Bodenplatten des Unterrichtsraums. Das Schulgebäude steht im Eigentum der Stadt Bonn. Kann das Land Nordrhein-Westfalen den *L* für den Schaden der Stadt Bonn in Anspruch nehmen?

Ja. Verletzt ein Beamter schuldhaft seine Dienstpflichten, so hat er zwar, wie sich aus dem Wortlaut des § 75 Abs. 1 Satz 1 BBG (§ 48 Satz 1 BeamtStG) ergibt, nur

„dem Dienstherrn" den daraus entstandenen Schaden zu ersetzen. Durch diese Anspruchskonzentration auf den Dienstherrn wird sichergestellt, dass der Beamte wegen einer Verletzung seiner Dienstpflichten nur dem gegenüber haftet, zu dem er „in einem öffentlich-rechtlichen Dienst- und Treueverhältnis" steht (§ 4 BBG, § 3 Abs. 1 BeamtStG). Die finanzielle Verantwortung des Beamten für die Folgen einer Dienstpflichtverletzung gegenüber seinem Dienstherrn kann allerdings nicht deshalb entfallen, weil diese Folgen einen anderen Dienstherrn treffen. Daher kann sein Dienstherr vom Beamten den Ersatz des dem anderen Dienstherrn entstandenen Schadens nach den Grundsätzen der **Drittschadensliquidation** verlangen (so bereits VGH Mannheim, ZBR 1974, 337/338). Soweit der ersatzberechtigte Dienstherr den Ersatz des Drittschadens erlangt, hat er den Betrag dem eigentlich Geschädigten zur Verfügung zu stellen (BVerwG, NJW 1995, 978).

233. Beamtin *L* ist in der Liegenschaftsverwaltung einer Bundesbehörde tätig und u. a. für den Streudienst zuständig. Infolge eines unerwarteten Wintereinbruchs sind die Wege auf dem behördlichen Grundstück eines Morgens vereist. Bürger *P*, der einen Termin in der Behörde wahrzunehmen hat, stürzt und bricht sich ein Bein.

a) Kann *P* Schadenersatzansprüche gegen *L* geltend machen?
b) Kann die Bundesrepublik Deutschland die *L* in Regress nehmen, wenn sie an den *P* Schadenersatz geleistet hat?

a) Nein. Zwar hat *L* fahrlässig und damit schuldhaft ihre Amtspflicht verletzt, da sie auf dem behördlichen Grundstück trotz der Vereisung kein Streugut ausgebracht hat. Die Voraussetzungen eines Schadenersatzanspruches gemäß § 839 BGB sind daher erfüllt. Allerdings wird der Schadenersatzanspruch nach Art. 34 Satz 1 GG auf den Dienstherrn übergeleitet, gegen den *P* seinen Anspruch geltend machen muss (ausführlich *Detterbeck,* Allg. Verwaltungsrecht, 20. Aufl. 2022, Rn. 1053 ff.).

b) Nein. Wie Art. 34 Satz 2 GG und auf einfachgesetzlicher Ebene § 75 Abs. 1 BBG (§ 48 Satz 1 BeamtStG) verdeutlichen, ist ein Rückgriff des Dienstherrn nur bei vorsätzlicher oder grob fahrlässiger Amtspflichtverletzung des Beamten zulässig. Da der Wintereinbruch jedoch nicht vorhersehbar war, dürfte *L* zumindest nicht grob fahrlässig gehandelt haben.

234. Die beiden Beamten *A* und *B* arbeiten in der Standortverwaltung einer Pioniereinheit der Bundeswehr. Eines Tages schlagen sie in alkoholisiertem Zustand gemeinsam einen Bundeswehrsoldaten auf dem Kasernengelände zusammen. Der Soldat erhält von der Bundeswehr Schadenersatz wegen bleibender Gesundheitsschäden und Schmerzensgeld in Höhe von 70.000 Euro. Wessen Tatbeiträge – die des *A* oder des *B* – die Gesundheitsschäden bei dem Soldaten verursacht haben, lässt sich nicht ermitteln. Da *A* zwischenzeitlich aus dem öffentlichen Dienst ausgeschieden ist, nimmt die Bundesrepublik Deutschland den *B* auf Ersatz des gezahlten Schadenersatzes in Anspruch. Zu Recht?

Ja. Rechtsgrundlage für den Regressanspruch des Bundes gegen *B* ist § 75 Abs. 1 BBG (§ 48 Satz 1 BeamtStG). Aus seiner Pflicht zum vollen persönlichen Einsatz nach § 61 Abs. 1 Satz 1 BBG (§ 34 Abs. 1 Satz 1 BeamtStG) folgt die Pflicht des Beamten, den Dienstherrn vor Schäden zu bewahren. Gegen diese Pflicht hat der *B* durch seine Beteiligung an der Schlägerei mindestens grob fahrlässig verstoßen. Der Regressanspruch des Bundes setzt allerdings weiter voraus, dass der Schaden durch eine Dienstpflichtverletzung des *B* adäquat verursacht worden ist (vgl. etwa BVerwGE 70, 296/300). Eine **Verbindung zwischen Pflichtverletzung und Schadenseintritt** ist adäquat kausal, wenn die begangene Dienstpflichtverletzung nach allgemeiner Lebenserfahrung für einen objektiven Betrachter geeignet war, den Schaden herbeizuführen (vgl. BVerwGE 70, 296/300). Dass nicht zu ermitteln ist, welcher der beiden Schläger den gesundheitlichen Schaden des Bundeswehrsoldaten und damit den mittelbaren Schaden der Bundesrepublik verursacht hat, ist ohne Belang. Analog § 830 Abs. 1 Satz 2 BGB ist jeder von mehreren an einer unerlaubten Handlung Beteiligten für den gesamten Schaden auch dann verantwortlich, wenn sich nicht ermitteln lässt, wer von ihnen den Schaden durch seine Handlung verursacht hat. Der allgemeine **Rechtsgedanke des § 830 Abs. 1 Satz 2 BGB** findet auch im öffentlichen Dienstrecht Anwendung. Denn es wäre unbillig, wenn der geschädigte Dienstherr bei mehreren als Schädiger in Betracht kommenden Bediensteten ersatzlos bliebe, obwohl ihm in jeden Fall ein Schadensersatzanspruch zusteht (BVerwG, NJW 1999, 3727/3728 f.).

235. Polizeioberkommissar *S* verursacht bei einer Streifenwagenfahrt fahrlässig einen Verkehrsunfall, bei dem sein Kollege Polizeihauptmeister *M* verletzt wird.

a) **Steht *M* ein beamtenrechtlicher Anspruch auf Zahlung von Schadenersatz gegen seinen Kollegen *S* zu?**

b) **Kann *M* die Zahlung von Schadenersatz von seinem Dienstherrn verlangen?**

a) Nein. Zwar kann ein Beamter im Dienst auch Pflichten gegenüber Kollegen verletzten. Ein unmittelbarer Schadenersatzanspruch gegen den schädigenden Beamten findet sich im Beamtenrecht jedoch nicht.

b) Ja. Zunächst besteht zwar kein Anspruch des *M* gegen seinen Dienstherrn auf Zahlung von Schadenersatz aus Amtshaftung gemäß § 839 Abs. 1 BGB i. V. m. Art. 34 Satz 1 GG. Denn der geschädigte Beamte ist kein „Dritter" im Sinne der Amtshaftungsvorschriften.

Allerdings besteht eine Fürsorgepflicht des Dienstherrn gemäß § 78 BBG (§ 45 BeamtStG) zugunsten des geschädigten Beamten. Da der schädigende Beamte – hier der *S* – analog § 278 BGB als Erfüllungsgehilfe des Dienstherrn tätig geworden ist, steht dem Geschädigten – dem *M* – ein **Schadenersatzanspruch analog § 280 Abs. 1 BGB** gegen den Dienstherrn zu (*Schmidt,* Beamtenrecht, 2017, Rn. 382).

236. Kann ein Dienstherr einen Schadenersatzanspruch gegen einen Beamten durch einen Verwaltungsakt geltend machen?

Die Beantwortung der Frage ist umstritten. Die Rechtsprechung und der überwiegende Teil des Schrifttums gehen davon aus, dass der Dienstherr Schadenersatzansprüche gegen seine Beamten durch Verwaltungsakt **(Leistungsbescheid)** geltend machen kann (exemplarisch BVerwGE 71, 354/357 f.; ebenso *Bodanowitz,* in: Schnellenbach, Beamtenrecht, 10. Aufl. 2020, § 9 Rn. 52 m. w. N.). Die Befugnis hierzu wird aus dem gewohnheitsrechtlich anerkannten Grundsatz abgeleitet, dass der Staat in Sonderstatusverhältnissen seine Rechte einseitig durch Verwaltungsakt durchsetzen könne.

Eine andere Ansicht im Schrifttum nimmt hingegen an, der Dienstherr müsse seine Ansprüche stets mit einer **Leistungsklage** vor dem Verwaltungsgericht durchsetzen (*Korte,* in: Stober/Kluth, Verwaltungsrecht I, 13. Aufl. 2017, § 45 Rn. 21; *Grigoleit,* in: Battis, BBG, 6. Aufl. 2022, § 75 Rn. 22; anders noch *Battis,* BBG, 4. Aufl. 2009, § 75 Rn. 22).

Das Argument der Gegenansicht, dass die aufdrängende Sonderzuweisung in § 126 Abs. 2 BBG gegenstandslos werde, wenn der Dienstherr seine Ansprüche durch Leistungsbescheid geltend machen könne, vermag nicht zu überzeugen. Denn es sind ebenfalls vertragliche Ansprüche des Dienstherrn denkbar, z. B. aus einem Ausbildungskostenvertrag (vgl. BVerwGE 52, 183/187), auf die § 126 Abs. 2 BBG in jedem Fall Anwendung findet. Zudem schließt die Annahme der Zulässigkeit eines Leistungsbescheids die Möglichkeit einer Leistungsklage nicht aus: Wenn der Beamte einen Leistungsbescheid aller Voraussicht nach mit Widerspruch oder Klage anfechten wird, kann der Dienstherr stattdessen unmittelbar auf Schadenersatz klagen (vgl. BVerwGE 28, 1/10 f.).

c) Strafrechtliche Folgen

237. Begeht ein Beamter auch dann eine Straftat, wenn er auf Weisung seines Vorgesetzten gehandelt hat?

Ja. Gemäß § 63 Abs. 1 BBG (§ 36 Abs. 1 BeamtStG) tragen Beamte für die Rechtmäßigkeit ihrer dienstlichen Handlungen die volle persönliche Verantwortung. Sogar nach zweifacher Bestätigung der Anordnung durch den unmittelbaren und den nächsthöheren Vorgesetzten dürfen Beamte keine Weisungen ausführen, wenn das angeordnete Verhalten strafbar oder ordnungswidrig ist und die **Strafbarkeit oder Ordnungswidrigkeit** für die Beamten erkennbar ist (§ 63 Abs. 2 Satz 4 BBG, § 36 Abs. 2 Satz 4 BeamtStG). Die Weisung eines Vorgesetzten stellt deshalb keinen Rechtfertigungsgrund im strafrechtlichen Sinne dar.

238. Was sind echte und unechte Amtsdelikte?

Echte Amtsdelikte sind solche Delikte, bei denen die Eigenschaft als Amtsträger die Strafbarkeit begründet. Echte Amtsdelikte können also nur von Amtsträgern begangen werden. Beispiele sind die Korruptionsstraftaten gemäß §§ 331 ff. StGB.

Bei **unechten Amtsdelikten** hingegen kann der Grundtatbestand zwar von jedermann, die Qualifikation jedoch nur von Amtsträgern verwirklicht werden. Zu nennen ist exemplarisch die Körperverletzung im Amt gemäß § 340 StGB. Während die einfache Körperverletzung nach § 223 StGB als Grundtatbestand von jedermann vollendet werden kann, pönalisiert § 340 StGB als Qualifikation ausschließlich Körperverletzungen in Ausübung des Dienstes oder mit Bezug auf den Dienst.

239. Worin unterscheiden sich Vorteilsannahme, Bestechlichkeit, Vorteilsgewährung und Bestechung?

Die Vorteilsannahme gemäß § 331 StGB vollendet ein Beamter, der für eine rechtmäßige Dienstausübung einen Vorteil für sich oder einen Dritten fordert, sich versprechen lässt oder annimmt. Den Tatbestand der Bestechlichkeit gemäß § 332 StGB verwirklicht, wer einen Vorteil für sich oder einen Dritten als Gegenleistung für eine pflichtwidrige Diensthandlung fordert, sich versprechen lässt oder annimmt. Die Vorteilsgewährung nach § 333 StGB ist das Pendant zur Vorteilsannahme; die Bestechung nach § 334 StGB stellt das Gegenstück zur Bestechlichkeit dar (vgl. *Schmidt,* Beamtenrecht, 2017, Rn. 415).

240. Bundesbeamter *U* ist wegen Untreue gemäß § 266 StGB vom Amtsgericht Bonn zu einer Freiheitsstrafe von einem Jahr auf Bewährung verurteilt worden. Welche Auswirkungen hat das Strafurteil auf sein Beamtenverhältnis?

Wird ein Beamter im ordentlichen Strafverfahren wegen einer vorsätzlichen Tat zu einer Freiheitsstrafe von mindestens einem Jahr verurteilt, endet das Beamtenverhältnis gemäß § 41 Abs. 1 Satz 1 Nr. 1 BBG (§ 24 Abs. 1 Satz 1 Nr. 1 BeamtStG) mit der Rechtskraft des Urteils. Das Beamtenverhältnis des *U* wird daher mit der Rechtskraft des Urteils des Amtsgerichts Bonn kraft Gesetzes beendet. Vollendet ein Beamter ein Staatsschutzdelikt oder den Straftatbestand der Bestechlichkeit, reicht bereits eine Freiheitsstrafe von mindestens sechs Monaten zur Beendigung des Beamtenverhältnisses aus (§ 41 Abs. 1 Satz 1 Nr. 2 BBG, § 24 Abs. 1 Satz 1 Nr. 2 BeamtStG).

241. Das Beamtenverhältnis des (ehemaligen) Bundesbeamten *U* wurde wegen seiner Verurteilung zu einer Freiheitsstrafe gemäß § 41 Abs. 1 Satz 1 Nr. 1 BBG (§ 24 Abs. 1 Satz 1 Nr. 1 BeamtStG) beendet. Welche finanziellen Folgen resultieren daraus?

Mit der Beendigung des Beamtenverhältnisses nach § 41 Abs. 1 Satz 1 Nr. 1 BBG (§ 24 Abs. 1 Satz 1 Nr. 1 BeamtStG) verliert *U* zugleich seinen Anspruch auf Besoldung und Versorgung, wie § 41 Abs. 2 Satz 1 BBG klarstellt. Gemäß § 8 Abs. 2 Satz 1 Nr. 1 SGB VI ist *U* allerdings nachzuversichern; die Nachversicherung bezieht sich freilich nur auf den Arbeitgeberanteil zur gesetzlichen Rentenversicherung.

d) Disziplinarrechtliche Folgen

242. Welchen Zwecken dient ein Disziplinarverfahren?

Ein Disziplinarverfahren dient im Wesentlichen drei Zwecken:

1. Ein gegen seine Dienstpflichten verstoßender Beamter soll an seine Pflichtenstellung erinnert und wieder zu einem pflichtgemäßen Verhalten angehalten werden **(Präventionsfunktion).**
2. Zudem soll das Ansehen des Amtes und des Beamtentums in der Öffentlichkeit aufrechterhalten werden **(Ordnungsfunktion).**
3. Zuletzt dient ein Disziplinarverfahren auch dem Schutz des Beamten. Denn nur im gesetzlich geregelten Disziplinarverfahren darf in dessen Rechtsstellung eingegriffen werden **(Schutzfunktion).**

243. Welche Disziplinarmaßnahmen dürfen
a) von der obersten Dienstbehörde oder vom Dienstvorgesetzten in einem behördlichen Disziplinarverfahren,
b) vom Verwaltungsgericht in einem gerichtlichen Disziplinarverfahren
gegen einen Beamten verhängt werden?

a) Nach § 33 Abs. 1 BDiszG dürfen in einem behördlichen Disziplinarverfahren
   - ein Verweis,
   - eine Geldbuße,
   - eine Kürzung der Dienstbezüge oder
   - eine Kürzung des Ruhegehalts

   ausgesprochen werden.
b) Soll gegen den Beamten auf
   - Zurückstufung,
   - Entfernung aus dem Beamtenverhältnis oder
   - Aberkennung des Ruhegehalts

   erkannt werden, ist gemäß § 34 Abs. 1 BDiszG Disziplinarklage vor dem Verwaltungsgericht zu erheben (vgl. *Weiß,* ZBR 2002, 17/25 ff.).

244. Der bei der Finanzkasse beschäftigte Stadtamtsrat *R* befindet sich wegen eines teuren Hausbaus in finanziellen Schwierigkeiten und entnimmt der Finanzkasse Beträge von insgesamt 10.000 Euro. Vom zuständigen Amtsgericht wird *R* deshalb wegen Untreue gemäß § 266 StGB zu einer Freiheitsstrafe von acht Monaten auf Bewährung verurteilt. Im Anschluss leitet der Oberbürgermeister ein Disziplinarverfahren ein, um *R* aus dem Dienst zu entfernen. Im Rahmen des Disziplinarverfahrens beruft *R* sich auf das Verbot der Doppelbestrafung gemäß Art. 103 Abs. 3 GG, um eine Disziplinarmaßnahme zu verhindern. Zu Recht?

Nein. Die Verhängung einer Disziplinarmaßnahme neben einer strafrechtlichen Verurteilung verstößt nicht gegen das **Verbot der Doppelbestrafung gemäß**

Art. 103 Abs. 3 GG („ne bis in idem"). Denn das Strafverfahren und das Disziplinarverfahren dienen unterschiedlichen Zwecken. Während das Strafverfahren das staatliche Gewaltmonopol durch Sühne des Täters (Spezialprävention) und Abschreckung anderer Straftäter (Generalprävention) schützen soll, dient das Disziplinarverfahren letztlich der Aufrechterhaltung der Funktionsfähigkeit des Beamtentums.

Beide Verfahren werden freilich durch die Vorschrift in § 14 BDiszG miteinander verknüpft. Danach dürfen neben einer Strafe, Geldbuße oder Ordnungsmaßnahme ein Verweis, eine Geldbuße oder eine Kürzung des Ruhegehalts wegen desselben Sachverhalts nicht ausgesprochen werden (§ 14 Abs. 1 Nr. 1 BDiszG). Eine Kürzung der Dienstbezüge darf nur ausgesprochen werden, wenn dies zusätzlich erforderlich ist, um den Beamten zur Pflichterfüllung anzuhalten (§ 14 Abs. 1 Nr. 2 BDiszG). Auf die schwerste Disziplinarmaßnahme, die Entfernung aus dem Dienst, findet § 14 BDiszG keine Anwendung.

245. *W* ist Beamtin auf Widerruf; *R* ist Ruhestandsbeamter. Dürfen gegen *W* und *R* im Rahmen eines Disziplinarverfahrens Verweise erteilt oder Geldbußen verhängt werden?

Beamten auf Widerruf *(W)* dürfen gemäß § 5 Abs. 3 Satz 1 BDiszG (nur) Verweise erteilt und Geldbußen auferlegt werden. Zulässige Disziplinarmaßnahmen gegen Ruhestandsbeamte *(R)* sind gemäß § 5 Abs. 2 BDiszG die Kürzung und die Aberkennung des Ruhegehalts; Verweise und Geldbußen hingegen sind bei Ruhestandsbeamten nicht möglich.

246. Warum dürfen gegen Beamte auf Probe und Beamte auf Widerruf keine schweren Disziplinarmaßnahmen ausgesprochen werden?

Weil Beamte auf Probe und Beamte auf Widerruf bei schweren Dienstvergehen regelmäßig nach § 34 Abs. 1 Satz 1 Nr. 1 und § 37 Abs. 1 Satz 1 BBG (§ 23 Abs. 3 Satz 1 Nr. 1 und Abs. 4 Satz 1 BeamtStG) durch Verwaltungsakt entlassen werden.

247. Steueramtsfrau *A* hat öffentlich während der Betriebsprüfung eines Unternehmens beleidigende Tatsachen über den Vorsteher ihres Finanzamtes geäußert. Als sie deshalb von ihrem Sachgebietsleiter gerügt wird, fühlt sie sich in ihrem Grundrecht auf Meinungsfreiheit verletzt.

a) *A* fragt sich, ob die Rüge ihres Vorgesetzten als Disziplinarmaßnahme einzustufen ist.

b) *A* möchte ferner wissen, wie sie sich gegen die Rüge ihres Sachgebietsleiters zur Wehr setzen kann?

a) Nein. Rügen, Zurechtweisungen oder Ermahnungen sind missbilligende Äußerungen, die keine Disziplinarmaßnahmen darstellen, sofern sie nicht ausdrücklich als Verweis bezeichnet werden (§ 6 Satz 2 BDiszG).

b) *A* stehen folgende Möglichkeiten zur Verfügung:
- Sofern ihr Sachgebietsleiter mit seiner Rüge zugleich den Verdacht eines Dienstvergehens angedeutet hat, kann *A* gemäß § 18 BDiszG die Einleitung eines Disziplinarverfahrens gegen sich selbst beantragen, um sich vom Verdacht eines Dienstvergehens zu entlasten (sog. Selbstreinigungsverfahren).
- Falls die Unterlagen über die Rüge in ihre Personalakte aufgenommen werden sollen, darf *A* sich hierzu äußern. Ihre Äußerungen sind ebenfalls zur Personalakte zu nehmen (§ 109 BBG). Im Übrigen kann der Vorgang auf Antrag der *A* nach zwei Jahren entfernt und vernichtet werden (§ 16 Abs. 5 BDiszG i. V. m. § 112 Abs. 1 Satz 1 Nr. 2 BBG).
- Bei einer Rüge handelt es sich nicht um einen Verwaltungsakt (diese Frage offen lassend VGH Mannheim, IÖD 1994, 89/90). *A* kann deshalb einen Antrag auf Rücknahme der Rüge stellen und nach erfolglosem Vorverfahren eine allgemeine Leistungsklage erheben (vgl. OVG Saarland, Beschl. v. 19.4.2006 – 1 Q 63/05, juris Tz. 2).

248. Wonach ist eine Disziplinarmaßnahme zu bemessen?

Die Entscheidung über eine Disziplinarmaßnahme ergeht nach pflichtgemäßem Ermessen (§ 13 Abs. 1 Satz 1 BDiszG):
- Dabei ist die Disziplinarmaßnahme zuvörderst nach der **Schwere des Dienstvergehens** zu bemessen (§ 13 Abs. 2 Satz 2 BDiszG), also dem Gewicht der Pflichtverletzung, dem Verschuldensgrad und der Schadensintensität.
- Zudem ist das **Persönlichkeitsbild des Beamten** angemessen zu berücksichtigen (§ 13 Abs. 1 Satz 3 BDiszG).
- Ferner ist zu beachten, in welchem Umfang der Beamte das **Vertrauen des Dienstherrn oder der Allgemeinheit** beeinträchtigt hat (§ 13 Abs. 1 Satz 4 BDiszG). Entscheidend sind insoweit das Amt des Beamten im statusrechtlichen Sinne, die spezifische Pflichtenbindung auf seinem konkreten Dienstposten und die Schwere des ihm zur Last gelegten Dienstvergehens.

249. Wie gestaltet sich der Ablauf eines behördlichen Disziplinarverfahrens?

Das behördliche Disziplinarverfahren gliedert sich in die Verfahrenseinleitung, die Verfahrensdurchführung und die Abschlussentscheidung.
1. Wenn zureichende tatsächliche Anhaltspunkte vorliegen, die den Verdacht eines Dienstvergehens rechtfertigen, wird ein Disziplinarverfahren von Amts wegen eingeleitet (§ 17 BDiszG). Der betroffene Beamte kann zudem die Einleitung eines Disziplinarverfahrens gegen sich selbst beantragen, um sich vom Verdacht eines Dienstvergehens zu entlasten (§ 18 BDiszG).
2. Disziplinarverfahren sind beschleunigt durchzuführen (§ 4 BDiszG). Über das Disziplinarverfahren ist der betroffene Beamte unverzüglich zu unterrichten (§ 20 BDiszG). Die zur Aufklärung des Sachverhalts erforderlichen Ermittlungen sind von Amts wegen durchzuführen (§ 21 BDiszG). Ist gegen den Beamten

wegen des Sachverhalts, der dem Disziplinarverfahren zugrunde liegt, in einem Strafverfahren Anklage erhoben worden, ist das Disziplinarverfahren auszusetzen (§ 22 BDiszG).

3. Das Disziplinarverfahren endet mit einer Abschlussentscheidung. Möglich sind eine Einstellung des Verfahrens gemäß § 32 BDiszG, eine Disziplinarverfügung gemäß § 33 BDiszG oder die Erhebung einer Disziplinarklage gemäß § 34 BDiszG. Bei einer Disziplinarverfügung handelt es sich um einen belastenden Verwaltungsakt.

250. Welche Rechtsschutzmöglichkeiten stehen dem betroffenen Beamten gegen eine Disziplinarverfügung zur Verfügung?

Eine Disziplinarverfügung ist ein belastender Verwaltungsakt. Vor der Erhebung einer verwaltungsgerichtlichen Klage muss der betroffene Beamte daher zunächst erfolglos ein Widerspruchsverfahren gemäß §§ 41 ff. BDiszG durchgeführt haben. Eine Klage gegen die Disziplinarverfügung in Gestalt des Widerspruchsbescheids ist als Anfechtungsklage nach § 42 Abs. 1 Var. 1 VwGO statthaft. Gemäß § 60 Abs. 3 BDiszG hat das Verwaltungsgericht allerdings – anders als nach § 113 Abs. 1 Satz 1 VwGO – nicht nur die Rechtmäßigkeit, sondern auch die Zweckmäßigkeit der Disziplinarverfügung zu kontrollieren.

251. Dienstvorgesetzter *D* erfährt, dass Beamtin *A* ihre Dienstpflichten verletzt hat.

a) Muss *D* ein Disziplinarverfahren einleiten, wenn *A* sich bislang immer tadellos verhalten hat?

b) Muss *D* auch dann ein Disziplinarverfahren einleiten, wenn *A* in wenigen Wochen in den Ruhestand treten wird?

c) Muss eine Disziplinarmaßnahme ausgesprochen werden, wenn tatsächlich ein Dienstvergehen der *A* festgestellt wird?

a) Ja. Gemäß § 17 Abs. 1 Satz 1 BDiszG hat der Dienstvorgesetzte ein Disziplinarverfahren einzuleiten, wenn zureichende tatsächliche Anhaltspunkte vorliegen, die den Verdacht eines Dienstvergehens rechtfertigen. Es gilt das **Legalitätsprinzip.** Die Einleitungspflicht ist eine Dienstpflicht wie § 17 Abs. 1 Satz 1 BDiszG ausdrücklich bestimmt (vgl. auch KG, NVwZ-RR 2001, 496/497). Leitet der Dienstvorgesetzte entgegen dem Gebot aus § 17 BDiszG kein Disziplinarverfahren ein, begeht er selbst ein Dienstvergehen.

b) Ja. Wie § 5 Abs. 2 BDiszG klarstellt, können Disziplinarmaßnahmen auch gegen Ruhestandsbeamte verhängt werden. Der bevorstehende Eintritt in den Ruhestand ist daher kein Grund, von der Einleitung eines Disziplinarverfahrens abzusehen.

c) Nein. Die Entscheidung über eine Disziplinarmaßnahme ergeht nach pflichtgemäßem Ermessen (§ 13 Abs. 1 Satz 1 BDiszG). Es gilt das **Opportunitätsprinzip.**

252. Welche vorläufigen Maßnahmen kann die Behörde bis zum Abschluss eines Disziplinarverfahrens ergreifen?

Die zuständige Behörde kann

1. dem Beamten, dem ein Dienstvergehen zur Last gelegt wird, die Führung der Dienstgeschäfte verbieten (§ 66 BBG, § 39 BeamtStG),
2. ihn mit oder nach der Einleitung des Disziplinarverfahrens vorläufig des Dienstes entheben (§ 38 Abs. 1 Satz 1 BDiszG) oder
3. bei aktiven Beamten bis zu 50 Prozent der Dienstbezüge und bei Ruhestandsbeamten bis zu 30 Prozent der Versorgungsbezüge einbehalten (§ 38 Abs. 2 und 3 BDiszG).

Bei dem **Verbot der Führung der Dienstgeschäfte** gemäß § 66 BBG (§ 39 BeamtStG) handelt es sich um eine „Maßnahme dienstrechtlicher Gefahrenabwehr" (*Günther,* ZBR 1992, 321/327). Ihr Zweck besteht darin, durch die Amtsausübung entstehende Nachteile für die Verwaltung oder den Beamten selbst abzuwenden.

Die **vorläufige Dienstenthebung** nach § 38 Abs. 1 Satz 1 BDiszG hingegen hat strafähnlichen Charakter (*Schmidt,* Beamtenrecht, 2017, Rn. 493). Sie ist deshalb nur zulässig, falls im Disziplinarverfahren voraussichtlich auf Entfernung aus dem Beamtenverhältnis oder auf Aberkennung des Ruhegehalts erkannt werden wird.

VII. Rechte der Beamten

1. Überblick

253. Welche nichtvermögenswerten Rechte stehen den Beamten zu?

Die wichtigsten nichtvermögenswerten Rechte der Beamten sind das Recht auf
- Amtsbezeichnung (§ 86 BBG),
- amtsangemessene Beschäftigung (vorausgesetzt von § 66 BBG und § 39 BeamtStG),
- Urlaub (§§ 89 f. BBG, EUrlV, SUrlV, § 44 BeamtStG),
- Einsicht in die Personalakten (§ 110 BBG, § 50 BeamtStG),
- Beurteilung (§ 21 BBG, §§ 48 ff. BLV),
- Genehmigung von Nebentätigkeiten (§§ 97 ff. BBG, § 40 BeamtStG),
- familienbedingte Teilzeit (§ 92 BBG, § 43 BeamtStG),
- politische Betätigung (§ 60 Abs. 2 BBG, § 33 Abs. 2 BeamtStG),
- gewerkschaftliche Betätigung (§ 116 BBG, § 52 BeamtStG) und
- Rechtsschutz (§ 126 BBG, § 54 BeamtStG).

254. Welche vermögenswerten Rechte können unterschieden werden?

Zu den vermögenswerten Rechten des Beamten zählen insbesondere das Recht auf
- Besoldung (§ 3 Abs. 1 BBesG),
- Versorgung (§ 4 BeamtVG),
- Beihilfe (§ 80 BBG),
- Erstattung von Reise- oder Umzugskosten (§§ 81 f. BBG),
- Trennungsgeld (§ 83 BBG) und
- Mehrarbeitsvergütung (Bundesmehrarbeitsvergütungsverordnung).

2. Schutz- und Fürsorgepflicht des Dienstherrn

255. Wo ist die Fürsorgepflicht des Dienstherrn normiert? Welche Bedeutung kommt ihr zu?

Die **Fürsorgepflicht** ist ein verfassungsrechtlich durch Art. 33 Abs. 5 GG gewährleisteter hergebrachter Grundsatz des Berufsbeamtentums, der einfachgesetzlich in § 78 Satz 1 BBG (§ 45 Satz 1 BeamtStG) konkretisiert wird (BVerfGE 83, 89/100). Aufgrund der Fürsorgepflicht hat der Dienstherr im Rahmen des Dienst- und Treueverhältnisses für das Wohl des Beamten und seiner Familie, auch für die Zeit nach Beendigung des Beamtenverhältnisses, zu sorgen. Das bedeutet, dass der Dienstherr bei allen Maßnahmen die dienstlichen und auch die außerdienstlichen Interessen des Beamten zu berücksichtigen und ihn insbesondere vor Nachteilen zu bewahren hat (BVerwGE 99, 56/59).

256. Kann ein Beamter unmittelbar Ansprüche aus der Fürsorgepflicht herleiten?

Auf die Fürsorgepflicht kann sich ein Beamter erst berufen, sofern sich keine abschließenden Regelungen in beamtenrechtlichen Vorschriften finden lassen. Der Fürsorgepflicht kommt insoweit lediglich eine Funktion als **Auffangtatbestand** zu. Ob der Beamte trotz abschließender Spezialregelungen unmittelbar Ansprüche aus der Fürsorgepflicht herleiten kann, ist nach der Rechtsprechung zwar nicht grundsätzlich ausgeschlossen, aber lediglich in atypischen Fällen zu bejahen. „(A)uf die allgemeinen Vorschriften über die Fürsorgepflicht kann insoweit allenfalls dann zurückgegriffen werden, wenn sonst die Fürsorgepflicht in ihrem Wesenskern verletzt wäre [...]" (BVerwGE 79, 249/253). Soweit der Ausgleich finanzieller Aufwendungen eines Beamten in Rede steht, ist dies dann der Fall, wenn ohne eine Hilfeleistung des Dienstherrn eine unerträgliche Belastung der amtsangemessenen Lebensführung des Betroffenen und seiner unterhaltsberechtigten Angehörigen eintreten würde (BVerwGE 60, 330/334).

257. Beamter *B* arbeitet in der Bundesverwaltung. Eines Tages wird das private Fahrzeug des *B*, das er während seiner Dienstzeit befugterweise auf dem Gelände seiner Dienststelle abgestellt hat, von Unbekannten mutwillig durch Kratzer beschädigt. Kann *B* von seinem Dienstherrn Schadenersatz verlangen?

Nein. Ein Anspruch des *B* könnte sich mangels eines Vertragsverhältnisses allenfalls aus einer Verletzung der Schutz- und Fürsorgepflicht aus § 78 BBG (§ 45 BeamtStG) ergeben. Nach § 78 BBG (§ 45 BeamtStG) sorgt der Dienstherr im Rahmen des Dienst- und Treueverhältnisses für das Wohl des Beamten und seiner Familie und schützt ihn bei seiner amtlichen Tätigkeit und in seiner Stellung als Beamter. Die Pflicht zu Schutz und Fürsorge umfasst nicht nur die Pflicht, Schaden vom Beamten abzuwenden, sondern insbesondere auch, den Beamten und den von ihm in den Dienst eingebrachten Gegenständen keinen Schaden zuzufügen. Die Schutzpflicht des Dienstherrn erfasst allerdings nur diejenigen Sachen des Beamten, die dieser notwendig, dienstlich veranlasst und im üblichen Rahmen zum Dienst mitbringt (BVerwGE 94, 163/164). Das Kraftfahrzeug des *B* ist jedoch nicht für seine dienstliche Aufgabenerledigung erforderlich. Es ist vielmehr Sache des Beamten, entweder mit öffentlichen Verkehrsmitteln – falls nicht zu Fuß oder mit dem Fahrrad – zum Dienst zu gelangen oder sich selbst um eine sichere Unterbringungsmöglichkeit für sein Fahrzeug zu bemühen (vgl. OVG Lüneburg, NJW 1996, 2591 f.).

258. Beamter *N* ist Nichtraucher. Aufgrund einer organisatorischen Umstrukturierung in seiner Behörde teilt er sich seit einigen Tagen ein Büro mit zwei Kettenrauchern. Kann *N* von seinem Dienstherrn die Verhängung eines behördenweiten Rauchverbots oder zumindest die Zuteilung eines Nichtraucherbüros verlangen?

Der Dienstherr ist aufgrund der ihm obliegenden Fürsorgepflicht gehalten, in Fällen, in denen die Gesundheit eines Beamten durch Tabakrauch am Arbeitsplatz gefährdet wird, im Rahmen des Möglichen Abhilfe zu schaffen. Rechte anderer Beschäftigter, die am Arbeitsplatz rauchen wollen, stellen für den Dienstherrn kein rechtliches Hindernis dar, seiner Fürsorgepflicht gegenüber Nichtrauchern zu genügen. Dabei sind die Belange des Nichtrauchers *N* einerseits und die des Dienstherrn bzw. der rauchenden Bediensteten andererseits gegeneinander abzuwägen (BVerwG, NJW 1988, 783/785). Ein Rauchverbot muss der Dienstherr nur dann aussprechen, wenn eine Gesundheitsbeeinträchtigung des *N* nicht ausgeschlossen werden kann und kein rauchfreier Arbeitsplatz verfügbar ist (vgl. BVerwG, NJW 1993, 692 f.).

3. Nichtvermögenswerte Rechte

a) Amtsbezeichnung

259. Was ist eine Amtsbezeichnung?

Amtsbezeichnung ist die vom Bundespräsidenten oder in einem Gesetz festgelegte Bezeichnung des Amtes im statusrechtlichen Sinne, das einem Beamten zugewiesen ist. Die **Amtsbezeichnung** kennzeichnet grundsätzlich nicht das konkrete Amt, sondern die abstrakte Dienststellung (Amtsart). Etwas anderes gilt nur bei Inhabern funktionsgebundener Ämter, die die Bezeichnung ihrer konkreten Amtsstelle führen, z. B. Präsident des Bundesverwaltungsamtes.

Die Amtsbezeichnung hat eine Doppelfunktion: Sie verdeutlicht nach außen die Bedeutung des Amtes unter Berücksichtigung des Amtsinhalts zur Unterscheidung von anderen Ämtern. Gleichzeitig kennzeichnet sie den Inhaber dieses Amtes dahin, dass er auch nach Eignung und Leistung befähigt ist, ein Amt dieses Inhalts wahrzunehmen (BVerfGE 64, 323/352). Eine angemessene wirklichkeitsgerechte Amtsbezeichnung, die die Einordnung des Amtes im Ämtergefüge erkennen lässt, entspricht einem hergebrachten Grundsatz des Berufsbeamtentums i. S. d. Art. 33 Abs. 5 GG und verwirklicht zugleich das Leistungsprinzip (BVerfGE 64, 323/351).

260. Worin unterscheidet sich die Amtsbezeichnung von der Dienst- und Funktionsbezeichnung?

Beamte, denen noch kein Amt im dienstrechtlichen Sinne verliehen ist, z. B. Beamte auf Widerruf im Vorbereitungsdienst, führen keine Amtsbezeichnung, sondern eine **Dienstbezeichnung.** Die Dienstbezeichnung bezeichnet das Grundverhältnis ihrer Laufbahn.

Die **Funktionsbezeichnung** benennt das vom Beamten wahrgenommene Amt im organisatorischen Sinne, seinen Dienstposten, entweder abstrakt (z. B. Referent oder Sachbearbeiter) oder konkret (z. B. Leiter der Geschäftsstelle). Die Funktionsbezeichnung bezeichnet den Amtswalter im dienstlichen Verkehr.

261. ***S*** **hat die Staatsprüfung für das Lehramt an Gymnasien abgelegt und arbeitet als Studiendirektor an einem altsprachlichen Gymnasium in Nordrhein-Westfalen. Der Landesgesetzgeber beabsichtigt, für alle Lehrer die einheitliche Amtsbezeichnung „Lehrer für das Lehramt an öffentlichen Schulen" einzuführen.** ***S*** **fühlt sich in seiner Berufsehre gekränkt und hält das Vorhaben für verfassungswidrig. Hat er Recht?**

Ja, *S* hat Recht. Es existiert ein hergebrachter und zu beachtender Grundsatz des Berufsbeamtentums gemäß Art. 33 Abs. 5 GG, demzufolge dem Beamten eine **„angemessene Amtsbezeichnung"** gebührt. „Angemessen" ist eine Amtsbezeichnung nur, wenn sie über das dem Beamten übertragene Amt Aufschluss gibt, also „wirklichkeitsgerecht" ist (vgl. BVerfGE 38, 1/12). Hinzu kommt, dass die Übertragung des Amtes und dementsprechend die Amtsbezeichnung mit dem im deutschen Beamtenrecht hergebrachten Leistungsprinzip verknüpft ist. Eine allgemeine Nivellierung der Amtsbezeichnungen ist damit unvereinbar. Zwar können Amtsbezeichnungen sehr wohl geändert werden. Sie dürfen aber nicht derart „vereinheitlicht" werden, dass sie nicht mehr erkennen lassen, wo der Beamte innerhalb des Ämtergefüges seinen Platz hat (BVerfGE 38, 1/13). Die Amtsbezeichnungen der Beamten sind zuletzt nur angemessen, wenn sie „anredefähig", d. h. auch im mündlichen Verkehr unverkürzt gebrauchsfähig sind (BVerfGE 38, 1/13). Gemessen an diesen Maßstäben verstößt die einheitliche Amtsbezeichnung „Lehrer für das Lehramt an öffentlichen Schulen" gegen Art. 33 Abs. 5 GG. Denn ihr lässt sich nicht entnehmen, in welcher Schule und in welcher Funktion *S* planmäßig sein Amt innehat, wo also innerhalb des Gesamtgefüges der Schulen seine Verantwortung liegt.

262. ***P*** **ist Professor an einer Verwaltungshochschule. Sein Präsident verbietet ihm aus „Gründen der Korruptionsbekämpfung", seine Amtsbezeichnung bei Vorträgen außerhalb der Hochschule zu führen. Ist das Verbot zulässig?**

Beamten steht das Recht zu, die ihnen verliehene Amtsbezeichnung sowohl im Dienst als auch außerhalb des Dienstes zu führen (§ 86 Abs. 2 BBG). Wird das Recht auf Gebrauch der Amtsbezeichnung bestritten, kann der Beamte analog § 12 BGB auf Beseitigung der Beeinträchtigung oder Unterlassung klagen. Einen Anspruch, auch von Dritten mit der Amtsbezeichnung angeredet zu werden, haben Beamte allerdings nicht.

b) Amtsangemessene Beschäftigung

263. Regierungsdirektor ***R*** **wird unter Beibehaltung seiner Amtsbezeichnung, Laufbahn, Laufbahngruppe und Besoldungsgruppe dauerhaft als Sachbearbeiter in der Registratur seiner Behörde eingesetzt, wo er sich infolge Unterforderung „zu Tode" langweilt. Kann** ***R*** **sich zur Wehr setzen?**

Ja, kann *R*. Jeder Beamte hat einen **Anspruch auf amtsangemessene Beschäftigung,** also einen Anspruch darauf, seinem Amt im statusrechtlichen Sinne entsprechend beschäftigt zu werden. Der Anspruch auf amtsangemessene Beschäftigung ist gesetzlich nicht ausdrücklich normiert, zählt aber zu den hergebrachten Grundsätzen des Berufsbeamtentums i. S. d. Art. 33 Abs. 5 GG. Zwar vermittelt er dem Beamten kein Recht auf einen ganz bestimmten Dienstposten. Auch kann sich das konkrete Einsatzgebiet des Beamten durchaus ändern. Seine Aufgaben müssen jedoch in ihrer Wertigkeit dem statusrechtlichen Amt entsprechen. Ohne seine Zustimmung darf der Beamte weder überhaupt nicht noch unterwertig beschäftigt werden (BVerfGE 70, 251/266). Letzteres ist hier offenkundig der Fall.

264. *O* ist als Obersekretärin (BesGr. A 7 BBesO) im Bundesdienst tätig. In ihrer Behörde wird *O* als abstrakt-funktioneller Aufgabenkreis die Tätigkeit einer Sachbearbeiterin und konkret die Tätigkeit als „Sachbearbeiterin im Bürgerbüro" zugewiesen. Die Tätigkeit einer Sachbearbeiterin ist der BesGr. A 9 BBesO zugeordnet. *O* fühlt sich überfordert und fragt sich, ob die Übertragung der höherwertigen Tätigkeit rechtswidrig ist.

Die bisherige oberverwaltungsgerichtliche Rechtsprechung nahm an, dass die Beschäftigung eines Beamten gegen seinen Willen auf einem **höher bewerteten Dienstposten** nicht gegen das Gebot der amtsangemessenen Beschäftigung verstoße (z. B. OVG Koblenz, Urt. v. 16.7.2014 – 10 A 10931/13, juris Tz. 45; OVG Lüneburg, Beschl. v. 6.9.2013 – 5 ME 165/13, juris Tz. 25; ebenso *Schmidt,* Beamtenrecht, 2017, Rn. 613).

Zu überzeugen vermag diese Rechtsprechung jedoch nicht. Den Anspruch eines Beamten auf amtsangemessene Beschäftigung darauf beschränken zu wollen, allein eine unterwertige Beschäftigung abzuwehren, widerspricht dem Sinn und Zweck des Art. 33 Abs. 5 GG (so nunmehr BVerwGE 155, 182 Rn. 23). Art. 33 Abs. 5 GG soll die Unabhängigkeit der Beamtenschaft im Interesse einer stabilen rechtsstaatlichen Verwaltung sichern. Bei der Übertragung eines höherwertigen Arbeitsbereichs ohne Zustimmung des Beamten besteht jedoch die Gefahr, dass der Beamte den gesteigerten Anforderungen der höherwertigen Tätigkeit nicht gewachsen ist. Dadurch kann die dem Beamten zugewiesene Aufgabe beeinträchtigt werden, eine ausschließlich an Recht und Gesetz orientierte Verwaltung zu gewährleisten. Denn ist ein Beamter den Anforderungen seines konkreten Dienstpostens nicht gewachsen, leidet der Vollzug der ihm übertragenen Aufgaben (BVerwGE 155, 182 Rn. 24 ff.).

O muss daher ohne ihre Zustimmung nur solche Tätigkeiten verrichten, die ihrem Statusamt als Obersekretärin entsprechen. Der Übertragung höherwertiger Aufgaben hingegen darf *O* widersprechen.

c) Urlaub

265. Regierungsrat *R* ist nach seinem Assessorexamen erfolgreich in einer Bundesbehörde in sein Berufsleben gestartet. Aufgrund seines hohen Arbeitseinsatzes ist er bereits sechs Monate nach seiner Ernennung „urlaubsreif" und fragt sich, wieviel Erholungsurlaub er sich wohl schon „erarbeitet" hat.

Gemäß § 89 Satz 1 BBG (§ 44 BeamtStG) steht Beamten jährlich ein **Erholungsurlaub** unter Fortgewährung der Besoldung zu. Der Erholungsurlaub beträgt für Beamte, deren regelmäßige Arbeitszeit auf fünf Tage in der Kalenderwoche verteilt ist, für jedes Urlaubsjahr 30 Arbeitstage (§ 5 Abs. 1 EUrlV). Urlaubsjahr ist das Kalenderjahr (§ 1 Satz 1 EUrlV). Dabei haben Beamte für jeden vollen Monat der Dienstleistungspflicht Anspruch auf ein Zwölftel des Jahresurlaubs, wenn sie im Laufe des Urlaubsjahres in den öffentlichen Dienst eingetreten sind (§ 5 Abs. 2 Nr. 1 EUrlV). Sechs Monate nach seinem Dienstantritt hat *R* daher grundsätzlich einen Anspruch auf 15 Tage Erholungsurlaub.

266. Unter welchen Voraussetzungen kann oder muss einem Beamten Sonderurlaub gewährt werden?

Sonderurlaub kann für die in der Sonderurlaubsverordnung abschließend aufgeführten gemeinnützigen Zwecke, für Zwecke der Aus- und Fortbildung sowie bei besonderen persönlichen Anlässen in Anspruch genommen werden (§§ 5–22 SUrlV). Zu differenzieren ist zwischen der Gewährung von Sonderurlaub mit und ohne Fortzahlung der Bezüge sowie zwischen einer gebundenen, einer intendierten und einer Ermessensentscheidung des Dienstherrn.

267. Beamtin *R* wird nach dem Erreichen der Regelaltersgrenze zum 31. 12. in den wohlverdienten Ruhestand eintreten. Ihren gesamten Erholungsurlaub hat sie sich bis zum Ende des Jahres aufgespart. Während ihres Urlaubs zieht sie sich jedoch eine hartnäckige Infektion zu, die sie erst nach ihrem Eintritt in den Ruhestand auskuriert. Was kann *R* machen?

Falls der Erholungsurlaub vor Beendigung des Beamtenverhältnisses wegen vorübergehender Dienstunfähigkeit nicht mehr genommen werden kann, räumt § 10 Abs. 1 EUrlV den betroffenen Bundesbeamten einen **Anspruch auf finanzielle Abgeltung** ein. Soweit es im Landesbeamtenrecht an einer vergleichbaren Regelung fehlt, können Landesbeamte nach der Rechtsprechung des Europäischen Gerichtshofs einen Abgeltungsanspruch unmittelbar auf die europäische Arbeitszeitgestaltungsrichtlinie (Richtlinie 2003/88/EG des Europäischen Parlaments und des Rates vom 4.11.2003 über bestimmte Aspekte der Arbeitszeitgestaltung) stützen (EuGH, Urt. v. 3.5.2012 – Rs. C-337/10, NVwZ 2012, 688/689 f.).

d) Personalakten

268. Nach § 106 Abs. 1 Satz 1 BBG (§ 50 Satz 1 BeamtStG) ist für jede Beamtin und jeden Beamten eine Personalakte zu führen. Was enthalten Personalakten?

Personalakten enthalten **Personalaktendaten.** Nach der Legaldefinition in § 106 Abs. 1 Satz 4 BBG (§ 50 Satz 2 BeamtStG) gehören dazu „alle Unterlagen, die die Beamtin oder den Beamten betreffen, soweit sie mit ihrem oder seinem Dienstverhältnis in einem unmittelbaren inneren Zusammenhang stehen". Andere Unterlagen in die Personalakte aufzunehmen verbietet § 106 Abs. 1 Satz 5 BBG. Keine Bestandteile der Personalakte sind Unterlagen, die besonderen, von der Person und dem Dienstverhältnis sachlich zu trennenden Zwecken dienen, wie z. B. Prüfungs-, Sicherheits- und Kindergeldakten (§ 106 Abs. 1 Satz 6 BBG).

Die Personalakte kann nach sachlichen Gesichtspunkten in Grundakte und Teilakten gegliedert werden (§ 106 Abs. 2 Satz 1 BBG). Wegen der darin enthaltenen sensiblen medizinischen Daten sind Beihilfeunterlagen zwingend als Teilakte getrennt von der übrigen Personalakte aufzubewahren (§ 108 BBG).

269. Wie lautet der zentrale Grundsatz des Personalaktenrechts?

Zentraler Grundsatz des Personalaktenrechts ist das **Gebot der Zweckbindung der Personalakte** gemäß § 106 Abs. 3 BBG (§ 50 Satz 4 BeamtStG). Danach dürfen Personalaktendaten ohne Einwilligung des Betroffenen nur für Zwecke der Personalverwaltung oder der Personalwirtschaft verarbeitet werden. Eine umfassende Datensammlung über die Beamtin oder den Beamten ist damit nicht vereinbar.

270. Bundesbeamter *B* bewirbt sich innerhalb seiner Behörde auf einen höherwertigen Dienstposten, kann sich im Auswahlverfahren jedoch nicht gegen konkurrierende Bewerber durchsetzen. Da er vermutet, dass in seiner Personalakte negative Wertungen über ihn enthalten sind, möchte er sich Gewissheit über den Akteninhalt verschaffen. Hat *B* einen Anspruch auf Einsichtnahme in seine Personalakte?

Ja. § 110 Abs. 1 BBG normiert einen einklagbaren Anspruch des Beamten auf **Einsichtnahme in die vollständige Personalakte.** Dazu zählen alle Unterlagen, die den *B* betreffen, soweit sie mit seinem Dienstverhältnis in einem unmittelbaren inneren Zusammenhang stehen (vgl. § 106 Abs. 1 Satz 4 BBG; dazu *Gola,* NVwZ 1993, 552/553).

271. Beamter *B* lässt sich durch Rechtsanwalt *R* vertreten. Kann *R* von der Behörde verlangen, dass ihm die Personalakte des *B* zur Einsichtnahme in seine Kanzlei übersandt wird?

Nein. Zwar ist nach § 110 Abs. 2 Satz 1 BBG Bevollmächtigten des Beamten Einsicht in die Personalakten zu gewähren, soweit keine dienstlichen Gründe entgegenstehen. Allerdings bestimmt die personalaktenführende Behörde nach pflichtgemäßem Ermessen, wo die Einsicht gewährt wird (§ 110 Abs. 3 Satz 1 BBG). Ein Rechtsanspruch des *R* auf Überlassung der Personalakte des *B* zur Einsichtnahme in seiner Kanzlei besteht somit nicht (zur Akteneinsicht im verwaltungs- und strafgerichtlichen Verfahren vgl. § 100 Abs. 2 VwGO und § 147 StPO).

272. ***R*** **ist als Regierungsobersekretär bei der Truppenverwaltung eines Bundeswehrstandortes tätig. Die für seine Besoldung zuständige Behörde teilt dem Standortkommandanten mit, dass gegen** ***R*** **wegen einer Unterhaltsforderung seiner Kinder ein Pfändungs- und Überweisungsbeschluss ergangen sei und von seinen Bezügen künftig monatlich 80 Euro einbehalten würden.** ***R*** **ist empört und hält die Mitteilung für rechtswidrig. Hat er Recht?**

Ja, die Besoldungsbehörde war nicht berechtigt, dem Standortkommandanten den Eingang und Inhalt des Pfändungs- und Überweisungsbeschlusses mitzuteilen. Die den *R* betreffende Vollstreckungsmaßnahme gehört zu seinen Personalaktendaten (§ 106 Abs. 1 BBG, § 50 Satz 2 BeamtStG). Sie wurde zu einem Bestandteil seiner zur Personalakte gehörenden Besoldungsakte. Denn aufgrund des Pfändungs- und Überweisungsbeschlusses war die Besoldungsbehörde verpflichtet, den gepfändeten Betrag an die Gläubiger des *R* zu überweisen.

Nach § 107 Abs. 1 Satz 1 BBG dürfen Beschäftigte jedoch nur Zugang zur Personalakte haben, soweit dies zu Zwecken der Personalverwaltung oder der Personalwirtschaft erforderlich ist. Hiernach hat der Dienstherr den Kreis der mit Personalakten befassten Beschäftigten möglichst eng begrenzt zu halten und auch Teilakten, Auszüge oder einzelne Angaben nicht ohne dienstlichen Grund anderen Beschäftigten zur Kenntnis zu geben (BVerwGE 75, 17/18 f.). Der besondere Vertrauensschutz, den Personalakten im dienstlichen Interesse und im schutzwürdigen Interesse des Beamten genießen, erstreckt sich dabei auch auf den Verkehr der Behörden untereinander (BVerwGE 19, 179/185).

Die Mitteilung des Pfändungs- und Überweisungsbeschlusses an den Dienstvorgesetzten vermittelte diesem Einblicke in die persönlichen Verhältnisse des *R*, obwohl er mit der Abwicklung der Pfändung und Überweisung nicht befasst war. Die Mitteilung war daher nicht zu Zwecken der Personalverwaltung oder der Personalwirtschaft erforderlich.

273. Behördenleiter ***L*** **möchte künftig Beförderungsentscheidungen möglichst frei von subjektiven Einflüssen treffen. Er beabsichtigt deshalb, „Künstliche Intelligenz" einzusetzen, um alle elektronisch gespeicherten Personalaktendaten der Bewerber mithilfe bestimmter Algorithmen zu analysieren und „automatisiert" den am besten geeigneten Beschäftigten zu ermitteln.** ***L*** **fragt sich, ob er seine Auswahlentscheidung ausschließlich auf die so gewonnenen Ergebnisse stützen darf.**

Nein. § 114 Abs. 4 BBG verbietet ausdrücklich, beamtenrechtliche Entscheidungen ausschließlich auf eine automatisierte Verarbeitung personenbezogener Daten zu stützen, die der Bewertung einzelner Persönlichkeitsmerkmale dienen. Informationstechnischen Erkenntnissen darf daher nur eine „entscheidungsverarbeitende und unterstützende Funktion" zukommen, da ansonsten der individuelle Bewertungskontext verloren ginge (*Kathke,* Personalaktenrecht, 1994, Rn. 381).

e) Beurteilung

274. Wozu dient die dienstliche Beurteilung von Beamtinnen und Beamten?

Die dienstliche Beurteilung dient nicht vorrangig der beruflichen Förderung der Beamten. Vielmehr bezweckt sie, eine Grundlage für Entscheidungen über die Verwendung der Beamten und über ihr dienstliches Fortkommen zu schaffen. Hierbei geht es um die Auswahl des nach der Beurteilung des Dienstherrn jeweils bestgeeigneten Beamten, also um einen Vergleich der Beamten untereinander. Deshalb dient die dienstliche Beurteilung vor allem der nach Art. 33 Abs. 2 GG gebotenen Klärung einer „Wettbewerbssituation“ der für die Besetzung von Dienstposten oder für Beförderungen möglicherweise in Betracht kommenden Beamten unter dem Gesichtspunkt der Eignung, Befähigung und fachlichen Leistung (BVerwGE 111, 318/320 f.).

275. Was unterscheidet eine Anlassbeurteilung von einer Regelbeurteilung?

Eine **Anlassbeurteilung** ist bei der Bewerbung eines Beamten um ein Beförderungsamt, bei einem Wechsel des Dienstpostens oder allgemein „wenn es die dienstlichen oder persönlichen Verhältnisse erfordern“ zu erstellen (§ 48 Abs. 1 Var. 2 BLV). Im Übrigen schreiben § 21 Satz 1 BBG und § 48 Abs. 1 Var. 2 BLV vor, Eignung, Befähigung und fachliche Leistung eines Beamten regelmäßig spätestens alle drei Jahre zu beurteilen; diese Beurteilung wird als **Regelbeurteilung** bezeichnet.

276. Beamter *G*, Angehöriger des gehobenen nichttechnischen Verwaltungsdienstes des Bundes, bewirbt sich bei seiner Behörde um die Zulassung zum Aufstieg in den höheren Verwaltungsdienst. Angesichts der Vielzahl an Bewerbungen erwägt das überlastete Personalreferat, die erforderlichen Anlassbeurteilungen durch wissenschaftlich ausgebildete Psychologen der Deutschen Gesellschaft für Personalwesen e. V. erstellen zu lassen. Wäre dieses Vorgehen zulässig?

Nein. Der Dienstherr darf die allein ihm obliegende Eignungsbeurteilung nicht auf außenstehende Dritte übertragen. Allerdings ist es durchaus zulässig, unterstützend einen **psychologischen Eignungstest** heranziehen. Der Test kann auch durch außenstehende Sachverständige durchgeführt werden (§ 26 Abs. 1 Nr. 2 VwVfG). Das Ergebnis der Begutachtung darf der Dienstherr freilich nicht „blindlings“ übernehmen. Vielmehr muss die psychologische Eignungsbegutachtung so verständlich sein, dass der Dienstherr sie sich zu eigen machen kann (BVerwGE 80, 224/226 f.).

277. Beamter *G* erbringt auf seinem Dienstposten durchweg gute Leistungen. Dennoch soll er im Rahmen einer Regelbeurteilung nicht mit der Spitzennote beurteilt werden, weil die Höchstnote bereits an 30 andere der insgesamt 200 zu beurteilenden Beamten seiner Besoldungsgruppe vergeben

werden soll. *G* meint, seine Beurteilung mit der zweitbesten Note sei rechtswidrig. Zu Recht?

Nein. Nach der Richtwertvorgabe in § 50 Abs. 2 Satz 1 BLV soll der Anteil der Beamten einer Besoldungsgruppe oder einer Funktionsebene, die beurteilt werden, bei der höchsten Note 10 Prozent und bei der zweithöchsten Note 20 Prozent nicht überschreiten. Im Interesse der Einzelfallgerechtigkeit ist sogar eine Überschreitung um jeweils bis zu 5 Prozentpunkte möglich. Diese Vorgaben hat der Dienstvorgesetzte des *G* beachtet. Sofern die Beurteilung der 30 besten Beamten nicht fehlerhaft ist, ist eine Beurteilung des *G* mit der zweitbesten Note formell nicht zu beanstanden.

278. Welche Rechtsnatur kommt einer dienstlichen Beurteilung zu?

Nach der Rechtsprechung des BVerwG fehlt es Beurteilungen an einer rechtsverbindlichen Regelung, da sie lediglich **Tatsachenmitteilungen** enthielten. Deshalb stellt eine Beurteilung keinen Verwaltungsakt gemäß § 35 Satz 1 VwVfG, sondern „nur" einen Realakt dar (BVerwGE 28, 191/192 f.). Die nicht unerheblichen Folgen von Beurteilungen für das Fortkommen der Beamten sind danach allenfalls als „Rechtsreflex" einzuordnen (zweifelnd *Schmidt,* Beamtenrecht, 2017, Rn. 664).

279. Welche Rechtsbehelfe sind gegen Beurteilungen statthaft?

Vor Erhebung einer verwaltungsgerichtlichen Klage gegen eine Beurteilung muss der Beamte zunächst gemäß § 126 Abs. 2 Satz 1 BBG erfolglos ein Widerspruchsverfahren durchgeführt haben. Da dienstlichen Beurteilungen keine Verwaltungsaktqualität zukommt, scheidet eine Anfechtungsklage nach § 42 Abs. 2 Var. 1 VwGO aus. Statthaft ist vielmehr eine allgemeine Leistungsklage (VGH Mannheim, ESVGH 39, 75), deren Begehren darauf gerichtet ist, die gesamte Beurteilung oder einzelnen Feststellungen aufzuheben und unter Beachtung der Rechtsauffassung des Gerichts neu zu erstellen.

280. Inwieweit können die Verwaltungsgerichte dienstliche Beurteilungen inhaltlich überprüfen?

Dem Dienstherrn steht bei der Beurteilung seiner Beamten ein sog. **Beurteilungsspielraum** zu (BVerwGE 80, 224/225 f.). Das Gericht kann die Beurteilung deshalb nur darauf überprüfen, ob

- die Verfahrensvorschriften eingehalten (z. B. Befangenheit des Erstbeurteilers),
- die beurteilungsrelevanten Tatsachen vollständig und richtig ermittelt (z. B. unzutreffende Erfassung des Beurteilungszeitraums),
- allgemein anerkannte Bewertungsmaßstäbe beachtet (z. B. Anhebung der Gesamtnote nur wegen des hohen Dienstalters) und

– keine sachfremden Erwägungen angestellt wurden (z. B. strengere Beurteilung weiblicher Beschäftigter).

Stellt das Verwaltungsgericht einen Beurteilungsfehler fest, darf es die behördliche Beurteilung lediglich aufheben, nicht aber durch eine eigene gerichtliche Beurteilung ersetzen.

f) Nebentätigkeiten

281. Was versteht das Beamtenrecht unter Nebentätigkeiten?

§ 97 Abs. 1 BBG unterscheidet zwei Arten von Nebentätigkeiten: die Wahrnehmung eines Nebenamtes und die Ausübung einer Nebenbeschäftigung.

– Ein **Nebenamt** ist ein nicht zu einem Hauptamt gehörender Kreis von Aufgaben, der aufgrund eines öffentlich-rechtlichen Dienst- oder Amtsverhältnisses wahrgenommen wird (§ 97 Abs. 2 BBG). Ein Nebenamt kann sich also nur auf eine Tätigkeit innerhalb der staatlichen Verwaltung beziehen, die dem Beamten von dem dafür zuständigen Verwaltungsträger übertragen worden ist.
– **Nebenbeschäftigung** ist jede sonstige, nicht zu einem Hauptamt gehörende Tätigkeit innerhalb oder außerhalb des öffentlichen Dienstes (§ 97 Abs. 3 BBG).

282. Handelt es sich bei den folgenden Fällen um eine Nebentätigkeit?
a) Lehrerin *B* wird angewiesen, ihre erkrankte Kollegin zu vertreten.
b) Professor *P* wird zum Richter im Nebenamt am Verwaltungsgericht Köln berufen.
c) Oberregierungsrat *O* bildet einen Rechtsreferendar während der Verwaltungsstation in seiner Behörde aus.
d) Regierungsdirektorin *R* hält gegen Honorar Vorträge zum Umsatzsteuerrecht an einer privaten Steuerfachschule.

a) Nein. Bei der **Vertretungstätigkeit** der *B* handelt es sich um eine Dienstaufgabe, die eine organisatorische Einheit mit ihrem Hauptamt bildet und damit kein Nebenamt ist (OVG Lüneburg, ZBR 1969, 87/88).
b) Ja. Die Wahrnehmung der Aufgaben eines Richters ist als Wahrnehmung eines Nebenamtes und damit als Nebentätigkeit einzustufen.
c) Nein. Die Ausbildung von Referendaren in der Praxis ist ein Dienstgeschäft, das innerhalb des übertragenen Hauptamts zugewiesen wird (vgl. BVerwG, NVwZ-RR 1996, 337 zu den Dienstaufgaben eines Professors und Leiters eines medizinischen Instituts). Anders schaute es u. U. aus, wenn *O* zum Leiter einer Referendararbeitsgemeinschaft an einem Landgericht berufen würde (BVerwGE 40, 104/108 ff.).
d) Ja. *R* übt eine Nebenbeschäftigung auf privatrechtlicher Grundlage aus.

283. Haben Beamte ein Recht auf Ausübung einer Nebenbeschäftigung?

Ja. Zwar haben Beamte sich aufgrund der in Art. 33 Abs. 5 GG verankerten Treuepflicht mit vollem persönlichem Einsatz ihrem Beruf zu widmen (vgl. auch § 61

Abs. 1 Satz 1 BBG, § 34 Abs. 1 Satz 1 BeamtStG). Daraus resultiert aber nicht, dass sie „immer im Dienst" sein müssen (so noch BVerfGE 55, 207/240 f.). Vielmehr ist die Verpflichtung zur Dienst- und Arbeitsleistung auf die in der Arbeitszeitverordnung festgelegte Arbeitszeit beschränkt (BVerwGE 60, 254/256). Bei einer 41 Stunden-Woche (bei Bundesbeamten) reicht die arbeitsfreie Zeit jedoch aus, um neben der Erholung und ggf. der Familie noch eine Nebenbeschäftigung wahrzunehmen. Die Rechtsprechung erkennt deshalb ein **Recht der Beamten auf Wahrnehmung einer Nebenbeschäftigung** an; als Rechtsgrundlage zieht sie dabei die allgemeine Handlungsfreiheit gemäß Art. 2 Abs. 1 GG heran (BVerwGE 60, 254/256). Das Schrifttum hält hingegen überwiegend die Berufsfreiheit aus Art. 12 Abs. 1 GG für einschlägig (*Battis,* in: ders., BBG, 6. Aufl. 2022, § 97 Rn. 5; *Ossenbühl/Cornils,* Nebentätigkeit und Grundrechtsschutz, 1999, S. 36). Für die Ansicht des Schrifttums spricht, dass sich der sachliche Schutzbereich der Berufsfreiheit zumindest dann auf neben-„berufliche" Tätigkeiten erstreckt, wenn sie auf eine gewisse Dauer angelegt sind.

284. *A* arbeitet als Legationsrat I. Klasse im Auswärtigen Amt. Da er nahezu perfekt Spanisch spricht, erteilt er Sprachschülern in einer privaten Sprachenschule Unterricht im Umfang von wöchentlich 15 Stunden. Kann sein Dienstvorgesetzter die Unterrichtstätigkeit des *A* verbieten, weil er meint, er gebe hierfür genügend arbeitslose Lehramtsanwärter?

Nach § 99 Abs. 1 Satz 1 BBG bedürfen Beamte zur Ausübung jeder entgeltlichen Nebentätigkeit grundsätzlich der **vorherigen Genehmigung** (vgl. § 40 Satz 2 BeamtStG). Die Genehmigung ist zu versagen, wenn zu besorgen ist, dass durch die Nebentätigkeit dienstliche Interessen beeinträchtigt werden (§ 99 Abs. 2 Satz 1 BBG). Arbeitsmarktpolitische Gründe rechtfertigen keine Versagung der Genehmigung (BVerwG, NVwZ 1990, 766/767). Allerdings liegt ein Versagungsgrund insbesondere vor, sofern die Nebentätigkeit nach Art und Umfang die Arbeitskraft so stark in Anspruch nimmt, dass die ordnungsgemäße Erfüllung der dienstlichen Pflichten behindert werden kann (§ 99 Abs. 2 Satz 2 Nr. 1 BBG). Eine übermäßige Beanspruchung ist regelmäßig anzunehmen, wenn die zeitliche Beanspruchung in der Woche ein **Fünftel der regelmäßigen wöchentlichen Arbeitszeit** überschreitet (§ 99 Abs. 3 Satz 1 BBG). Bei einer regelmäßigen wöchentlichen Arbeitszeit von 41 Stunden (§ 3 Abs. 1 Satz 1 AZV) entspricht dies 8,2 Stunden. Die Unterrichtstätigkeit des *A* kann daher verboten werden, soweit sie mehr als 8,2 Stunden in der Woche beansprucht.

285. *P* arbeitet als Polizeivollzugsbeamter. Er beabsichtigt, in seiner Freizeit die Bewachung privater Objekte gegen Vergütung zu übernehmen. Ist die beabsichtigte Nebentätigkeit genehmigungsfähig, wenn das Wachgebiet in seinem dienstlichen Einsatzbezirk liegt?

Nein. Es liegen gleich zwei Versagungsgründe vor:

1. Nach § 99 Abs. 2 Satz 1 Nr. 3 BBG ist ein Grund für die Versagung einer Nebentätigkeit insbesondere gegeben, wenn die Nebentätigkeit in einer Angele-

genheit ausgeübt wird, in der die Behörde, welcher der Beamte angehört, tätig wird oder tätig werden kann. § 99 Abs. 2 Satz 1 Nr. 3 BBG begründet für solche Aufgaben ein Nebentätigkeitsverbot, bei deren Wahrnehmung sich eine **Funktionskonkurrenz zum Hauptamt** ergeben kann. Bei einem Polizeibeamten ist eine solche funktionale Inkompatibilität zwischen Haupt- und Nebenamt nur unter der Voraussetzung möglich, dass die Nebentätigkeit auf dem Gebiet der öffentlichen Sicherheit oder Ordnung einschließlich der Strafverfolgung zu vollziehen ist oder jedenfalls in einem engen Konnex dazu steht (vgl. OVG Koblenz, Urt. v. 10.12.1999 – 2 A 11828/99, juris Tz. 22). So verhält es sich angesichts der Sicherheitsrelevanz sowohl der Nebentätigkeit als auch der dienstlichen Aufgaben des *P.*

2. Will sich der *P* gegen Vergütung zu einer Aufgabe verpflichten, deren Erfüllung auch in den Zuständigkeitsbereich seiner Dienstbehörde fällt, kann eine solche Tätigkeit ferner nicht ohne Einbuße für das Ansehen der Polizei im Sinne von § 99 Abs. 2 Satz 1 Nr. 6 BBG bleiben. Denn wenn *P* einen lohnenden Nebenverdienst in einer Bewachungstätigkeit sieht, erweckt das in der Öffentlichkeit den Anschein behördlich geduldeter **Vermengung dienstlicher und privater, gegen Entgelt wahrgenommener Interessen.** Außenstehende Dritte können nicht mehr ohne weiteres erkennen, ob der Polizeivollzugsbeamte im Einzelfall seine Bewachungstätigkeit (auch) in amtlicher Eigenschaft oder ausschließlich im Rahmen einer privaten Tätigkeit durchführt (vgl. OVG Koblenz, DöD 1994, 67 f.).

286. Regierungsdirektorin *R* plant, künftig in einem juristischen Repetitorium für Rechtsreferendare mitzuarbeiten. Sie will öffentliches Recht gegen ein Honorar von 2.500 Euro unterrichten.

a) Kann *R* die Nebentätigkeit unter Berufung auf die Höhe des Honorars versagt werden?

b) Kann *R* für ihre Unterrichtstätigkeit den dienstlichen Kopierer in Anspruch nehmen?

a) Nein. Die **Höhe der Vergütung** rechtfertigt grundsätzlich nicht die Versagung der Nebentätigkeit (*Bodanowitz,* in: Schnellenbach/Bodanowitz, Beamtenrecht, 10. Aufl. 2020, § 8 Rn. 24, 26). Nur sofern der Gesamtbetrag der Vergütung für eine oder mehrere Nebentätigkeiten 40 Prozent des jährlichen Endgrundgehalts der Beamtin übersteigt, liegt nach § 99 Abs. 3 Satz 3 BBG ein Versagungsgrund vor. Auch beeinträchtigt die *R* nicht das Ansehen der öffentlichen Verwaltung, indem sie an einem privaten Repetitorium zur Examensvorbereitung für Rechtsreferendare mitwirkt (vgl. BVerwGE 78, 211/215).

b) Nein. Nach § 101 Abs. 2 Satz 1 BBG dürfen Einrichtungen, Personal oder Material des Dienstherrn nur bei einem öffentlichen oder wissenschaftlichen Interesse mit dessen Genehmigung und gegen Entrichtung eines angemessenen Entgelts in Anspruch genommen werden. An einem dienstlichen oder wissenschaftlichen Interesse fehlt es hier jedoch (vgl. *Keymer/Kolbe,* BayVBl. 1988, 673 ff.).

287. Beamter *Z* möchte als Gesellschafter in das Unternehmen seines Bruders einsteigen. Es handelt sich um einen Verlag in der Rechtsform einer GmbH. Bedarf *Z* einer Genehmigung der geplanten Nebentätigkeit?

Ja. Die Tätigkeit als Gesellschafter einer GmbH ist als **gewerbliche Tätigkeit** unabhängig von der Höhe der Vergütung in jedem Fall nach § 99 Abs. 1 Sätze 1 und 2 Nr. 2 BBG genehmigungspflichtig. Da *Z* zudem nicht selbst schriftstellerisch aktiv werden möchte, ist sein Vorhaben nicht gemäß § 100 Abs. 1 Nr. 2 BBG privilegiert (vgl. *Engelken,* ZRP 1998, 50 ff.).

288. Beamtin *S* möchte ihre regelmäßige Wochenarbeitszeit auf 25 Stunden reduzieren, um in der freigewordenen Zeit im Umfang von 15 Stunden entgeltlich als Dozentin bei dem juristischen Repetitorium *A & B* zu arbeiten. Ist die Tätigkeit der *S* als Repetitorin genehmigungsfähig?

Nein. Zwar kann gemäß § 91 Abs. 1 BBG Beamten, die Anspruch auf Besoldung haben, auf Antrag Teilzeitbeschäftigung bis zur Hälfte der regelmäßigen Arbeitszeit bewilligt werden, soweit dienstliche Belange nicht entgegenstehen. Nach § 91 Abs. 2 BBG darf dem Antrag auf Teilzeitbeschäftigung aber nur entsprochen werden, wenn die Beamten sich verpflichten, während des Bewilligungszeitraums berufliche Verpflichtungen außerhalb des Beamtenverhältnisses lediglich in dem Umfang einzugehen, der Vollzeitbeschäftigten für die Ausübung von Nebentätigkeiten gestattet ist. Anders formuliert gilt die Fünftelregelung in § 99 Abs. 3 Satz 1 BBG auch bei reduzierter Arbeitszeit, wie § 91 Abs. 2 Satz 3 BBG klarstellt. *S* dürfte daher allenfalls eine Tätigkeit bei dem juristischen Repetitorium im Umfang von 8,2 Stunden genehmigt werden (vgl. § 3 Abs. 1 Satz 1 AZV).

289. Welche Klageart ist in den folgenden Fällen statthaft?

a) Beamtin *C* möchte sich gegen die Versagung einer Nebentätigkeitsgenehmigung wehren.

b) Beamtin *C* möchte gegen den Widerruf der Genehmigung einer Nebentätigkeit vorgehen.

a) Statthafte Klageart ist die Verpflichtungsklage (§ 42 Abs. 1 Var. 2 VwGO), da die Genehmigung einer Nebentätigkeit einen begünstigenden Verwaltungsakt darstellt.

b) Statthaft ist eine Anfechtungsklage (§ 42 Abs. 1 Var. 1 VwGO). Denn der Widerruf einer Nebentätigkeit ist ein belastender Verwaltungsakt.

290. Beamtin *S* hat ihre regelmäßige Wochenarbeitszeit auf 25 Stunden reduziert, um in der freigewordenen Zeit im Umfang von 15 Stunden entgeltlich als Dozentin bei dem juristischen Repetitorium *A & B* zu arbeiten. Die Nebentätigkeit der *S* als Repetitorin wurde genehmigt. Kann *K*, der

selbst ein juristisches Repetitorium betreibt gegen die der *S* erteilte Nebentätigkeitsgenehmigung klagen?

Nein, die der *S* erteilte Nebentätigkeitsgenehmigung entfaltet **keine Drittwirkung.** Sie berührt folglich allenfalls die wirtschaftliche Lage, nicht aber die rechtlichen Interessen des *K.* Dies gilt sogar dann, wenn die Nebentätigkeitsgenehmigung möglicherweise rechtswidrig ist und deshalb nicht hätte erteilt werden dürfen. *K* fehlt es damit an der für eine Anfechtungsklage gemäß § 42 Abs. 2 VwGO erforderlichen Klagebefugnis.

4. Vermögenswerte Rechte

a) Besoldung

291. Woraus ergibt sich der Anspruch der Beamten auf Besoldung?

Die Besoldung der Beamten wird durch Parlamentsgesetz geregelt. Der Grundsatz der **Gesetzmäßigkeit der Besoldung** gehört zu den hergebrachten Grundsätzen des Berufsbeamtentums in Art. 33 Abs. 5 GG und ist auf einfachgesetzlicher Ebene in § 2 Abs. 1 BBesG normiert. Dies bedeutet, dass die Besoldung der Beamten nicht durch eine vertragliche Vereinbarung geregelt werden darf. Ausnahmen gelten lediglich für Hochschullehrer der BesGr. W BBesO, bei denen Raum für individuelle Besoldungsbestandteile wie Leistungszulagen besteht (vgl. § 33 BBesG).

292. Erhält ein Beamter seine Besoldung als Gegenleistung für seine Arbeitsleistung?

Nein. Besoldung und Arbeitsleistung der Beamten stehen nicht in einem Gegenseitigkeitsverhältnis. Beamte erhalten eine Besoldung vielmehr dafür, dass sie sich ihrem Beruf mit vollem persönlichem Einsatz zu widmen haben (vgl. § 61 Abs. 1 Satz 1 BBG; dazu BVerfGE 21, 329/344 f.). Das dem zugrunde liegende Prinzip heißt **Alimentationsprinzip** (vgl. *Leisner,* DÖV 2002, 763 ff.).

293. Die in einer Bundesbehörde beschäftigte Oberregierungsrätin *O* möchte den Staat bei der Bekämpfung der Covid-19-Pandemie finanziell unterstützen und deshalb auf einen Teil ihrer Besoldung verzichten. Ist ein Verzicht möglich?

Nein. Eine Beamtin kann auf die ihr gesetzlich zustehende Besoldung weder ganz noch teilweise analog § 397 Abs. 1 BGB verzichten, wie § 2 Abs. 3 BBesG klarstellt. Es ist daher allenfalls möglich, dass *O* einen Teil ihrer Bezüge an eine gemeinnützige Organisation spendet, wenn sie den Kampf gegen die Pandemie (finanziell) unterstützen möchte.

294. Die verheiratete Regierungsinspektorin *I* ist nach dem erfolgreichen Abschluss ihrer Laufbahnprüfung im Bundesverwaltungsamt eingestellt worden. Sie möchte wissen, aus welchen Bestandteilen sich ihre Besoldung zusammensetzt?

I erhält als Beamtin nach § 1 Abs. 2 BBesG das Grundgehalt (§§ 18 ff. BBesG), den Familienzuschlag (§§ 39 ff. BBesG), eventuell Zulagen (§§ 42 ff. BBesG) oder Vergütungen und im Falle einer Auslandsverwendung eine Auslandsbesoldung.

- Das **Grundgehalt** einer Beamtin richtet sich nach der Besoldungsgruppe des ihr verliehenen Amtes (§ 19 Abs. 1 BBesG). Eine Beamtin erhält insoweit eine „amtsangemessene" Besoldung (BVerfG, NVwZ 2001, 1393/1394). Der überwiegende Teil der Beamten ist in die Besoldungsordnung A eingestuft, die 14 Besoldungsgruppen von A 3 (z. B. Hauptamtsgehilfe) bis A 16 (z. B. Oberstudiendirektor) enthält. Das Grundgehalt wird nach der Besoldungsgruppe und nach Stufen bemessen (§ 27 BBesG). Dabei erfolgt der Aufstieg in eine nächsthöhere Stufe nach bestimmten Dienstzeiten, in denen anforderungsgerechte Leistungen erbracht wurden (Erfahrungszeiten). Die Bundesbesoldungsordnung B ist hingegen durch feste Gehälter gekennzeichnet, die unabhängig von Erfahrungszeiten sind. Sonderregelungen bestehen für Professoren (Besoldungsordnung W) sowie Richter und Staatsanwälte (Besoldungsordnung R). Als Regierungsinspektorin gehört *I* der BesGr. A 9 BBesO an. Da *I* erstmalig ernannt worden ist, wird ein Grundgehalt der Stufe 1 festgesetzt (§ 27 Abs. 2 BBesG).
- Der **Familienzuschlag** ist – die Bezeichnung deutet es an – ein familienbezogener Bestandteil der Besoldung. Seine Höhe richtet sich nach der Besoldungsgruppe und den Familienverhältnisses der Beamten (§ 39 BBesG).
- Für herausgehobene Funktionen können **Amtszulagen** und **Stellenzulagen** vorgesehen werden (§ 42 BBesG). Amtszulagen sind unwiderruflich und ruhegehaltfähig und gelten als Bestandteil des Grundgehalts. Stellenzulagen dürfen nur für die Dauer der Wahrnehmung der herausgehobenen Funktion gewährt werden; sie sind widerruflich und nur ruhegehaltfähig, wenn dies gesetzlich bestimmt ist.
- Zur Abgeltung herausragender besonderer Leistungen können zudem **Leistungsprämien** (Einmalzahlungen) und **Leistungszulagen** gewährt werden (§ 42a BBesG).

295. Wann entsteht der Anspruch auf Besoldung?

Einen **Anspruch auf Besoldung** haben Beamte, Richter und Soldaten (vgl. § 3 Abs. 1 BBesG). Der Anspruch entsteht kraft Gesetzes an dem Tag, an dem ihre Ernennung, Versetzung, Übernahme oder ihr Übertritt in den Dienst des Bundes, eines Landes oder eines anderen Dienstherrn wirksam wird. Der Anspruch entsteht kraft Gesetzes. Ein Antrag der Beamten ist daher nicht erforderlich. Ebenso wenig ergeht ein gesonderter Bewilligungsbescheid.

296. Kriminalhauptkommissar *K* arbeitet beim Bundeskriminalamt. Nach einer heftigen Auseinandersetzung erschießt er seine Ehefrau mit seiner

Dienstwaffe. Daraufhin wird *K* wegen Totschlags zu einer Freiheitsstrafe von zehn Jahren verurteilt. Durch Bescheid stellt die zuständige Besoldungsbehörde fest, dass er wegen schuldhaften Fehlbleibens vom Dienst seine Dienstbezüge vom Tag seiner Verhaftung an verloren habe. *K* entgegnet, dass er trotz seiner Haft einen Anspruch auf Fortzahlung der Bezüge habe. Wer hat Recht?

Gemäß § 9 Satz 1 BBesG verliert ein Beamter für die Zeit seines Fernbleibens seine Bezüge, wenn er ohne Genehmigung schuldhaft dem Dienst fernbleibt. Nach der ausdrücklichen Anordnung in § 9 Satz 2 BBesG gilt dies auch dann, wenn der Beamte nur Teile eines Tages fernbleibt, z. B. ein Rechtsreferendar nicht zur Arbeitsgemeinschaft erscheint (OVG Münster, DVBl. 1974, 476/477). Der **Verlust der Dienstbezüge** tritt nicht kraft Gesetzes ein. Vielmehr bedarf es nach § 9 Satz 3 BBesG einer förmlichen Feststellung. Die Feststellung ist Voraussetzung für die Rückforderung bereits bezahlter Dienstbezüge (BVerwG, NVwZ 2000, 445).

Der Verlust der Dienstbezüge kann jedoch nur eintreten, sofern das Fernbleiben schuldhaft erfolgt (BVerwGE 73, 27 ff.). Bei einer vorsätzlichen Abwesenheit ist ein Verschulden unproblematisch zu bejahen. Im Übrigen aber muss das Verschulden in einem treuwidrigen Verhalten gegenüber dem Dienstherrn bestehen. Der Beamte muss eine ihm gegenüber dem Dienstherrn obliegende Pflicht verletzt haben (BVerwGE 33, 257/262; BVerwG, NVwZ-RR 1995, 96/97). Bei **Straf- oder Untersuchungshaft** nimmt das BDiG an, dass sich der inhaftierte Beamte mit der Begehung einer Straftat keiner spezifischen Pflichtverletzung gegenüber seinem Dienstherrn schuldig gemacht habe (BDHE 4, 117 ff.; a. A. DiszH Mannheim, VBlBW 1983, 305 ff., der auf die Vorhersehbarkeit der Verhaftung abstellt). Demnach ist *K* nicht schuldhaft vom Dienst ferngeblieben. Sein Anspruch auf Zahlung der Dienstbezüge besteht weiter.

297. Aufgrund einer unzutreffenden Festsetzung ihres Besoldungsdienstalters (§ 28 BBesG) erhält Beamtin *B* zu hohe Dienstbezüge. Das Gehalt hat sie im Rahmen der üblichen Haushaltsführung verbraucht. Kann der Dienstherr den zu viel gezahlten Betrag zurückfordern, wenn die Fehlerhaftigkeit des Festsetzungsbescheids erkennbar war?

Ja. **Überzahlte Besoldung** kann der Dienstherr nach § 12 Abs. 2 BBesG i. V. m. §§ 812 ff. BGB grundsätzlich zurückfordern (dazu *Grundmann,* ZBR 1999, 154 ff.). Allerdings darf sich der Empfänger der Bezüge gemäß § 818 Abs. 3 BGB auf Entreicherung berufen. § 819 Abs. 1 BGB wiederum versagt die Einrede der Entreicherung, wenn der Empfänger bösgläubig ist, also den Mangel der Leistung kennt. § 12 Abs. 2 Satz 2 BBesG verschärft die Bösgläubigkeitsregelung: Der positiven Kenntnis der Fehlerhaftigkeit einer Zahlung steht es gleich, wenn der Fehler so offensichtlich war, dass der Empfänger ihn hätte erkennen müssen, wenn mithin der Empfänger den Fehler aus Fahrlässigkeit nicht kannte. Ein Beamter muss Besoldungsmitteilungen und Überweisungsträger kontrollieren und bei Zweifeln nachfragen (vgl. BVerwG, NVwZ-RR 2001, 452/453). Vorliegend hätte *B* die unzutreffende Festsetzung des Besoldungsdienstalters erkennen können.

Von der Rückforderung kann gemäß § 12 Abs. 2 Satz 3 BBesG aus **Billigkeitsgründen** ganz oder teilweise abgesehen werden. Dem Dienstherrn steht ein Ermessen zu, ob und in welchem Umfang er die Beamtin zur Rückforderung heranziehen möchte. Damit soll den Besonderheiten des Einzelfalles, insbesondere den möglicherweise schwerwiegenden wirtschaftlichen Folgen einer uneingeschränkten Rückforderung Rechnung getragen werden (BVerwG, NVwZ 1990, 670/671; OVG Münster, NWVBl. 2001, 192/194). Nach Auffassung des BVerwG muss in jedem Rückforderungsbescheid zugleich auch eine Ermessensentscheidung nach § 12 Abs. 2 Satz 3 BBesG getroffen werden. Geschieht dies nicht, kommt es zu einem Ermessensausfall und damit einem rechtswidrigen Rückforderungsbescheid (vgl. BVerwGE 95, 94/96 f.). Wird dem Beamten die Möglichkeit der Ratenzahlung eingeräumt, ist das Ermessen regelmäßig pflichtgemäß ausgeübt worden (BVerwGE 18, 72/77).

b) Versorgung

298. Finanzbeamter *F* fährt an einem Wintermorgen zu seinem Arbeitsplatz in das Finanzamt in Z. Obwohl die Temperaturen in der Nacht unter den Gefrierpunkt gefallen sind und der Behördenparkplatz vereist ist, hat der Hausmeister versehentlich kein Streusalz ausgebracht. *F* stürzt deshalb und bricht sich den rechten Arm, als er aus seinem Fahrzeug aussteigt. *F* überlegt, ob ihm gegen seinen Dienstherrn Ansprüche auf Ersatz der Kosten für die notwendige Heilbehandlung und auf Schmerzensgeld zustehen.

Ja. Wird ein Beamter durch einen Dienstunfall verletzt, so steht ihm und seinen Hinterbliebenen ein **Anspruch auf Unfallfürsorge** zu (§ 30 Abs. 1 Satz 1 BeamtVG). Ein Dienstunfall ist ein auf äußerer Einwirkung beruhendes, plötzliches, örtlich und zeitlich bestimmbares, einen Körperschaden verursachendes Ereignis, das in Ausübung des Dienstes eingetreten ist (§ 31 Abs. 1 Satz 1 BeamtVG). Als Dienst gilt auch das Zurücklegen des mit dem Dienst zusammenhängenden Weges nach und von der Dienststelle (§ 31 Abs. 2 Satz 1 BeamtVG). Da *F* auf dem Behördenparkplatz und damit auf dem Weg zu seinem Arbeitsplatz gestürzt ist, liegt ein Dienstunfall in Gestalt eines sog. Wegeunfalls vor. Die Unfallfürsorge umfasst nach § 30 Abs. 2 BeamtVG die Kosten für das Heilverfahren, nicht jedoch Schmerzensgeld.

Weitergehende **Ansprüche auf Schadensersatz aus Amtshaftung** gemäß Art. 34 Satz 1 GG, § 839 Abs. 1 BGB werden durch § 46 Abs. 1 Satz 1 BeamtVG ausgeschlossen. Etwas anderes gilt nur dann, wenn der Dienstunfall durch eine vorsätzliche unerlaubte Handlung verursacht worden ist (§ 46 Abs. 2 Satz 1 Nr. 1 BeamtVG). Davon ist hier allerdings nicht auszugehen, da der Hausmeister seine Streupflicht nur versehentlich vernachlässigt hat.

299. Regierungsamtsfrau *F* ist während der Grippesaison dienstunfähig an Influenza erkrankt und muss sich einer ärztlichen Behandlung unterziehen. Welche vermögenswerten Ansprüche stehen der *F* gegen ihren Dienstherrn zu?

Als Beamtin hat *F* gemäß § 80 Abs. 1 Satz 1 Nr. 1 BBG einen Anspruch auf Gewährung von Beihilfe. **Beihilfeleistungen im Krankheitsfall** sind kein Bestandteil der Alimentation der Beamten, sondern Ausprägung der Fürsorgepflicht des Dienstherrn nach § 78 BBG (§ 45 BeamtStG; vgl. dazu *Jachmann,* ZBR 1997, 342 ff.). Die näheren Einzelheiten der Gewährung von Beihilfe sind in der Bundesbeihilfeverordnung und entsprechenden Rechtsverordnungen der Länder geregelt (vgl. § 80 Abs. 6 BBG). Beihilfe wird als prozentualer Anteil (Bemessungssatz) der beihilfefähigen Aufwendungen gewährt (§ 46 Abs. 1 Satz 1 BBhV). Regelmäßig gilt ein Bemessungssatz 50 Prozent. Für Ehegatten und Versorgungsempfänger beträgt der Bemessungssatz 70 Prozent. Bei Kindern beläuft er sich auf 80 Prozent (§ 46 Abs. 2 BBhV). Die nicht von der Beihilfe erstatteten Aufwendungen für ihre Erkrankung muss *F* eigenständig durch eine private Krankenversicherung abdecken. Auch die Fürsorgepflicht des Dienstherrn aus § 78 BBG (§ 45 BeamtStG) begründet keine weitergehenden Ansprüche über die Beihilfeleistungen hinaus (BVerwGE 20, 44/46).

300. Kann der Dienstherr überzahlte Versorgungsbezüge und andere zu Unrecht gewährte Geldleistungen von den Empfängern zurückfordern? Falls ja, wie kann er seine Rückforderungsansprüche geltend machen?

Zu viel gezahlte Versorgungsbezüge können gemäß § 52 Abs. 2 BeamtVG i. V. m. den Vorschriften über die Herausgabe einer ungerechtfertigten Bereicherung in §§ 812 ff. BGB durch Verwaltungsakt zurückgefordert werden. Sonderregelungen für die Rückforderung von Bezügen sowie von sonstigen beamtenrechtlichen Leistungen finden sich in § 12 Abs. 2 BBesG und in § 84a BBG, die ebenfalls auf §§ 812 ff. BGB verweisen. Sowohl § 52 Abs. 2 BeamtVG als auch § 12 Abs. 2 BBesG und § 84a BBG verdrängen in ihrem Anwendungsbereich die allgemeine Regelung in § 49a VwVfG. Die Rückforderung der Leistungen kann durch Aufrechnung mit den späteren Dienstbezügen erfolgen (vgl. § 387 BGB). Denkbar ist ebenfalls, die Rückforderung durch Leistungsbescheid und Leistungsklage durchzusetzen (OVG Münster, NWVBl. 2001, 192/193).

VIII. Rechtsschutz

1. Verwaltungsrechtsweg

301. Regierungsamtsrat *G* hat die Erteilung einer Nebentätigkeitsgenehmigung bei seinem Dienstvorgesetzten beantragt. Zu seinem Bedauern wird sein Antrag abgelehnt. *G* erwägt, gegen den Ablehnungsbescheid vorzugehen, und fragt er sich, welcher Rechtsweg eröffnet ist.

Gemäß § 126 Abs. 1 BBG (§ 54 Abs. 1 BeamtStG) ist für alle Klagen „aus dem Beamtenverhältnis" der Verwaltungsrechtsweg eröffnet. Der Zweck dieser aufdrängenden Sonderzuweisung besteht darin, den Rechtsweg in Beamtenrechtsfragen zu vereinheitlichen. Eine **Klage „aus dem Beamtenverhältnis"** liegt vor, wenn die der Klage zugrundeliegende Streitigkeit im Beamtenverhältnis wurzelt oder aufgrund beamtenrechtlicher Vorschriften zu entscheiden ist. Beamtenrechtliche Vorschriften sind nicht nur in den Beamtengesetzen des Bundes und der Länder, sondern auch im Beihilfe-, Umzugskosten- oder Nebentätigkeitsrecht enthalten. § 126 Abs. 1 BBG (§ 54 Abs. 1 BeamtStG) ist weit auszulegen. Eines Rückgriffs auf die Generalklausel in § 40 Abs. 1 Satz 1 VwGO bedarf es nicht. *G* muss daher den Verwaltungsrechtsweg beschreiten.

302. Bewerberin *B* hat erfolgreich ein Auswahlverfahren um eine Stelle als Regierungsrätin bei einer Bundesbehörde durchlaufen. Nach dem Erhalt einer wirksamen behördlichen Einstellungszusage geschieht jedoch weiter nichts. Nach einigen Monaten des Wartens möchte *B* daher gegen die Hinhaltetaktik der Behörde vorgehen und ihre Einstellung als Beamtin gerichtlich durchsetzen. Welchen Rechtsweg muss *B* beschreiten?

Über seinen Wortlaut hinaus ist die aufdrängende Sonderzuweisung in § 126 Abs. 1 BBG (§ 54 Abs. 1 BeamtStG) anwendbar, wenn ein Beamtenverhältnis erstrebt wird oder streitig ist, ob ein Beamtenverhältnis bereits besteht **(sog. vorbeamtenrechtliche Streitigkeiten).** Die auf die Begründung eines Beamtenverhältnisses gerichtete Klage steht daher einer Klage „aus dem Beamtenverhältnis" gleich (BVerwGE 100, 280/283). Entscheidend ist somit, dass es sich um eine Klage handelt, bei der die Grundlage ihrer rechtlichen Bewertung aus dem Beamtenrecht stammt (BVerwGE 50, 301/304). Rechtfertigen lässt sich diese weite Auslegung mit der Vorschrift in § 52 Nr. 4 VwGO. Danach sind Streitigkeiten, die sich auf die Entstehung eines Beamtenverhältnisses beziehen, im Hinblick auf die örtliche Zuständigkeit des Verwaltungsgerichts den Klagen aus einem gegenwärtigen oder früheren Beamtenverhältnis gleichgestellt. *B* muss folglich den Verwaltungsrechtsweg beschreiten. Soweit *B* lediglich allgemein die Aufnahme in den öffentlichen Dienst begehren sollte und in der Behörde auch Tarifbeschäftigte arbeiten, müsste sie zusätzlich eine arbeitsgerichtliche Klage erheben.

2. Widerspruchsverfahren

303. Regierungsamtfrau *F* arbeitet im Umweltbundesamt – einer Bundesoberbehörde – in Dessau. Eines Tages wird sie gegen ihren Willen von einem Fachgebiet in ein anderes Fachgebiet umgesetzt. *F* möchte sich gegen die Umsetzung zur Wehr setzen und fragt sich, ob sie zunächst Widerspruch erheben muss oder sofort verwaltungsgerichtlichen Rechtsschutz in Anspruch nehmen kann.

F muss zunächst Widerspruch erheben. Zwar stellt eine Umsetzung mangels Außenwirkung keinen Verwaltungsakt i. S. d. § 35 Satz 1 VwVfG dar (vgl. BVerwGE 69, 303/307; 60, 144/146), sodass sich die Statthaftigkeit eines Widerspruchs der *F* nicht aus § 68 Abs. 1 VwGO ergibt. § 126 Abs. 2 Satz 1 BBG (§ 54 Abs. 2 Satz 1 BeamtStG) ordnet jedoch an, dass der Widerspruch „vor allen Klagen" und damit ebenfalls vor Leistungs- und Feststellungsklagen zu erheben ist. Allgemeine Leistungs- und Feststellungsklage setzen gerade keinen Verwaltungsakt voraus. Ein Widerspruch von Beamten ist somit – entgegen § 68 VwGO – auch dann geboten, wenn er sich nicht gegen einen Verwaltungsakt richtet oder dessen Erlass begehrt **(sog. beamtenrechtlicher Leistungs- oder Feststellungswiderspruch).** Dabei kann sich der beamtenrechtliche Leistungs- oder Feststellungswiderspruch unmittelbar gegen die Amtshandlung ohne Verwaltungsaktcharakter oder gegen ein behördliches Unterlassen richten. Ein vorheriger Antrag auf Vornahme oder Unterlassung der Amtshandlung, über den zunächst durch Verwaltungsakt zu entscheiden wäre, ist nicht notwendig (BVerwGE 114, 350/354).

304. Wäre ein Widerspruch statthaft, wenn *F* im Bundesministerium für Umwelt, Naturschutz, nukleare Sicherheit und Verbraucherschutz in Berlin beschäftigt wäre und sie von dort gegen ihren Willen an das Umweltbundesamt versetzt werden sollte?

Ja. Zwar schreibt § 68 Abs. 1 Satz 2 Halbs. 2 Nr. 1 VwGO vor, dass ein Widerspruch unstatthaft ist, wenn ein Verwaltungsakt von einer obersten Bundesbehörde erlassen worden ist; ein Bundesministerium ist eine oberste Bundesbehörde. Gemäß § 126 Abs. 2 Satz 2 BBG (§ 54 Abs. 2 Satz 2 BeamtStG) ist ein Widerspruchsverfahren jedoch auch dann durchzuführen, wenn die Maßnahme von einer obersten Dienstbehörde getroffen worden ist.

305. *T* hat sich auf eine Stelle als Beamter auf Probe beworben. Nach der erfolgreichen Teilnahme an einem Auswahlverfahren unterbreitet ihm die Behörde allerdings ein Angebot auf Abschluss eines Arbeitsvertrages. Kann *T* unmittelbar Verpflichtungsklage mit dem Ziel erheben, ihn zum Beamten zu ernennen?

Nein. Das Angebot des Abschlusses eines Arbeitsvertrages ist die konkludente Ablehnung der Bewerbung um die Beamtenstelle. Gegen die Ablehnung muss *T* gemäß § 126 Abs. 2 Satz 1 BBG (§ 54 Abs. 2 Satz 1 BeamtStG) zunächst Widerspruch erheben. Erst nach Zurückweisung des Widerspruchs kann er Klage vor dem Verwaltungsgericht erheben (vgl. § 74 VwGO).

306. Oberregierungsrat *O* arbeitet in einer Bundesoberbehörde. Gegen seine wenig schmeichelhafte Beurteilung hat *O* Widerspruch erhoben, der jedoch mangels Begründetheit zurückgewiesen werden soll. Welche Behörde muss den Widerspruchsbescheid erlassen?

Den Widerspruchsbescheid erlässt das vorgesetzte Bundesministerium als oberste Bundesbehörde. Zwar wird gemäß § 73 Abs. 1 Satz 2 Nr. 2 VwGO der Widerspruchsbescheid grundsätzlich von der Behörde erlassen, die den Verwaltungsakt verfügt hat, wenn die nächsthöhere Behörde eine oberste Bundes- oder oberste Landesbehörde ist. § 126 Abs. 3 Satz 1 BBG (§ 54 Abs. 3 Satz 1 BeamtStG) legt für beamtenrechtliche Streitigkeiten jedoch fest, dass die oberste Dienstbehörde den Widerspruchsbescheid erlässt. Die oberste Dienstbehörde wiederum kann die Zuständigkeit in Fällen, in denen sie die Maßnahme nicht selbst getroffen hat, durch allgemeine Anordnung auf andere Behörden übertragen; die Anordnung ist zu veröffentlichen (§ 126 Abs. 3 Sätze 2 und 3 BBG, § 54 Abs. 3 Sätze 2 und 3 BeamtStG).

307. Regierungsdirektor *R* ist eine schlechte Beurteilung eröffnet worden, mit der er unzufrieden ist. *R* fragt sich, innerhalb welcher Frist er Widerspruch einlegen muss?

Die Anforderungen an die Frist eines Widerspruchs ergeben sich aus § 126 Abs. 2 und 3 BBG (§ 54 Abs. 2 und 3 BeamtStG). Danach ist vor allen Klagen – also auch vor Leistungs- oder Feststellungsklagen – ein Vorverfahren „nach den Vorschriften des 8. Abschnitts der Verwaltungsgerichtsordnung durchzuführen". Leistungs- und Feststellungsklagen setzen aber keinen Verwaltungsakt voraus und sind deshalb nicht an die Einhaltung einer Frist gebunden. Der Verweis in § 126 Abs. 2 Satz 1 BBG (§ 54 Abs. 2 Satz 1 BeamtStG) auf § 70 VwGO ist daher hinsichtlich des Fristerfordernisses wie folgt auszulegen:

- Ist ein Anfechtungs- oder Verpflichtungswiderspruch statthaft, kommt die **Monatsfrist des § 70 Abs. 1 Satz 1, Abs. 2 VwGO** zur Anwendung.
- Bei Leistungs- oder Feststellungswidersprüchen hingegen ist **keine Frist** zu beachten.

Da es sich bei der Beurteilung des *R* mangels Regelung nicht um einen Verwaltungsakt nach § 35 Satz 1 VwVfG handelt, kommt ein beamtenrechtlicher Leistungswiderspruch in Betracht, dessen Erhebung wiederum nicht an eine Frist gebunden ist (BVerwG, NJW 1976, 1281/1282).

Ein Widerspruch des *R* kann dennoch wegen Verwirkung unzulässig werden. Verwirkung tritt ein, wenn der Dienstherr nach Treu und Glauben den Eindruck gewinnen musste, der Beamte habe sich mit der Entscheidung abgefunden (BVerwG, NJW 1976, 1281/1282). Dazu muss der Beamte „innerhalb eines längeren Zeitraums unter Verhältnissen untätig geblieben sein, unter denen ‚vernünftigerweise' etwas zur Wahrung des Rechts unternommen zu werden pflegt" (BVerwG, NJW 1976, 1281/1282).

308.

a) **Beamter *V* soll an eine andere Behörde versetzt werden. *V* ist nicht einverstanden und erhebt form- und fristgerecht Widerspruch. Da bis zum Zeitpunkt der Versetzung noch nicht über seinen Widerspruch entschieden ist, fragt *V* sich, ob er seinen Dienst in der neuen Behörde antreten muss.**

b) **Wie ist die Rechtslage, wenn *V* innerhalb seiner Behörde in ein anderes Referat umgesetzt wird und sich gegen die Umsetzung durch einen Widerspruch zur Wehr setzt? Muss er während des laufenden Widerspruchsverfahrens bereits im neuen Referat arbeiten?**

a) *V* müsste seinen Dienst in der neuen Behörde dann nicht antreten, wenn sein Widerspruch gemäß § 80 Abs. 1 Satz 1 VwGO aufschiebende Wirkung entfaltete. Freilich entfällt die aufschiebende Wirkung nach § 80 Abs. 1 Satz 1 Nr. 3 VwGO in den durch Bundesgesetz vorgeschriebenen Fällen. Ein solcher Fall ist in § 126 Abs. 4 BBG (§ 54 Abs. 4 BeamtStG) geregelt, wonach Widerspruch und Anfechtungsklage gegen Abordnung und Versetzung keine aufschiebende Wirkung haben. *V* muss daher in der neuen Behörde erscheinen.

b) § 126 Abs. 4 BBG (§ 54 Abs. 4 BeamtStG) enthält eine abschließende Regelung und ist weder unmittelbar noch entsprechend auf andere beamtenrechtliche Maßnahmen anwendbar (OVG Mecklenburg-Vorpommern, DöD 2012, 35). Dass der Widerspruch des *V* gegen seine Umsetzung dennoch keine aufschiebende Wirkung entfaltet, liegt daran, dass § 80 Abs. 1 VwGO die aufschiebende Wirkung ausschließlich bei Verwaltungsakten anordnet. Eine Umsetzung ist jedoch mangels Außenwirkung kein Verwaltungsakt i. S. d. § 35 Satz 1 VwVfG. *V* muss daher bereits vor der Entscheidung über seinen Widerspruch im neuen Referat tätig werden.

3. Klageverfahren

309. Welche Klageart ist in den folgenden Fällen statthaft?

a) **Beamtin *A* will sich gegen ihre Versetzung wehren.**

b) **Der Antrag des Beamten *B* auf Versetzung zu einer wohnortnäheren Behörde wird abgelehnt.**

c) **Beamter *C* möchte gegen den Widerruf einer genehmigten Nebentätigkeit vorgehen.**

d) **Beamtin *D* ist mit einer dienstlichen Beurteilung unzufrieden.**

e) **Beamtin *E* streitet mit ihrem Dienstherrn um die Anerkennung berücksichtigungsfähiger Kinderbetreuungszeiten bei der Festsetzung des Grundgehalts nach § 28 BBesG.**

a) Bei einer Versetzung gemäß § 28 BBG (§ 15 BeamtStG) handelt es sich um einen Verwaltungsakt i. S. d. § 35 Satz 1 VwVfG (BVerwGE 60, 144/147). Statthafte Klageart ist daher eine Anfechtungsklage nach § 42 Abs. 1 Var. 1 VwGO. Freilich fehlte es am Rechtsschutzbedürfnis der *A,* wenn sie der Versetzung zugestimmt hätte.
b) Statthaft ist eine Verpflichtungsklage gemäß § 42 Abs. 1 Var. 2 VwGO.
c) Der Widerruf einer erteilten Nebentätigkeitsgenehmigung ist ein belastender Verwaltungsakt (vgl. § 99 Abs. 4 Satz 3 BBG). Statthaft ist daher eine Anfechtungsklage nach § 42 Abs. 1 Var. 1 VwGO.
d) Mangels Regelung stellen dienstliche Beurteilungen keinen Verwaltungsakt i. S. d. § 35 VwVfG dar (BVerwGE 49, 351/353 f.). Eine Anfechtungsklage scheidet daher aus. Statthaft ist vielmehr eine allgemeine Leistungsklage (VGH Mannheim, ESVGH 39, 75). Der Klageantrag der *D* ist darauf zu richten, die gesamte Beurteilung oder einzelne Feststellungen aufzuheben und unter Beachtung der Rechtsauffassung des Verwaltungsgerichts neu zu erstellen.
e) *E* müsste eine positive Feststellungsklage gemäß § 43 Abs. 1 Var. 1 VwGO erheben.

310. Warum ist die Klagebefugnis von Beamten gemäß § 42 Abs. 2 VwGO nicht bei allen Maßnahmen gegeben, die an Beamte gerichtet werden?

Nach der sog. **Möglichkeitstheorie** ist die Klagebefugnis nur zu bejahen, wenn der Kläger sich auf subjektive Rechte stützen kann, die möglicherweise verletzt sind (*Sauerland,* Allg. Verwaltungsrecht, 3. Aufl. 2022, § 27 Rn. 33). Ein subjektiv-öffentliches Recht liegt vor, sofern die streitentscheidende Norm nicht allein dem Interesse der Allgemeinheit oder Dritter dient, sondern zumindest auch den Schutz des Einzelnen bezweckt. Beamten kommt jedoch eine Doppelstellung zu:

1. Einerseits sind Beamte Adressaten von Maßnahmen, die sie persönlich als Rechtsträger betreffen. Zu denken ist etwa an Einstellungen, Beförderungen, Gewährung oder Ablehnung von Urlaub usw.
2. Andererseits werden Beamte als Amtswalter für ihren Dienstherrn tätig, dem sie zu Gehorsam verpflichtet sind (vgl. § 62 Abs. 1 Satz 2 BBG, § 35 Abs. 1 Satz 2 BeamtStG). Die beamtenrechtliche Weisungsgebundenheit – auch Gehorsams- oder Folgepflicht genannt – besteht jedoch ausschließlich im Interesse der Allgemeinheit an der Funktionsfähigkeit der Exekutive.

Beamte sind daher nur dann gemäß § 42 Abs. 2 VwGO klagebefugt, wenn sie sich auf ein subjektives Recht stützen können, wenn sie also von einer Maßnahme in ihrer Stellung als **selbstständige Rechtspersönlichkeit** betroffen sind (grundlegend BVerwGE 14, 84/87).

311. Sind die Beamten in den folgenden Fällen gemäß § 42 Abs. 2 VwGO klagebefugt?

a) Der Dienstherr entlässt den Beamten *A* gegen seinen Willen aus dem Beamtenverhältnis.

b) Beamtin *B* wird innerhalb ihrer Behörde in ein anderes Referat umgesetzt.
c) Schulleiter *L* erteilt Oberstudienrat *C* die Weisung, künftig den Schwierigkeitsgrad der Klassenarbeiten im Fach Mathematik zu verringern.
d) Softwareentwickler *S* klagt gegen die dem Beamten *D* erteilte Nebentätigkeitsgenehmigung, da *D* – seines Zeichens Dipl.-Verwaltungsinformatiker (FH) – mehr als 20 Stunden pro Woche bei einem Konkurrenzunternehmen des *S* tätig ist.

a) Ja. Die Entlassung des *A* aus dem Beamtenverhältnis beschränkt sich nicht auf seine Stellung als Amtswalter, sondern betrifft ihn auch in seinen subjektiven Rechten, wie z. B. der Berufsfreiheit gemäß Art. 12 Abs. 1 GG. *A* ist daher klagebefugt.
b) Ja. Mangels Außenwirkung handelt es sich bei einer Umsetzung zwar nicht um einen Verwaltungsakt nach § 35 Satz 1 VwVfG. Denn eine Umsetzung tangiert lediglich die Innenrechtsbeziehungen zwischen dem Dienstherrn und dem betroffenen Beamten. Allerdings steht jedem Beamten gemäß Art. 33 Abs. 5 GG ein Anspruch auf amtsangemessene Beschäftigung zu. Eine Verletzung dieses Anspruchs erscheint durch eine Umsetzung immer möglich. *B* ist somit klagebefugt.
c) Nein. Die amtliche Weisung eines Vorgesetzten, künftige Amtshandlungen in einer bestimmten Art und Weise auszuführen, betrifft den Beamten nicht in seinem persönlichen Rechtskreis, sondern ausschließlich in seiner Sacherledigungskompetenz, d. h. in seiner Funktion als Amtswalter (OVG Koblenz, NVwZ-RR 2000, 371/372). Oberstudienrat *C* ist daher nicht klagebefugt. Demgemäß kann er der amtlichen Anordnung seines Schulleiters *L* nicht im Wege der Klage, sondern nur durch Remonstration begegnen (vgl. § 63 Abs. 2 BBG, § 36 Abs. 2 BeamtStG).
d) Nein. *S* ist nicht gemäß § 42 Abs. 2 VwGO klagebefugt. Die dem *D* erteilte Nebentätigkeitsgenehmigung berührt keine subjektiven Rechte des *S*, sondern allenfalls seine wirtschaftlichen Interessen. Dies gilt unabhängig davon, ob die Nebentätigkeitsgenehmigung dem *D* wegen Verstoßes gegen die „Fünftelregelung“ in § 99 Abs. 3 Satz 1 BBG (vgl. auch § 40 Satz 2 BeamtStG) möglicherweise nicht hätte erteilt werden dürfen und deshalb rechtswidrig ist.

312. Nach § 126 Abs. 2 Satz 1 BBG (§ 54 Abs. 2 Satz 1 BeamtStG) bedarf es bei allen Klagen der vorherigen Durchführung eines Vorverfahrens. Existieren dazu Ausnahmen?

Ja. Ausnahmen gelten für die **Untätigkeitsklage** und für **Klagen des Dienstherrn.** Entbehrlich ist ein Vorverfahren ferner dann, wenn sich der Dienstherr auf die Klage trotz fehlenden Vorverfahrens einlässt (BVerwGE 27, 141/143) oder der Zweck des Vorverfahrens nicht mehr erreicht werden kann (BVerwGE 27, 181/185). Zudem ist ein Vorverfahren nicht erforderlich, wenn ein Landesgesetz dies ausdrücklich bestimmt (§ 54 Abs. 2 Satz 3 BeamtStG, vgl. etwa § 103 Abs. 1 Satz 1 LBG NRW).

313. Gegen wen ist die verwaltungsgerichtliche Klage eines Beamten zu richten?

Richtiger Beklagter ist stets der Dienstherr, also der Bund, das Land oder die Körperschaft, deren Behörde den angefochtenen Verwaltungsakt erlassen hat (§ 78 Abs. 1 Nr. 1 VwGO). Auf Bundesebene wird der Dienstherr durch die oberste Dienstbehörde vertreten, welcher der Beamte untersteht oder bei der Beendigung des Beamtenverhältnisses unterstanden hat (§ 127 Abs. 1 Satz 1 BBG). Anders verhält es sich, sofern das Landesrecht bestimmt, das die Klage gegen die Behörde selbst, die den angefochtenen Verwaltungsakt erlassen oder den beantragten Verwaltungsakt unterlassen hat, zu richten ist (§ 78 Abs. 1 Nr. 2 VwGO).

4. Vorläufiger Rechtsschutz

314. Welche Art des vorläufigen Rechtsschutzes kommt in den folgenden Fällen in Betracht?

a) Beamtin *A* legt Widerspruch gegen ihre Abordnung gemäß § 27 BBG (§ 14 BeamtStG) ein, mit der sie nicht einverstanden ist.

b) Der Dienstherr spricht gegenüber dem Beamten *B* das Verbot der Führung der Dienstgeschäfte gemäß § 66 BBG (§ 39 BeamtStG) aus und ordnet zugleich dessen sofortige Vollziehung gemäß § 80 Abs. 1 Satz 1 Nr. 4, Abs. 3 VwGO an.

c) Beamter *P* ist als Prüfer beim Deutschen Patent- und Markenamt beschäftigt. Gegen seinen Willen wird er gemäß § 29 Abs. 1 Satz 1 Nr. 1 BBG dem Europäischen Patentamt zugewiesen. *P* erhebt Widerspruch gegen die Zuweisung. Sein Dienstherr meint jedoch, dem Widerspruch komme keine aufschiebende Wirkung zu, weshalb *P* seinen Dienst unverzüglich beim Europäischen Patentamt antreten müsse.

d) Beamtin *D* soll gegen ihren Willen innerhalb ihrer Behörde in ein anderes Referat umgesetzt werden.

e) Beamter *E* ist bereits seit vielen Jahren im selben Sachgebiet tätig. Er möchte sich deshalb verändern und andere Aufgaben übernehmen. Als *E* seine Umsetzung in ein anderes Sachgebiet beantragt, wird sein Antrag jedoch vom Behördenleiter abgelehnt.

a) Bei einer Abordnung entfällt die aufschiebende Wirkung eines Widerspruchs und einer Anfechtungsklage gemäß § 80 Abs. 1 Satz 1 Nr. 3 VwGO i. V. m. § 126 Abs. 4 BBG (§ 54 Abs. 4 BeamtStG) kraft Gesetzes. *A* muss daher beim zuständigen Verwaltungsgericht die **Anordnung der aufschiebenden Wirkung** seines Widerspruchs gemäß § 80 Abs. 5 Satz 1 Var. 1 VwGO beantragen.

b) Wird die sofortige Vollziehung eines Verwaltungsakts gemäß § 80 Abs. 1 Satz 1 Nr. 4 und Abs. 3 VwGO angeordnet, kann der Beamte beim Verwaltungsgericht einen Antrag auf **Wiederherstellung der aufschiebenden Wirkung** des Widerspruchs nach § 80 Abs. 5 Satz 1 Var. 2 VwGO stellen.

c) § 126 Abs. 4 BBG (§ 54 Abs. 4 BeamtStG) findet auf Zuweisungen keine Anwendung. Der Widerspruch des *P* gegen seine Zuweisung zum Europäischen

Patentamt entfaltet daher sehr wohl aufschiebende Wirkung. Ignoriert der Dienstherr die aufschiebende Wirkung eines Widerspruchs, ist ein Antrag auf **Feststellung der aufschiebenden Wirkung** analog § 80 Abs. 5 Satz 1 VwGO statthaft.

d) Bei einer Umsetzung handelt es sich nicht um einen Verwaltungsakt i. S. d. § 35 Satz 1 VwVfG. Statthafte Klageart in der Hauptsache ist daher eine Unterlassungsklage. Im Rahmen des vorläufigen Rechtsschutzes muss *D* zur Wahrung des Status quo einen Antrag auf Erlass einer **Sicherungsanordnung** gemäß § 123 Abs. 1 Satz 1 VwGO stellen.

e) Da *E* umgesetzt werden möchte, kommt in der Hauptsache als statthafte Klageart eine allgemeine Leistungsklage in Betracht. Im Fall der begehrten Veränderung des Status quo ist der vorläufige Rechtsschutz auf den Erlass einer **Regelungsanordnung** gemäß § 123 Abs. 1 Satz 2 VwGO gerichtet.

315. Die beiden Steueramtmänner *A* und *R* arbeiten in einem Finanzamt und bearbeiten Einkommensteuererklärungen. Ihre Zuständigkeit richtet sich nach den Anfangsbuchstaben der Namen der Steuerpflichtigen. Als *R* in den wohlverdienten Ruhestand tritt, überträgt der Vorsteher des Finanzamts dem *A* zusätzlich die zuvor von *R* bearbeiteten Steuerfälle. *A* wird dadurch völlig überlastet. Er erwägt deshalb, sich im Wege vorläufigen Rechtsschutzes gegen die Anordnung zur Wehr zu setzen. Hat sein Plan Aussicht auf Erfolg?

Nein. Bei der Anordnung des Vorstehers handelt es sich um eine **interne Organisationsverfügung,** der mangels Außenwirkung keine Verwaltungsaktqualität i. S. d. § 35 Satz 1 VwVfG zukommt. Ein Widerspruch des *A* gegen die Organisationsverfügung entfaltet daher keine aufschiebende Wirkung. Denn § 80 Abs. 1 VwGO ist nur bei Verwaltungsakten anwendbar. Aus dem gleichen Grund ist ein Antrag auf Anordnung der aufschiebenden Wirkung gemäß § 80 Abs. 5 VwGO nicht statthaft. Denkbar ist allenfalls ein Antrag des *A* auf Erlass einer Sicherungsanordnung gemäß § 123 Abs. 1 Satz 1 VwGO. Einem solchen Antrag dürfte in der Sache aber kein Erfolg beschieden sein. Es besteht ein öffentliches Interesse an der sofortigen Vollziehung von Organisationsverfügungen, um die Erledigung laufender öffentlicher Aufgaben und damit die Funktionsfähigkeit der Verwaltung zu gewährleisten.

5. Besonderheiten der beamtenrechtlichen Konkurrentenklage

a) Überblick

316. Die beamtenrechtliche Konkurrentenklage gehört zu den „Klassikern" des Beamtenrechts. Doch was ist eigentlich Streitgegenstand einer solchen Klage?

Bei der beamtenrechtlichen Konkurrentenklage handelt es sich nicht um eine besondere Klageart. Vielmehr liegt einer solchen Klage eine spezielle Fallkonstellation zugrunde: Bei ihr streiten mindestens zwei Bewerber um die Ernennung zum Beamten oder um eine Beförderung. Ein Bewerber soll ernannt werden oder ist bereits ernannt worden. Die anderen Bewerber hingegen kamen nicht zum Zuge und möchten die Ernennung oder Beförderung des Konkurrenten gerichtlich aufheben lassen, um ihre eigenen Rechte zu wahren. Bei einem **beamtenrechtlichen Konkurrentenstreit** ist einerseits zwischen einer Klage in der Hauptsache und einem Antrag auf vorläufigen Rechtsschutz sowie andererseits zwischen einer Streitigkeit *vor* der Ernennung und *nach* der Ernennung des Konkurrenten zu unterscheiden.

317. Welche widerstreitenden verfassungsrechtlichen Prinzipien müssen im Rahmen einer Konkurrentenklage miteinander in Einklang gebracht werden?

Die verfassungsrechtlichen Prinzipien, die im Rahmen einer Konkurrentenklage kollidieren können und miteinander in Einklang gebracht werden müssen, sind

1. der Grundsatz der Bestenauslese gemäß Art. 33 Abs. 2 GG,
2. der Grundsatz der Ämterstabilität als hergebrachter Grundsatz des Berufsbeamtentums gemäß Art. 33 Abs. 5 GG und
3. das Gebot des effektiven Rechtsschutzes gemäß Art. 19 Abs. 4 GG.

318. Was besagt der Grundsatz der Ämterstabilität?

Der **Grundsatz der Ämterstabilität** als hergebrachter Grundsatz des Berufsbeamtentums i. S. d. Art. 33 Abs. 5 GG gewährleistet, dass einem Beamten ein seiner Laufbahn zugeordnetes Amt grundsätzlich auf Lebenszeit übertragen wird.

„Damit schafft der Dienstherr die Voraussetzung dafür, dass sich ein Beamter dem öffentlichen Dienst als Lebensberuf widmen und in wirtschaftlicher Unabhängigkeit zur Erfüllung der dem Berufsbeamtentum vom Grundgesetz zugewiesenen Aufgabe, im politischen Kräftespiel eine stabile und gesetzestreue Verwaltung zu sichern, beitragen kann […]. […] Das Bewusstsein seiner gesicherten Rechtsstellung soll die Bereitschaft des Beamten zu einer an Gesetz und Recht orientierten Amtsführung fördern und ihn zu unparteiischem Dienst für die Gesamtheit befähigen […]. Diese von der Verfassung […] gewährleistete Unabhängigkeit setzt den Beamten in die Lage, Versuchen unsachlicher Beeinflussung zu widerstehen […]. Hierzu soll ihn die grundsätzlich lebenszeitige Übertragung des seinen Funktionen entsprechenden statusrechtlichen Amtes seiner Laufbahn befähigen“ (BVerfGE 70, 251/267).

Der Grundsatz der Ämterstabilität verbietet deshalb, einen Beamter aus beliebigem Anlass aus seinem Amt zu entfernen. Denn dadurch entfiele die Grundlage seiner Unabhängigkeit. In der Konsequenz wird ein (Beförderungs-)Amt mit der Ernennung des ausgewählten Bewerbers regelmäßig unwiderruflich vergeben (ausführlich *Schnellenbach,* Konkurrenzen im öffentlichen Dienst, 2. Aufl. 2018, Anh. 3 Rn. 1).

319. Steht der Grundsatz der Ämterstabilität der Aufhebung einer Ernennung entgegen, die unter Verstoß gegen den Grundsatz der Bestenauslese erfolgt ist?

Das **Verhältnis zwischen dem Grundsatz der Ämterstabilität und dem Grundsatz der Bestenauslese** ist bis heute umstritten.

- Nach einer Ansicht überwiegt stets der Grundsatz der Ämterstabilität (VGH Mannheim, NVwZ 1983, 41; VGH München, NVwZ 1983, 755). Ernennungen, die nicht gemäß § 13 BBG (§ 11 BeamtStG) nichtig sind, dürfen demnach nur bei Vorliegen eines Rücknahmegrundes gemäß § 14 BBG (§ 12 BeamtStG) aufgehoben werden. Der Grundsatz der Ämterstabilität diene der Funktionsfähigkeit der Verwaltung sowie dem Schutz des ernannten Konkurrenten und müsse daher Vorrang vor dem Grundsatz der Bestenauslese genießen. Da gemäß § 49 BHO/LHO ein Amt nur zusammen mit der Einweisung in eine besetzbare Planstelle verliehen werden dürfe, stehe eine besetzbare Planstelle nach der Ernennung des Konkurrenten nicht mehr zur Verfügung (BVerwGE 80, 127/130). Ein Anspruch des übergangenen Bewerbers auf Schaffung einer neuen Planstelle bestehe jedoch nicht (BVerwGE 115, 58/59; a. A. später BVerwGE 118, 370/375). Der übergangene Bewerber könne die Behörde daher allenfalls „wegen pflichtwidriger und schuldhafter Nichtübertragung des ausgeschriebenen Dienstpostens gemäß Art. 34 GG in Verbindung mit § 839 BGB in Anspruch [...] nehmen“ (BVerwG, ZBR 1989, 281/282).
- Einer anderen Auffassung zufolge soll hingegen stets der Grundsatz der Bestenauslese Vorrang genießen (OVG Lüneburg, DVBl. 1985, 1245 ff.; *Battis,* in: ders., BBG, 6. Aufl. 2022, § 9 Rn. 28; *Schenke,* NVwZ 2011, 321/323; *Tegethoff,* ZBR 2004, 341/343 ff.). Jede Ernennung, die gegen den Grundsatz der Bestenauslese gemäß Art. 33 Abs. 2 GG verstoße, müsse aufgehoben werden können. Ansonsten sei zugleich das Gebot des effektiven Rechtsschutzes nach Art. 19 Abs. 4 GG verletzt.
- Nach einer vermittelnden Auffassung setzt sich der Grundsatz der Ämterstabilität nur durch, wenn der Dienstherr die unterlegenen Bewerber vor der Ernennung des Konkurrenten über die Auswahlentscheidung informiert hat (BVerwGE 138, 102 ff.; *Wernsmann,* DVBl. 2005, 276/278 ff.). Nur dann könne der unterlegene Bewerber zumindest vorläufigen Rechtsschutz gegen die Auswahlentscheidung geltend machen. Andernfalls müsse die Ernennung aufgrund des Gebots des effektiven Rechtsschutzes gemäß Art. 19 Abs. 4 GG angefochten werden können.

320. Wie löst die verwaltungsgerichtliche Rechtsprechung Konflikte zwischen dem Grundsatz der Ämterstabilität, dem Prinzip der Bestenauslese und dem Gebot des effektiven Rechtsschutzes?

Das BVerwG vertrat jahrzehntelang die Auffassung, dass sich mit der endgültigen Ernennung des Konkurrenten der die Bewerbung des unterlegenen Beamten zurückweisende Verwaltungsakt erledigt habe. Die Ernennung des ausgewählten Konkurrenten könne infolge des Grundsatzes der Ämterstabilität nicht mehr rückgängig gemacht werden. Mangels besetzbarer Planstelle sei deshalb kein Raum mehr für eine neue, den unterlegenen Bewerber begünstigende Auswahlentscheidung. In der Konsequenz werde eine Konkurrentenklage des unterlegenen Bewerbers mit der Ernennung des Konkurrenten unzulässig (exemplarisch BVerwGE 80, 127/129 f.).

Von dieser Rechtsprechung hat sich das BVerwG mittlerweile verabschiedet (BVerwGE 138, 102 ff.). Wurde der Konkurrent eines nicht chancenlosen Mitbewerbers bereits vor Erschöpfung des vorläufigen Rechtsschutzes vor den Verwaltungsgerichten oder dem BVerfG ernannt, soll eine **Anfechtungsklage des übergangenen Mitbewerbers** sehr wohl zulässig sein. Dasselbe gilt, wie das BVerwG überzeugend darlegt, wenn der Dienstherr einen Konkurrenten ernennt, obwohl ihm dies ein Verwaltungsgericht oder das BVerfG zuvor untersagt hatte. Gleiches wird vom BVerwG angenommen, sofern ein unterlegener Bewerber nicht über die geplante Ernennung eines Konkurrenten unterrichtet wurde oder ihm keine angemessene Zeit für die Beantragung vorläufigen verwaltungsgerichtlichen und verfassungsgerichtlichen Rechtsschutzes blieb (BVerwGE 138, 102 Rn. 36 f.). In diesen Fällen kann sich der Dienstherr nicht auf die Ämterstabilität berufen, um Verletzungen des Grundrechts aus Art. 19 Abs. 4 GG und des grundrechtsgleichen Rechts aus Art. 33 Abs. 2 GG zu rechtfertigen.

b) Rechtsschutz vor der Ernennung des Konkurrenten

321. Oberregierungsrat *A* ist beim Eisenbahn-Bundesamt beschäftigt. Er bewirbt sich um die in seiner Behörde ausgeschriebene Stelle eines Regierungsdirektors. Nach der Teilnahme am Auswahlverfahren wird *A* jedoch vom Personalreferat mitgeteilt, dass die Wahl auf Oberregierungsrat *K* gefallen sei, den man in drei Wochen zu befördern gedenke. *A* hält sich für besser geeignet als *K* und möchte Klage erheben. Er fragt sich, ob er die geplante Ernennung des *K* vor dem Verwaltungsgericht anfechten kann.

Nein. Eine „vorbeugende“ Anfechtungsklage des *A* gemäß § 42 Abs. 1 Var. 1 VwGO gegen die künftige Ernennung des Konkurrenten *K* ist nicht statthaft (vgl. *Detterbeck,* Allgemeines Verwaltungsrecht, 20. Aufl. 2022, Rn. 1350). Denn da *K* erst in drei Wochen befördert werden soll, existiert gegenwärtig noch kein den unterlegenen Bewerber *A* belastender Verwaltungsakt.

322. Nachdem *A* vom Personalreferat mitgeteilt worden ist, dass nicht er, sondern Oberregierungsrat *K* ausgewählt worden sei, möchte *A* wissen, ob er gegen die Auswahlmitteilung gerichtlich vorgehen kann.

Nein. In seiner früheren Rechtsprechung qualifizierte das BVerwG die **Mitteilung an einen Bewerber um eine ausgeschriebene Beamtenstelle,** dass nicht er, sondern ein anderer ausgewählt worden sei, zwar als die Bekanntgabe eines den Bewerber belastenden Verwaltungsakts. Gegen diesen Verwaltungsakt konnte der unterlegene Bewerber nach Auffassung des BVerwG mit einer Verpflichtungsklage auf Neubescheidung gemäß § 113 Abs. 5 Satz 2 VwGO Rechtsschutz in Anspruch nehmen. Im verwaltungsgerichtlichen Verfahren wurde dann die dem Verwaltungsakt zugrundeliegende Auswahlentscheidung überprüft (BVerwGE 80, 127/129; so unlängst ebenfalls OVG Berlin-Brandenburg, NVwZ-RR 2018, 578/579).

An dieser Rechtsprechung will das BVerwG jedoch seit seinem Urteil vom 4.11.2010 (BVerwGE 138, 102 ff.) nicht mehr festhalten:

„(Die) Auswahlentscheidung betrifft nach ihrem Inhalt alle Bewerber gleichermaßen: Mit der Auswahl eines Bewerbers geht zwangsläufig die Ablehnung der Mitbewerber einher. Hat der Dienstherr die Auswahl in Einklang mit Art. 33 Abs. 2 GG vorgenommen, so sind die Bewerbungsverfahrensansprüche der unterlegenen Bewerber erfüllt. Die gesonderten Mitteilungen der Auswahlentscheidung an jeden Bewerber, einmal positiven, ansonsten negativen Inhalts, stellen keine inhaltlich eigenständigen Entscheidungen dar, sondern geben die einheitliche, rechtlich untrennbare Auswahlentscheidung bekannt“ (BVerwGE 138, 102 Rn. 25; dazu aus der Fülle des Schrifttums exemplarisch *Battis/Grigoleit/Hebeler,* NVwZ 2016, 194–201; *Schenke,* NVwZ 2011, 321–327).

Somit kann *A* nicht gegen die Entscheidungsmitteilung vorgehen, sondern muss sich gegen die **„Auswahlentscheidung“** – gemeint ist die Ernennung des Konkurrenten – wenden. Sein Begehren ist darauf gerichtet, den Dienstherrn zu verpflichten, eine neue Auswahl zu treffen. Statthafte Klageart in der Hauptsache ist folglich eine Verpflichtungsklage gemäß § 42 Abs. 1 Var. 2 VwGO.

323. Kann *A* vor dem Verwaltungsgericht unmittelbar auf Beförderung zum Regierungsdirektor klagen?

Nur ausnahmsweise kann *A* unmittelbar auf Beförderung klagen. Art. 33 Abs. 2 GG vermittelt den Bewerbern um ein Beförderungsamt ein grundrechtsgleiches Recht auf leistungsgerechte Einbeziehung in die Bewerberauswahl. Jeder Bewerber um das Amt hat einen Anspruch darauf, dass der Dienstherr seine Bewerbung nur aus Gründen zurückweist, die durch den Leistungsgrundsatz gedeckt sind **(Bewerbungsverfahrensanspruch).** Als Anspruch auf leistungsgerechte Einbeziehung in die Bewerberauswahl wird der Bewerbungsverfahrensanspruch auch erfüllt, wenn der Dienstherr die Bewerbung ablehnt, weil er in Einklang mit Art. 33 Abs. 2 GG einen anderen Bewerber für am besten geeignet hält (dazu BVerwGE 138, 102 Rn. 22).

Nur in seltenen Ausnahmefällen, in denen der dem Dienstherrn durch Art. 33 Abs. 2 GG eröffnete Beurteilungsspielraum für die Gewichtung der Leistungskriterien auf Null reduziert ist, d. h. ein Bewerber eindeutig am besten geeignet ist, gewährt Art. 33 Abs. 2 GG diesem Bewerber einen **unmittelbaren Anspruch auf Erfolg im Auswahlverfahren.** Dessen Bewerbungsverfahrensanspruch erstarkt dann zum Anspruch auf Vergabe des höheren Amtes (BVerwGE 138, 102 Rn. 22).

324. Wie kann *A* verhindern, dass sein Konkurrent *K* bereits während eines Rechtsbehelfsverfahrens befördert wird und so mithilfe des Grundsatzes der Ämterstabilität vollendete Tatsachen geschaffen werden?

A kann gemäß § 123 Abs. 1 Satz 1 VwGO den Erlass einer **Sicherungsanordnung** beantragen, mit der dem Dienstherrn bis zum Abschluss des verwaltungsgerichtlichen Verfahrens in der Hauptsache untersagt wird, den ausgewählten Konkurrenten *K* zu befördern. Der Erlass einer Regelungsanordnung nach § 123 Abs. 1 Satz 2 VwGO, gerichtet auf Beförderung des *A*, wäre hingegen unzulässig. Denn eine Regelungsanordnung bedeutete eine unzulässige Vorwegnahme der Hauptsache.

325. Gemäß § 123 Abs. 1 Satz 1 VwGO muss der Antragsteller im Rahmen des einstweiligen Rechtsschutzverfahrens glaubhaft machen, dass durch die Beförderung des ausgewählten Konkurrenten die Verwirklichung eigener Rechte vereitelt oder wesentlich erschwert werden könnte. Welcher Maßstab ist an die Glaubhaftmachung des Anordnungsanspruchs anzulegen?

Die Anforderungen an den **Anordnungsanspruch** dürfen nicht über das hinausgehen, was für ein Obsiegen im Hauptsacheverfahren genügt (vgl. BVerfG, NVwZ 2003, 200/201). Der abgelehnte Bewerber, dessen subjektives Recht aus Art. 33 Abs. 2 GG durch eine fehlerhafte Auswahl des Dienstherrn verletzt wird, braucht daher nicht glaubhaft zu machen, dass er bei einem rechtlich fehlerfreien Auswahlverfahren diejenige gewesen wäre, der zwingend hätte ausgewählt werden müssen (OVG Münster, NWVBl 2002, 236/237). Vielmehr kann er eine erneute Entscheidung über seine Bewerbung bereits dann beanspruchen, wenn das Auswahlverfahren mit erheblicher Wahrscheinlichkeit fehlerhaft ist und seine Erfolgsaussichten bei einer erneuten Auswahl offen sind, seine Auswahl also möglich erscheint (BVerwGE 145, 112 Rn. 22).

326. Im Rahmen eines einstweiligen Rechtsschutzverfahrens nach § 123 Abs. 1 Satz 1 VwGO muss der Antragsteller neben dem Anordnungsanspruch auch einen Anordnungsgrund glaubhaft machen (§ 123 Abs. 3 VwGO i. V. m. § 920 Abs. 2 ZPO). Wann besteht ein Anordnungsgrund, wenn der Antragsteller die Beförderung eines Konkurrenten vorläufig verhindern will?

Der **Anordnungsgrund,** d. h. ein besonderes Bedürfnis für die Inanspruchnahme vorläufigen Rechtsschutzes, wird gemäß § 123 Abs. 3 VwGO i. V. m. § 920 Abs. 2 ZPO glaubhaft gemacht, wenn der Dienstherr als Antragsgegner beabsichtigt, den ausgewählten Konkurrenten zu befördern und den Antragsteller als Mitbewerber für das Amt endgültig nicht zu berücksichtigen. Mit der Besetzung der Stelle würde die Beförderung des Antragstellers als unterlegener Bewerber unmöglich werden, da die Beförderung des Konkurrenten infolge des Grundsatzes der Ämterstabilität grundsätzlich nicht mehr rückgängig gemacht werden könnte (ThürOVG, ThürVBl. 2002, 139 Rn. 36).

c) Rechtsschutz nach der Ernennung des Konkurrenten

327. *B* und *K* sind als Oberregierungsräte (BesGr. A 14 BBesO) bei einer Bundesbehörde beschäftigt. Beide bewerben sich um die ausgeschriebene Stelle eines Regierungsdirektors (BesGr. A 15 BBesO). Nach dem Auswahlverfahren erhält *B* die Mitteilung, dass die Wahl auf seinen Konkurrenten *K* gefallen sei, der deshalb in zwei Wochen befördert werden solle. Nachdem

die Frist abgelaufen und *K* zum Regierungsdirektor ernannt worden ist, „wacht" *B* auf und will mit dem Widerspruch gegen die Ablehnung seiner Bewerbung um die ausgeschriebene Stelle vorgehen. Ist *B* analog § 42 Abs. 2 VwGO widerspruchsbefugt?

Früher vertraten die Verwaltungsgerichte die Auffassung, dass die Ernennung eines Bewerbers keine unmittelbaren Rechtswirkungen für die unterlegenen Bewerber entfalte, also kein Verwaltungsakt mit Drittwirkung sei (BVerwG, ZBR 1989, 281 ff.; VGH Mannheim, NVwZ 1983, 41). Lediglich die Mitteilung an einen Bewerber, dass er für eine Stelle nicht ausgewählt worden ist, stelle einen ihn belastenden Verwaltungsakt dar (BVerwGE 80, 127/129). Nach dieser Rechtsprechung wäre B nicht widerspruchsbefugt analog § 42 Abs. 2 VwGO.

Das BVerwG hat sich von dieser Rechtsprechung zwischenzeitlich gelöst. Durch die Ernennung werde der Beamte Inhaber des (höherwertigen) Amtes mit den daran geknüpften Rechten und Pflichten aus dem Beamtenverhältnis. Die Ernennung begründe einen Anspruch auf die Einweisung in die zu dem Amt gehörende Planstelle und auf eine dem Amt angemessene Beschäftigung (BVerwGE 122, 53/55 f.). Darüber hinaus ist die Ernennung dem BVerwG zufolge jedoch auch „auf unmittelbare Rechtswirkungen für diejenigen Bewerber gerichtet, die sich erfolglos um die Verleihung des Amtes beworben haben" (BVerwGE 138, 102 Rn. 19). Die Ernennung greift in deren Rechte aus Art. 33 Abs 2 GG ein, weil sie in einem „untrennbaren rechtlichen Zusammenhang mit der Entscheidung des Dienstherrn über die Bewerberauswahl steht und deren rechtliches Schicksal teilt. Die Ernennung des ausgewählten Bewerbers ist Ziel und Abschluss des Auswahlverfahrens" (BVerwGE 138, 102 Rn. 19). Anders formuliert: Die Ernennung ist ein Verwaltungsakt, der **Drittwirkung auch für die unterlegenen Bewerber** entfaltet.

Demnach ist es durchaus möglich, dass die Ernennung des *K* in das grundrechtsgleiche Recht des *B* auf gleichen Zugang zu allen öffentlichen Ämtern nach Eignung, Befähigung und fachlicher Leistung gemäß Art. 33 Abs. 2 GG eingreift. *B* ist somit widerspruchsbefugt analog § 42 Abs. 2 VwGO.

328. *B* ist der festen Überzeugung, dass ein Widerspruch gegen die Ernennung seines Konkurrenten *K* zulässig, namentlich noch nicht verfristet sei. Immerhin sei die einmonatige Widerspruchsfrist des § 70 VwGO noch nicht abgelaufen, die Ernennung des *K* folglich noch nicht bestandskräftig. Ist die Auffassung des *B* zutreffend?

Nein. Zwar vermittelt Art. 33 Abs. 2 GG den Bewerbern um ein Beförderungsamt ein grundrechtsgleiches Recht auf leistungsgerechte Einbeziehung in die Bewerberauswahl. Jeder Bewerber um das Amt hat demnach einen Anspruch darauf, dass der Dienstherr seine Bewerbung nur aus Gründen zurückweist, die durch den Leistungsgrundsatz gedeckt sind (sog. Bewerbungsverfahrensanspruch). Die Bewerbungsverfahrensansprüche der unterlegenen Bewerber gehen jedoch durch die Ernennung des ausgewählten Konkurrenten unter, wenn die Ernennung das Auswahlverfahren endgültig abschließt. Dies ist regelmäßig der Fall, weil die Ernennung nach dem Grundsatz der Ämterstabilität grundsätzlich nicht mehr rückgängig gemacht werden kann (vgl. BVerwGE 138, 102 Rn. 25 ff.). Das Beförderungsamt ist somit unwiderruflich an *K* vergeben.

329. Ist ein Rechtsbehelf des *B* zulässig, wenn der Dienstherr den *B* zwar über die negative Auswahlentscheidung informiert, den Konkurrenten *K* jedoch zeitgleich ohne angemessenes Zuwarten zum Regierungsdirektor befördert?

Ja. Die Rechtsbeständigkeit der Ernennung eines Konkurrenten aus Gründen der Ämterstabilität ist nur dann mit dem Grundrecht auf wirkungsvollen gerichtlichen Rechtschutz gemäß Art. 19 Abs. 4 Satz 1 GG vereinbar, wenn die unterlegenen Bewerber ihre Bewerbungsverfahrensansprüche *vor* der Ernennung effektiv geltend machen können. Ein unterlegener Bewerber ist zur Durchsetzung seines Bewerbungsverfahrensanspruchs darauf angewiesen, eine einstweilige Anordnung nach § 123 Abs. 1 Satz 1 VwGO zu beantragen, durch die dem Dienstherrn die Ernennung des ausgewählten Bewerbers vorläufig untersagt wird. Der Dienstherr darf den ausgewählten Bewerber daher erst ernennen, wenn feststeht, dass der Antrag auf Erlass einer einstweiligen Anordnung keinen Erfolg hat (BVerwGE 138, 102 Rn. 31; 118, 370/374 f.).

Deshalb muss der Dienstherr **die unterlegenen Bewerber *vor* der Ernennung des Konkurrenten über seine Auswahlentscheidung unterrichten.** Im Anschluss muss er eine angemessene Zeit zuwarten, damit die Unterlegenen verwaltungs- oder verfassungsgerichtlichen Rechtsschutz in Anspruch nehmen können.

Demnach verhindert der Dienstherr den nach Art. 19 Abs. 4 GG gebotenen Rechtsschutz, wenn er die Ernennung des Konkurrenten entweder ohne vorherige Unterrichtung der unterlegenen Bewerber oder – wie hier – ohne ein angemessenes Zuwarten nach der Mitteilung vornimmt. In diesem Fall muss der verfassungsrechtlich gebotene Rechtsschutz nach der Rechtsprechung des BVerwG durch eine **Anfechtungsklage gegen die Ernennung des Konkurrenten „nachgeholt" werden** (BVerwGE 138, 102 Rn. 37, 39). Das Vertrauen des Konkurrenten in die Rechtsbeständigkeit seiner Ernennung ist demgegenüber nicht schutzwürdig. Denn es steht ihm frei, sich in einem neuen Auswahlverfahren wieder zu bewerben (BVerwGE 138, 102 Rn. 60).

Aufgrund der „Rechtsschutzverhinderung" zu seinem Nachteil kann der unterlegene *B* folglich gerichtlichen Rechtsschutz im Wege einer Anfechtungsklage gegen die Ernennung seines Konkurrenten *K* in Anspruch nehmen, um seinen Bewerbungsverfahrensanspruch durchsetzen zu können. Die Anfechtungsklage ist dabei zusammen mit einer auf Neubescheidung gerichteten Verpflichtungsklage zu erheben. Es handelt sich um einen Fall einer objektiven Klagehäufung (§ 44 VwGO).

330. Wie lange muss der Dienstherr nach der Mitteilung der Auswahlentscheidung an die unterlegenen Bewerber warten, bevor er den ausgewählten Konkurrenten ernennen darf?

In der verwaltungsgerichtlichen Praxis hat sich eine **Wartezeit von zwei Wochen** ab Zugang der Mitteilung über die Ablehnung der Bewerbung als angemessen herausgebildet (BVerwGE 138, 102 Rn. 34). Die Zwei-Wochen-Frist schützt die Planungssicherheit des Dienstherrn: Nach Ablauf der Frist darf der Dienstherr den ausgewählten Bewerber befördern, wenn bis dahin kein Eilantrag gestellt worden ist, um dies zu verhindern (OVG Münster, Beschl. v. 19.11.2015 – 1 B 980/15, juris Tz. 9).

331. Dürfte der Dienstherr den Konkurrenten *K* sofort ernennen, nachdem er im verwaltungsgerichtlichen einstweiligen Rechtsschutzverfahren gegen *B* obsiegt hätte?

Nein. Hat der Dienstherr in der abschließenden Beschwerdeinstanz des einstweiligen Anordnungsverfahrens obsiegt, muss er nochmals angemessene Zeit mit der Ernennung warten, um dem unterlegenen Bewerber die Gelegenheit zu geben, das BVerfG zur Durchsetzung seines Bewerbungsverfahrensanspruchs anzurufen (BVerwGE 138, 102 Rn. 35). Nach der Rechtsprechung des BVerfG gewährleistet Art. 19 Abs. 4 GG auch das Recht, eine **einstweilige Anordnung gemäß § 32 BVerfGG** zu erwirken oder **Verfassungsbeschwerde gemäß Art. 93 Abs. 1 Nr. 4a GG** zu erheben. Nimmt der Dienstherr dem unterlegenen Bewerber diese Möglichkeiten, indem er den ausgewählten Konkurrenten bereits vor Ablauf einer angemessenen Wartefrist für die Anrufung des BVerfG ernennt, verhindert er ebenfalls die Gewährung wirksamen Rechtsschutzes (BVerfG, NVwZ 2009, 1430).

d) Verfahrensrechtliche Pflichten des Dienstherrn

332. Welche verfahrensrechtlichen Konsequenzen resultieren aus der Rechtsprechung des BVerwG für das behördliche Stellenbesetzungsverfahren?

Nach der Rechtsprechung des BVerwG folgt aus Art. 33 Abs. 2 i. V. m. Art. 19 Abs. 4 GG die Pflicht des Dienstherrn, allen Bewerbern die Auswahlentscheidung *vor* der Ernennung des Konkurrenten mitzuteilen, jedem Bewerber Gelegenheit zur Einsichtnahme in die Verfahrensakten zu geben und (mindestens) zwei Wochen abzuwarten, ob ein unterlegener Bewerber gerichtlichen Eilrechtsschutz gegen die Auswahlentscheidung in Anspruch nehmen wird (vgl. bereits BVerfG, NJW 1990, 501 f.).

IX. Mitbestimmung

1. Personalvertretung

333. Welche verfassungsrechtlichen Vorgaben stellt das Grundgesetz hinsichtlich der Mitbestimmung der Beamten im öffentlichen Dienst auf?

Die Mitbestimmung der Beamten im öffentlichen Dienst gehört nicht zu den hergebrachten Grundsätzen des Berufsbeamtentums i. S. d. Art. 33 Abs. 5 GG. Zurzeit der Weimarer Republik sah das Betriebsrätegesetz vom 4.2.1920 (RGBl. S. 147) zwar die Bildung von Betriebsräten nicht nur für die Privatwirtschaft, sondern auch für den öffentlichen Dienst vor. Wahlberechtigt waren allerdings nur die Angestellten und Arbeiter in den Verwaltungen. Erst nach dem Zweiten Weltkrieg wurden die Beamten in die Mitbestimmung einbezogen.

Die Mitbestimmung dient der Verwirklichung der Grundrechte der Beschäftigten in den öffentlichen Verwaltungen. In materieller Hinsicht bilden deshalb das **Sozialstaatsprinzip** (Art. 20 Abs. 1 GG) sowie – seit der Anerkennung der Grundrechtsträgerschaft der Beamten – die **Grundrechte** insbesondere aus Art. 2 Abs. 1 GG (allgemeines Persönlichkeitsrecht), Art. 5 Abs. 1 GG (Meinungsfreiheit) und Art. 12 Abs. 1 GG (Berufsfreiheit) das verfassungsrechtliche Fundament des BPersVG (BVerfGE 28, 314). Gleichwohl schreiben weder das Sozialstaatsprinzip noch die grundrechtlichen Gewährleistungen dem Gesetzgeber vor, wie er das Personalvertretungsrecht im Detail auszugestalten hat (ausführlich *Sauerland,* in: BeckOK BPersVG § 1 Rn. 3 f.)

334. Muss bei den folgenden Stellen eine Personalvertretung eingerichtet werden?
a) Bundesministerium der Verteidigung,
b) Deutsche Rentenversicherung Bund,
c) Autobahn GmbH des Bundes.

a) Ja. Gemäß § 1 Abs. 1 Satz 1 BPersVG gilt das Bundespersonalvertretungsrecht für die **Verwaltungen des Bundes** und die bundesunmittelbaren Körperschaften, Anstalten und Stiftungen des öffentlichen Rechts sowie die Gerichte des Bundes. Das Bundesministerium der Verteidigung ist Teil der bundeseigenen Verwaltung (Art. 87b GG) und unterfällt damit dem Anwendungsbereich des BPersVG (vgl. *Sauerland,* in: BeckOK BPersVG § 1 Rn. 8 ff.).
b) Ja. Die Deutsche Rentenversicherung Bund gehört als selbstständiger Sozialversicherungsträger zwar zur **bundesmittelbaren Verwaltung.** Als bundesunmittelbare Körperschaft des öffentlichen Rechts ist das BPersVG jedoch auf sie anwendbar.
c) Nein. Die Autobahn GmbH des Bundes steht zwar vollständig im Eigentum des Bundes. Als **in privatrechtlicher Form geführte GmbH** ist sie aber keine „Verwaltung" i. S. d. § 1 Abs. 1 BPersVG. Im Gegensatz zur verfahrensrechtlichen

Vorschrift in § 1 Abs. 4 VwVfG bezieht sich § 1 Abs. 1 BPersVG nicht auf einen funktionalen, sondern auf einen organisatorischen Behördenbegriff. Beliehene oder Verwaltungshelfer in Privatrechtsform fallen daher nicht in den Anwendungsbereich des BPersVG. In der Autobahn GmbH des Bundes muss daher ein Betriebsrat eingerichtet werden (vgl. §§ 1, 130 BetrVG).

335. Welche Arten von Personalvertretungen bestehen auf Bundesebene?

Der Begriff der „Personalvertretungen" in der Überschrift zu Teil 1 des BPersVG („Personalvertretungen im Bundesdienst") ist der Oberbegriff für die nachfolgenden Arten von Vertretungen (*Sauerland,* in: BeckOK BPersVG § 1 Rn. 25):

- In allen Dienststellen, die in der Regel über mindestens fünf Wahlberechtigte beschäftigen, von denen drei wählbar sind, werden **örtliche Personalräte** gebildet (vgl. § 13 BPersVG).
- Für den Geschäftsbereich mehrstufiger Verwaltungen werden Stufenvertretungen, und zwar bei den Behörden der Mittelstufe **Bezirkspersonalräte** und bei den obersten Dienstbehörden **Hauptpersonalräte** gebildet (vgl. § 88 BPersVG).
- Gelten Nebenstellen und Teile einer Dienststelle, die weit voneinander entfernt liegen, als selbstständige Dienststellen, ist neben den örtlichen Personalräten in den einzelnen Dienststellen ein **Gesamtpersonalrat** zu bilden (vgl. § 93 BPersVG).

In Dienststellen, bei denen Personalvertretungen gebildet wurden und denen in der Regel mindestens fünf Beschäftigte angehören, die das 18. Lebensjahr noch nicht vollendet haben oder die sich in einer beruflichen Ausbildung befinden, werden zudem **Jugend- und Auszubildendenvertretungen** gebildet (§ 101 BPersVG). Für den Geschäftsbereich mehrstufiger Verwaltungen werden, soweit Stufenvertretungen bestehen, bei den Behörden der Mittelstufen Bezirks-Jugend- und Auszubildendenvertretungen und bei den obersten Dienstbehörden Haupt-Jugend- und Auszubildendenvertretungen gebildet (§ 107 Abs. 1 Satz 1 BPersVG).

336. Welche Beschäftigten sind im Personalrat vertreten?

Die Beamten und die Arbeitnehmer bilden jeweils eine Gruppe von Beschäftigten in einer Dienststelle (§ 5 Satz 1 BPersVG). Grundsätzlich muss jede Gruppe entsprechend ihrer Stärke im Personalrat vertreten sein (§ 17 Abs. 1 BPersVG).

337. Wie ist der Personalrat organisatorisch aufgebaut?

Der Personalrat bildet aus seiner Mitte den Vorstand. Ihm muss ein Mitglied jeder im Personalrat vertretenen Gruppe angehören. Die Vertreter jeder Gruppe wählen das auf ihre Gruppe entfallende Vorstandsmitglied. Der Vorstand führt die laufenden Geschäfte des Personalrats (vgl. § 34 Abs. 1 BPersVG). Der Personalrat wählt zudem mit einfacher Mehrheit den Vorsitzenden des Vorstands, der den Personalrat im Rahmen der von diesem gefassten Beschlüsse vertritt (vgl. § 35 BPersVG).

338. Welche Beteiligungsrechte stehen der Personalvertretung auf Bundesebene zu?

Der Personalvertretung stehen die folgenden Beteiligungsrechte zu:

1. **Mitbestimmung** (§§ 70–80 BPersVG): Unterliegt eine Maßnahme der Mitbestimmung, darf sie nur mit der vorherigen Zustimmung des Personalrates getroffen werden (§ 70 Abs. 1 BPersVG). Welche Maßnahmen der Mitbestimmung unterliegen, wird abschließend in §§ 78–80 BPersVG festgelegt.
2. **Mitwirkung** (§§ 81–85 BPersVG): Gegenüber der Mitbestimmung stellt die Mitwirkung des Personalrats eine schwächere Beteiligungsform dar. Denn eine Maßnahme, die der Mitwirkung unterliegt, kann auch ohne Zustimmung des Personalrats durchgeführt werden. Allerdings muss vor dem Vollzug der Maßnahme das Mitwirkungsverfahren nach §§ 81 f. BPersVG durchgeführt werden. Die der Mitwirkung unterliegenden Angelegenheiten sind in §§ 84 f. BPersVG aufgezählt.
3. **Anhörung** (§§ 86 f. BPersVG): Die Anhörung ist die schwächste Form der Beteiligung einer Personalvertretung. Die Anhörungstatbestände finden sich in §§ 86 f. BPersVG.

Darüber hinaus werden der Personalvertretung in §§ 65–69 BPersVG umfassende **Unterrichtungs- und Teilnahmerechte** eingeräumt.

339. Regierungsdirektor *V* ist Vorsteher eines Hauptzollamtes. Er fragt sich, ob und ggf. wie er den örtlichen Personalrat bei den folgenden Maßnahmen beteiligen muss:

a) Zollinspektorin *Z* soll zur Zolloberinspektorin befördert werden.

b) Regierungsrätin *R* soll vertretungsweise für ein halbes Jahr ein anderes Sachgebiet im Hauptzollamt leiten.

c) Oberregierungsrat *B* will sich beruflich neu orientieren und wird zum Soldaten auf Zeit bei der Bundeswehr ernannt. Gemäß § 31 Abs. 1 Nr. 1 BBG (§ 22 Abs. 2 Satz 1 BeamtStG) ist er daher kraft Gesetzes aus dem Beamtenverhältnis entlassen.

d) Zollinspektor *I* ist Beamter auf Probe. Da er sich in der Probezeit nicht bewährt hat, soll er gemäß § 34 Abs. 1 Satz 1 Nr. 2 BBG (§ 23 Abs. 3 Satz 1 Nr. 2 BeamtStG) entlassen werden.

e) *V* erteilt einem Sachgebietsleiter seines Hauptzollamtes eine fachliche Weisung zur Erledigung eines Zollrechtsfalles.

f) *V* beabsichtigt, aufgrund des Personalmangels Personalanforderungen zum Haushaltsvoranschlag an die vorgesetzte Generalzolldirektion weiterzuleiten.

a) Die Beförderung einer Beschäftigten unterliegt als Personalangelegenheit gemäß § 78 Abs. 1 Nr. 2 BPersVG der Mitbestimmung der Personalvertretung.

b) Umsetzungen innerhalb der Dienstelle für mehr als drei Monate sind nach § 78 Abs. 1 Nr. 6 BPersVG nur dann mitbestimmungspflichtig, sie mit einem Wechsel des Dienstortes verbunden sind. Daran fehlt es hier. Die Umsetzung der *R* bedarf daher nicht der Zustimmung des Personalrates.

c) Soweit die Entlassung eines Beamten gemäß § 34 BBG (§ 22 BeamtStG) kraft Gesetzes eintritt, ist für eine Beteiligung des Personalrates kein Raum. Denn es liegt keine Maßnahme der Dienststelle vor.
d) Bei der Entlassung eines Beamten auf Probe (oder auf Widerruf), wirkt der Personalrat gemäß § 84 Abs. 1 Nr. 5 BPersVG lediglich mit, sofern der Beamte die Entlassung nicht selbst beantragt hat.
e) Da es sich bei einer fachlichen Weisung um die Wahrnehmung dienstlicher Aufgaben handelt, stehen der Personalvertretung überhaupt keine Beteiligungsrechte zu.
f) Vor der Weiterleitung von Personalanforderungen zum Haushaltsvoranschlag ist der Personalrat nach § 87 Abs. 1 Satz 1 BPersVG anzuhören.

340. Welche Rechtsfolgen treten ein, wenn zwischen dem Vorsteher *V* und dem örtlichen Personalrat in den folgenden Fällen keine Einigung erzielt werden kann?

a) Der Personalrat verweigert seine Zustimmung zur Versetzung eines Beamten an eine andere Behörde.
b) Der Personalrat lehnt die Erteilung der Zustimmung zur beabsichtigten Entlassung eines Beamten auf Widerruf ab.
c) Der Personalrat äußert Bedenken gegen den vom Dienststellenleiter *V* beabsichtigten Umbau von Diensträumen.

a) Die Versetzung eines Beamten zu einer anderen Dienststelle ist gemäß § 78 Abs. 1 Nr. 5 BPersVG mitbestimmungspflichtig und kann deshalb nach § 70 Abs. 1 BPersVG nur mit Zustimmung der Personalvertretung erfolgen. Kommt keine Einigung zustande, kann der Leiter der Dienststelle oder der Personalrat die Angelegenheit den übergeordneten Dienststellen, bei denen Stufenvertretungen bestehen, vorlegen. Die übergeordnete Dienststelle soll die Angelegenheit, sofern sie dem Anliegen des Personalrats nicht oder nicht in vollem Umfang entspricht, der bei ihr gebildeten Stufenvertretung vorlegen **(Stufenverfahren gemäß § 71 BPersVG).** Ergibt sich zwischen der obersten Dienstbehörde und der bei ihr bestehenden Personalvertretung ebenfalls keine Einigung, kann jede Seite die Einigungsstelle anrufen (§ 72 BPersVG). Die **Einigungsstelle** entscheidet den Streit durch Beschluss (§ 74 BPersVG).
b) Bei der Entlassung eines Beamten auf Widerruf wirkt der Personalrat gemäß § 84 Abs. 1 Nr. 5 BPersVG lediglich mit. Verweigert der Personalrat einer nachgeordneten Dienststelle die Mitwirkung, kann er die Angelegenheit den übergeordneten Dienststellen, bei denen Stufenvertretungen bestehen, mit dem Antrag auf Entscheidung vorlegen. Die übergeordneten Dienststellen entscheiden nach Verhandlung mit der bei ihnen bestehenden Stufenvertretung (§ 82 BPersVG).
c) Bei der Anhörung gemäß § 87 Abs. 2 BPersVG kann die Dienststelle unabhängig von den Bedenken der Personalvertretung entscheiden.

341. Vorsteher *V* fragt sich, ob die unterbliebene Beteiligung des örtlichen Personalrats gemäß § 45 VwVfG nachgeholt und der Fehler dadurch geheilt werden kann?

Nein. Die **Heilung einer unterbliebenen Beteiligung** gemäß § 45 VwVfG ist nicht möglich. Die Personalvertretung ist weder ein „Beteiligter" im Sinne des § 45 Abs. 1 Nr. 3 VwVfG noch ein „Ausschuss" im Sinne von § 45 Abs. 1 Nr. 4 VwVfG (BVerwGE 68, 189/193 f.).

2. Gleichstellungsbeauftragte

342. Wofür ist eine Gleichstellungsbeauftragte zuständig?

Die Gleichstellungsbeauftragte hat die Aufgabe, den **Vollzug des Bundesgleichstellungsgesetzes sowie des Allgemeinen Gleichbehandlungsgesetzes** insbesondere bei Benachteiligungen von Frauen zu fördern und zu überwachen (§ 25 Abs. 1 BGleiG). Zu den Aufgaben der Gleichstellungsbeauftragten zählen insbesondere bei allen personellen, organisatorischen und sozialen Maßnahmen der Dienststelle mitzuwirken, die die Gleichstellung von Frauen und Männern, die Vereinbarkeit von Familie, Pflege und Berufstätigkeit sowie den Schutz vor sexueller Belästigung am Arbeitsplatz betreffen, sowie einzelne Beschäftigte bei Bedarf zu beraten (§ 25 Abs. 2 BGleiG).

343. Wer kann zur Gleichstellungsbeauftragten gewählt werden?

Die **Wahl der Gleichstellungsbeauftragten** und der Stellvertreterinnen findet in getrennten Wahlgängen nach Maßgabe der allgemeinen Wahlrechtsgrundsätze statt. Wahlberechtigt und wählbar sind ausschließlich die weiblichen Beschäftigten der Dienststelle (§ 19 Abs. 4 BGleiG). Die Beschränkung des aktiven und passiven Wahlrechts auf Frauen stößt angesichts der Aufgaben der Gleichstellungsbeauftragten, die auch den Schutz von Männern vor geschlechtsbezogener Diskriminierung betreffen, zunehmend auf Kritik (vgl. *Schmidt,* Beamtenrecht, 2017, Rn. 712).

3. Vertrauensperson der schwerbehinderten Menschen

344. Welche Aufgaben hat die Vertrauensperson der schwerbehinderten Menschen wahrzunehmen?

Gemäß § 178 Abs. 1 SGB IX fördert die **Schwerbehindertenvertretung** die Eingliederung schwerbehinderter Menschen in die Dienststelle, vertritt ihre Interessen in der Dienststelle und steht ihnen beratend und helfend zur Seite. Sie erfüllt ihre Aufgaben insbesondere dadurch, dass sie

1. darüber wacht, dass die zugunsten schwerbehinderter Menschen geltenden Gesetze, Rechtsverordnungen, Dienstvereinbarungen und Verwaltungsvorschriften durchgeführt werden,

2. Maßnahmen, die den schwerbehinderten Menschen dienen, bei den zuständigen Stellen beantragt sowie
3. Anregungen und Beschwerden von schwerbehinderten Menschen entgegennimmt und, falls sie berechtigt erscheinen, durch Verhandlungen mit dem Arbeitgeber auf eine Erledigung hinwirkt.

345. Wann und wie wird eine Vertrauensperson der schwerbehinderten Menschen gewählt?

Die **Wahl der Vertrauensperson der schwerbehinderten Menschen** ist in § 177 SGB IX geregelt: In Dienststellen, in denen mindestens fünf schwerbehinderte Menschen nicht nur vorübergehend beschäftigt sind, werden eine Vertrauensperson und mindestens ein stellvertretendes Mitglied gewählt, das die Vertrauensperson im Falle der Verhinderung vertritt. Wahlberechtigt sind alle in der Dienststelle beschäftigten schwerbehinderten Menschen, die in geheimer und unmittelbarer Wahl nach den Grundsätzen der Mehrheitswahl abstimmen. Die Amtszeit der Schwerbehindertenvertretung beträgt vier Jahre.

Paragraphenspiegel

BBG	Beamt-StG	BRRG	BW	Bay	Bln	Bbg	Brem	Hbg	Hess	MV	Nds	NRW	RLP	Saar	Sachs	LSA	SH	Thür
1	1	–	1	1 I	1	1 I	1 I	1 I	1	1 I	1	1 I	1 I	1 I	1	1	1 I	1 I
2	2	121	2	–	–	–	2	2	2	2	2	1 III	2	2	–	2	2	2
3	–	–	3	2–5	3, 5	2 I, II	3 I–IV	3	3 I–V	3	3 I–IV	2	4	3 I, III	2	3 II–V	3 I–IV	3 I, II
4	3 I	–	–	–	2	–	–	–	–	–	–	–	–	–	–	–	–	–
5	3 II	–	–	–	–	–	–	–	–	–	–	–	5	–	–	–	–	–
6	4–6	–	7	122 I	6	–	–	–	–	–	–	4	–	–	5 I	–	4 I, 7 I	–
7	7	–	–	6 I	9	3 I–III	8	8	8	7, 12	–	3	–	–	4	–	–	–
8		–	11	20	8 I	6	10 I–VI	10 I	10 III	9 I	9 I	–	11 I	5 I	11	9	10 I	–
9	9	–	–	–	8 I, 8a	–	–	–	10 I	9 III	–	–	–	5 IV	–	–	–	–
10	8 I–III	–	10	–	11	4 III	9 III	9 III	9 I	8 III	8 III	–	19 II, 21 I	6 IV, 11 II, 27 I	10 I, 27 I	8 VI, 22 I	9 III, 18, 20 I	5 IV
11	10	–	6	25	10	18 I, II	19 II, IV	19 II–IV	20 II, III	19 I, II	19 II–IV	13, 15	20 II–IV	6 I	26 I, II, IV	20 II, IV	19 II–IV	–
11a	–	–	–	–	–	–	–	–	–	–	–	–	–	–	–	–	–	–
12	8 IV	–	9	18, 24	12, 13	4 I, II, IV, VI	9 I, II, IV, V	9 I, II, IV, V	9 II, IV, V	8 I, II, IV, V	8 I, II, IV, V	16	10	6 II, V, VI	10 II–V	8 I, II, VIII, IX	9 I, II, IV, V	5 I–III, V, VI
13	11	–	–	–	14 I	7 I	11 I	11 I	–	10 I	11 I	–	12 I	7 I	13	11 I	11 I	6 I
14	12	–	12, 13 II	21 II	15 I, III	8 I	12 I	12 I	12 II	11 I	12 I	–	13 I	8 I	13	12	12	7
15	–	–	13 I, IV	21 I, III, IV	14 II, III, 15 II	7 II, III, 8 II	11 II–IV, 12 II	11 II–IV, 12 II	12 I, III	10 II, III, 11 II	11 II–IV, 12 II	17	12 II, III	7 II, III, 8 II	14	11 II–IV	11	6 II, 8
16	–	–	14 I	–	–	9 I, III	13 I, III	13 I, III	13 I	13 I, III	13 I, III	5 I	14 I	10 I	15 I	13 I	13 I, III	–
17	–	–	14 II, 15, 16 I, II, V	–	–	10	14	14	15	14	14	5 II, 6	15	13, 14, 15 I, 16 I	16, 17	14	14	–
18	–	–	16 I, IV	–	–	15	16	16	16	16	16	11	17	18	20 I, II	17	16	–

BBG	Beamt-StG	BRRG	BW	Bay	Bln	Bbg	Brem	Hbg	Hess	MV	Nds	NRW	RLP	Saar	Sachs	LSA	SH	Thür
19	–	–	16 III	–	19 I	16	17	17	19	17	17	12	18	22 II	21	18	17	–
20	–	–	18	–	–	17	18	18	20 I	18	18	14 I	19	–	25 II	–	18	–
21	–	–	51 I	–	–	19	59 I, II	10 IV	59 I	61 I	–	92 I, II	–	–	93 I, III	21	59 I	–
22	–	–	20, 22	–	–	20, 22	20, 21	20 I–III, 21	21	20, 21, 61 I	20	19	21 II	11 III, IV, VI	27 I–IV, VI	22 II, III	22 II, III	20 II, III
22a	–	–	22	28 III	–	22	21	21	21	–	21	23	–	–	28	24	21	–
23	–	–	–	–	–	–	–	20 IV	–	–	69 V	–	33	12	–	23	–	–
24	–	–	8 I–III. V–VII	46	97	120	5	5 I–VI, VIII, IX	4 I–IV, VI, VII	–	5	21	–	–	–	5	5	–
25	–	125b	75 I	–	57 I	24 I	23 I, 66 II	23 I, 66 II	67 II	23	10 I	20 I, 69	23 I	25 I	12 I	26 I, 69 II	23 I, 66 II	71 II
26	–	–	16 II, 17 IV, 21 V, VI, 23 II	–	–	25	25, 26	25, 26	23	25, 26	25, 26	7, 8, 9	25 I	9	29	27	25	–
27	13, 14, 61	–	25	6 II, 47, 49 I	27, 32 I	27, 29	27, 28	27, 28	24, 25	27, 28	27	24	27 II, 28	27 I, II, 28	31	29, 30	27 II, 28	10, 12 I
28	13, 15, 61	–	24	6 II, 48, 49 I	28, 32 I	27, 30 I –III	27, 29	27, 29	24, 26	27, 29	28	25, 26 II	27 II, 29	27 I, II, 29 I–III	32	29, 31 II, III	27 II, 29 I–III	11, 12 I
29	20	123a	–	–	–	–	–	–	–	–	–	–	–	26 IV, 27 IV	39 IV	–	–	–
30	21	–	–	–	–	–	–	–	–	–	–	–	–	–	–	–	–	–
31	22 I, II	125	–	56 I	33	32 I, II	30 I–III	30 I–III	28	30 I–III	30 I–III	–	30 I, II	36 II	40	33 I, II	30 I, II	19 I, II
32	23 I, II	–	–	56 II–V	–	32a	–	–	–	31 I	–	27 I	–	37 I	65	34 I	–	–
33	23 I	–	31 III	57	34 III	33 I	31 I	31 I	29 I, II	31 II	31 I	27 III, IV	31 I	37 II	41	–	31 I	20

BBG	Beamt-StG	BRRG	BW	Bay	Bln	Bbg	Brem	Hbg	Hess	MV	Nds	NRW	RLP	Saar	Sachs	LSA	SH	Thür
34	23 III	–	31 V	56 IV, V	34 IV	33 II, III	31 II, III	31 II, III	39 III, IV	31 III, IV	31 II, III	–	31 II	37 IV, V	43 I, III, IV	34 III, IV	31 II	19 V, VI
35	22 V	–	8 IV	45 IX	–	–	–	5 VII	4 V	–	–	–	–	–	9 II	–	–	–
36	30 II	–	–	–	–	–	–	–	–	–	–	–	–	–	–	–	–	–
37	22 IV, 23 IV	–	–	56 IV, V	33 V	32 III	30 IV, 31 V	30 IV, 31 V	29 V	30 IV, 31 VI	30 IV, 31 III	–	31 IV	37 VII	40 I, 43	33 IV	30 IV	–
38	–	–	31 I, II, IV	–	33 I, II, 34 I, II	34 I	32 I	32 I	30 I	32 I	32 I, II	28 I, II	32 I	38	44	35 I	32 I	19 IV
39	–	–	32 I, II	58, 76 V	7 V, 34 V	34 II, 69 V	32 II, 57 IV	32 II, 58 IV	30 II	32 II, 57 IV	32 III, 57 IV	28 III, 77 IV	32 II	39	45	35 II, 61 IV	32 II, 57 IV	21
40	–	–	–	94 I	–	124	–	69 II	43, 44	69 I	69 II	–	33	–	65	36	69	–
41	24 I	–	33	59	7 II, 35	35 I	33 I	33 I	31 I	33 I	33 I	29 I	35 I	40 I	60	37 I	33 I	22
42	24 II	–	35	60 I	36	35 II–IV	33 II–IV	33 II–IV	31 II–IV	33 II–IV	33 II–IV	29 II–IV	35 II–IV	40 III	62	37 II, III	33 II–IV, 23 III	23
43	–	–	34	61 I, II	37	36	34	34	32	34	34	30	36 I, II	41	61	38	34	24
44	26	–	43 I, II	65 I–III	39 I, II	37	41 I, II	41 I, II	36	41 I, II	43 I, II	33 I, II	44 I	45 I	51 I, 52 I	45 I, II	41 I–IV	31 I, II
45	27	–	43 III	71 I	–	–	41 V	41 V	37	45	43 V	–	44 VI	48	50	46	41 V	31 VI
46	29	–	43 IV	65 IV	44	42	43	43	38	43	44	35	46	49 I	52 V, 53	48 I	–	32
47	–	–	44, 45, 46 I	65, 66, 71 I, III	41	41, 50, 51	41 III, IV	41 III, IV	36 III	41 III	43 III, IV	34	44 V	45 III	52 II, III, 56	50 II, III	41 III, IV	31 III, IV
48	–	–	53 I–III	67	45, 39 I, 40 I, 44 III	43 I–IV	44	44	39	44	45	–	47	50	52 I	49 II, III	44	33
49	28	–	–	71 II	42	38	42	42	42 II	42	–	–	45	46	54	47	42	–
50	32	–	–	–	–	44	45 I	45 I	–	46 I	–	41	48	43 V	–	50 I	45 I	34 I

BBG	Beamt-StG	BRRG	BW	Bay	Bln	Bbg	Brem	Hbg	Hess	MV	Nds	NRW	RLP	Saar	Sachs	LSA	SH	Thür
51	25	–	36	62	38 I, 106 III, 109 III	45 I, II, 117	35 I–III, 113	35 I–III, 114	33 I, III	35 I, II, IV	35	31 I–IV	37 I, III	43 I, II	46	39 I	35 I, II	25 I–V
52	–	–	40	64	39 III	46	36	36	35	36	37	33 III	39	44	51	40 I, II	36 I–III	26
53	–	–	39	63	38 II	45 III	35 IV	35 IV, V	34 I, II	35 III, IV	36	32	38 I–V	43 III	47	39 II	35 IV	25 VI, VII
54	30 I, III, IV	–	42 I	–	46 I, IV	105 I	37	37	40	37	39	37	41 I, II	51	58	41	37	27
55	31 I	–	42 II, IV	68	46 II, III	48	39	39	41 I	39	41	26 I, 40	42	53 I	59	42, 43	39	28 I
56	–	–	46 II	70	47 I	49	40	40	–	40	42	38	43	52 II	58	44	40	30 I
57	31 II	–	42 V	–	47 II	–	–	–	–	–	–	39	–	–	–	–	–	–
58	–	–	42 VI	–	–	–	–	–	–	–	–	31 V	37 II	52 III	–	–	–	25 IX
59	–	–	45	71 I	43 I	50	45 II	45 II	42 I, II	46 III	38 II	36 I	48 II	51 II	55 I	–	–	34 II
60	33	–	–	–	–	52 I	–	–	–	–	–	–	49	–	–	–	–	–
61	34	–	50	–	–	–	–	–	–	22	–	–	–	–	–	–	–	–
62	35	–	–	–	–	–	–	–	–	–	–	42 II	–	–	–	–	–	–
63	36	–	48	–	–	–	–	–	–	–	–	–	–	–	–	–	–	–
64	38	–	47	73	48	52 II–IV	47	47	47	48	47	46	51	56	63	52	47 I–IV	36
65	–	–	52	79	49	53	53	54	48	54	–	47	–	57	66	57	–	39
66	39	–	–	6 IV	–	54 I	48	48	49 I	49	48–	–	53	58 I	67 I	53	48	37 I
67	37 I–III, VI	–	57	6 III	50 I	56 I	46	46 I, II	–	47	46	–	–	–	68	51 I, III	46	35 I
68	37 IV, V	–	4 IV	6 III	50 II	56 I	–	–	46	–	–	–	–	59 II	68	51 II	46 II	35 II
69	37 IV	–	–	–	–	–	–	–	–	–	–	–	–	–	–	–	–	–

BBG	Beamt-StG	BRRG	BW	Bay	Bln	Bbg	Brem	Hbg	Hess	MV	Nds	NRW	RLP	Saar	Sachs	LSA	SH	Thür
70	–	–	–	80	–	–	–	46 III	50	–	–	43	–	60	69	–	–	35 IV
71	42	–	–	6 V	51	57	49	49, 50	51	50	49	59	–	61	70 I	54	49	38
72	–	–	54 I, II	74 I, II	69 I, II	58 I, II	54	55	52	56	54	–	57	62 I, II	72	58	54	40 I, II
73	–	–	54 IV	74 III	69 III	58 III	55	56	53	57	55	44	58	62 III	73	59	55	40 III
74	–	–	55	75	70	59	56	57	54	58	56	45	59	63	74	60	56	41
75	48	–	59	78	72	60	51	52	56	52	51	80	60	–	76	56	51	46
76	–	–	81	14	79	67	52	53	57	53	52	81	72 I, IV	76	90 I	–	52	47
77	47	–	58	77	71	55	50	51	55	51	50	–	–	64	75	–	50, 29 II, IV, V	45
78	45	–	–	–	–	–	–	–	–	–	–	–	–	–	–	–	–	–
78a	–	–	80a	97	74a	67a	83a	83a	81a	83a	83a	82a	71a	76a	81a	83a	83a	74a
79	46	–	76, 77 III	99 I, II, 100	74 I–III, V	70 III, 71	81, 82 III	81, 82 III	81, 82 III	81, 82 III	81, 82 III	74	63 I, IV, 64	66	77, 79 I	82 I	81, 82 III	75, 77
80	–	–	78	96	76	62	80	80	80 I–V	80	80	75	66 I–III	67 I–III, X	80	–	80	72
81	–	–	–	–	77	63	84	84 I	–	–	84	–	–	73	91	–	84	73
82	–	–	–	–	77	63	84	84 II	–	–	85	–	–	73	91	–	84	73
83	–	–	–	–	77 VI	63	–	84 II	–	–	86	–	–	–	–	–	84	–
84	–	–	82	101	75a	64	58	59	84	60	58	79 I	65	68	82	–	58	43
84a	–	–	59a	–	75 II	65	59a	84a	–	83b	87	–	–	72 I	89	–	126	78
85	–	–	51 III	72	81	68	59 III	60	59 II	61 II	59	92 III	69	77	94	62	59 II	44
86	–	–	56	76	7	69 I–IV	57 I–III	58 I–III	58	59 I–III	57 I–III	77 I–III	68	70 I, III, IV	84, 85 I, II	61 I, III	57 I–III	42
87	–	–	67 I, II	87 I	52 II	76 I, III	60 I, II, IV	61 I, II, IV	60 I, II	62 I, II, IV	60 I, II, V	60	73 I	78 I, IV, V	95 I	63 I	60 I, II, IV	59 I–III

BBG	Beamt-StG	BRRG	BW	Bay	Bln	Bbg	Brem	Hbg	Hess	MV	Nds	NRW	RLP	Saar	Sachs	LSA	SH	Thür
88	–	–	67 III	87 II, V	53 I, II	76 II	60 III	61 III	61	62 III	60 III	61	73 II	78 III	95 II	63 II	60 III	59 IV
89	44	–	71	93 I, III	80 I	77 II	68 I	68 I	69 I, 70	68 I	68 I	71	79	82 I	96 I	71 I	68 I	66
90	–	–	71	93 II–V, 94 II	80 II	77 III, IV	68 II, 69	68 II, 69 I, III	69 II, 79	68 II, 69 II, III	68 II, 69 I, III, IV, VI	72	79, 80	82 II–IV	96 II	71 II, 72	68 II, 69 II, III	66, 69
91	43	–	69 IV, IX, X	88	54 I–III, 56	78 I–IV	61	62	62	63 I, II, 64 I	61	63	75 I–III	79 I, III	97 I, III, IV	64 I–III	61	61
92	–	–	69 I–III, IX, X, 72 I, III, IV, 73	89	54 IV–VI, 54a, 55 I, II, 56	80	62, 65	63, 65	63, 64, 66	64 II, III, 66 II–IV, 67	62, 65	64	75 IV, 78	79 IV, VI, VII, 83 III–V	98	65, 68 I	62	62
92a	–	–	74 II–VIII	–	54b	80a	62b	–	64a	64b	62a	67	–	83a	–	65a	62a	64
92b	–	–	–	–	54c	–	62a	63b	64b	64a	–	–	76a	83b II	–	–	–	–
93	–	–	70	91	111 I, III	133	63, 35 III	–	118	65	63	66 I–III	75a I, II, 75b, 144	–	–	66	63	–
94	–	–	–	92 III	57 II	82	66 I	66 I	67 I	63 III	66	68	–	80 II, 84 VII	100	69 I	66 I	71 I
95	–	–	72 II–IV, 73	90	55 III–V	79	64, 65	64, 65	65	66 I, 67	64, 65	70	77, 78	83 I, II, IV	99 I	67	64	67 I–III
96	–	–	68 I, II	95 I, II	59	61	67	67	68	55	67	62	81	81	71 I, III	70	67	60
97	–	–	60	81 I	60	83	70	70	71	70	70	–	82 II	84	101 I	73 I–IV	70	49
98	–	–	61 I	81 I	61	84	71	71	72 I	71	71	48	82 I	85	102	74	71	50
99	40	–	62	81 II, III, VI, VII	62	85, 86, 88	72, 73, 75	72, 73, 75	73 I–III, 75 I	72, 73, 75	72, 73, 75	49	83, 85	87, 89	104 I, III	76 I	72, 73, 75 I	51, 54 I

EBG	Beamt-StG	BRRG	BW	Bay	Bln	Bbg	Brem	Hbg	Hess	MV	Nds	NRW	RLP	Saar	Sachs	LSA	SH	Thür
100	40	–	63	82	63 I, III –V	85, 86	72, 75	72, 75	74	72, 75	72, 73	51	84	86	103, 104 II, 106 I	75, 78	72, 73, 75 I	52
101	–	–	64 I, II	81 IV, V	64	87, 89	74	74	75 II, III	74	74	101 I, 54	82 IV, V	88	105	77, 122 I	74	53
102	–	–	61 II	83	65	90	76	76	76	76	75	55	82 VI	90	107	79	76	55
103	–	–	61 III	84	66	91	77	77	77	77	77	56	–	91 I	108	80	77	56
104	–	–	65	85	67	93	78	78	79	78	78	57	86	82	109 I	–	78	57
105	41	–	66	86	68	92	79	79	78 I, II	79	79	52 V	54	93	110	81	79	58
106	50	–	83, 84, 88 I	104	84 I–III	94 I–IV	85 I–III, VI, VII	85 I–III, VI	86 I–IV	84 I–III, V	88 I–III	83 I, III, IV	88	95 I–IV	111 I, II, V	84 I–III	85 I–III	79 I, II, 81 I, II
107	–	–	88 III, IV	103	84 IV	94 V	85 IV, V	85 IV, V	86 III	84 IV	88 IV	83 II	91 II	95 V	111 III	84 IV	85 IV	80
108	–	–	85 II, III, 88 I	105	85	95	86	86	87	85	89	84	95 I	96 I	112	85	86, 89 II	82 I
109	–	–	87 V	106	86	96	87	87	88	86	90	85	90	97	113	86	87 I	83
110	–	–	87 I–IV	107	87	97	88	88	89	87	91	86	92	98	114	87	88	84
111	–	–	85 I	108	88 I–III	98	89	89	90	88	92	87	93	99	115	88	89 I, III, IV	85 I, II, IV
111a	–	–	85a	–	–	–	85 VII, VIII	–	–	–	92a	91a	–	99a	118a	–	89a	–
111b	–	–	–	–	–	–	92a	–	–	–	–	91 I	–	–	–	–	–	–
112	–	–	86 I, III, IV	109	89	99	90	90	91	89	93	88	94	100	116	89	90	86
113	–	–	86 II, V –VII	110	90 I, II, IV, V	100 I–IV	91	91	92	90	94	90	96	101 I–IV	117	90	91 I–IV	87 I–IV

BBG	Beamt-StG	BRRG	BW	Bay	Bln	Bbg	Brem	Hbg	Hess	MV	Nds	NRW	RLP	Saar	Sachs	LSA	SH	Thür
114	–	–	87 V, 88 IV	111	91	101	92	92	93	91	95	89	89	102	118	91	92	79 II–V
115	49	125c	–	6 VI	73	56 II	–	–	86 V	–	–	–	–	95 VI	–	–	–	48
116	52	–	–	–	–	–	–	–	94	–	–	–	97	–	92	–	–	–
117	51	–	–	–	82	–	–	–	–	–	–	–	–	103	–	–	–	–
118	53	–	89	16	83	130	93 I	93 I	95	92 I	96	93	98 III	104 I	119 I	92 I	93 I	95 I
119	–	–	–	112	16, 19	125	94	94	98	93, 96	97	94, 97 I –III	99 I, IV	105, 109	120, 124	93 I, II	94 I	88, 90 II
120	–	–	–	113, 120 I	17, 22 II	126	95, 100	95, 100	99	94, 100	98, 100	95, 100 II	100, 104	106 I, II, V	121, 127	94, 99	95 I–III, 100	89
121	–	–	–	114 I, II, III	18 I, 25	127	96	96	100 I	95	99	96 I, II	101	107, 108 I	122	95	96	91
122	–	–	–	116	20	128 I	97 I	97 I	101	97 I	100 I	98	102 I	110	125 I	96 I	97 I	92
123	–	–	–	117, 119 II, III	21, 24	128 II–VII	97 II, 98	97 II, III, 98	102 II–VI	97 II–IV, 98	100 II, 101	99, 100 I, 102	102 II–VI	111, 114	126 I, II, IV	96 II–IV, 97	97 II, 98	93
124	–	–	–	118	23	129	99	99	103	99	102	101	103	113	126 III, 128	98	99	94
125	–	–	49 I	7	92	102	101	101	104	101	104	103 II	120	116	129	100	101	114 I, II
126	54	125	–	8	93	–	102	102	105	102	105	103 I	121 I	–	132	–	102	13
127	–	–	–	9	94, 113	103	103	–	–	103	106	104	122	117	130	101	103	115
128	–	–	5	10	–	104	104	103	106	104	–	105	123	118	131	102	104	116
129	–	–	–	121	–	106	106	105	115	106	107	106	106 I, II	122	–	104 I	106	98
130	–	–	–	–	99	108	–	120	–	117 I	–	–	107	133	140	–	–	111

BBG	Beamt-StG	BRRG	BW	Bay	Bln	Bbg	Brem	Hbg	Hess	MV	Nds	NRW	RLP	Saar	Sachs	LSA	SH	Thür
131	–	–	–	–	99	108	116 III–VI, 117 II, 118 II	–	–	117 I	–	–	107	135	140	–	–	111
132	–	–	–	–	99	108	117 I, 118 I, 119	118 I, 121–124, 126	–	117 I	–	122, 123, 124	107	133	140	–	117 II, III, V, 118–120,	111
1133	–	–	91	134	98	119	6	6	5	5	6	107	7 I, IV	121	6	6	6	113
134	16	128	26	51	29 I–IV	31	27 III	27 III	27 I	27 II	29	126	27 III	39	33	32 I	27 III	14
135	17	129	27	52	29 V, 32 II, III	31	27 III	27 III	27 I	27 II	29	127	27 III	29 IV, 31	34	32 I	27 III	15
136	18	130	28, 42 III, IV, VI	53, 69	30, 46 II, III	31, 47	27 III, 38	37 III, 38	27 I–III	27 II, 38	29, 40	128	27 III	32, 54 I	35	32 I, II	27 III	16
137	19	132	30	54	31	31	27 III	27 III	27 I	27 II	29	130	27 III	34	37	32 I	27 III	18
138	55	133a	–	–	–	–	–	–	–	–	–	–	–	–	–	–	–	–
139	56	133b	–	–	–	–	–	–	–	–	–	–	–	–	–	–	–	–
140	57	133c	–	–	–	–	–	–	–	–	–	–	–	–	–	–	–	–
141	58	133d	–	–	–	–	–	–	–	–	–	–	–	–	–	–	–	–
142	59	133e	–	–	–	–	–	–	–	–	–	–	–	–	–	–	–	–
143	60	133f	–	–	–	–	–	–	–	–	–	–	–	–	–	–	–	–
144	–	–	–	–	112	–	–	116	–	116 I	3 VI	–	–	134 II	–	–	–	–
145	–	–	–	–	114	132	124	–	117	119	–	–	–	–	–	–	–	–
146	–	135	–	1 II	1 II	1 II	1 II	1 II	1 II	1 II	–	1 II	1 II	1 II	–	1	1 II	1 II
147	–	–	–	–	–	–	–	–	–	–	–	–	–	–	–	–	–	–

Sachverzeichnis

(Die Zahlen beziehen sich auf die Seiten.)